Schlösser und Herrenhäuser in Estland

Hubertus Neuschäffer

Ein Handbuch
über 200 Häuser und Güter
mit 51 Bildern, davon 12 farbigen

Register:
Deutsch - Estnisch
Estnisch - Deutsch

ISBN 3-8042-0624-7

Alle Rechte vorbehalten

© 1993 Verlag Hubertus Neuschäffer, Plön
Herstellung: Westholsteinische Verlagsanstalt Boyens & Co., Heide

Umschlagmotiv: Palms/estn. Palmse

Sämtliche Aufnahmen vom Verfasser

Kartenzeichnung: Erwin Raeth, Kiel

INHALT

Einführung 5

Güterregister Deutsch-Estnisch 15

Güterregister Estnisch-Deutsch 21

Schlösser und Herrenhäuser 27

Auswahlbiographie 245

Personenregister 248

EINFÜHRUNG

Das Baltikum hat eine wechselvolle Geschichte hinter sich: Siebenhundert Jahre haben Deutsche dem Lande ihren Stempel aufgedrückt. Livländischer Orden im Rahmen des Deutschen Ordens, dann polnische, schwedische Oberhoheit und schließlich seit 1721 unter russischer Herrschaft stehend: das sind die groben historischen Raster der drei baltischen Provinzen Liv-, Est- und Kurland bis zum Jahre 1918. Die Zeit der deutschen über Jahrhunderte tradierten ritterschaftlichen Selbstverwaltung in den Ostseeprovinzen endete 1918. Es entstanden die drei baltischen Staaten Estland und Lettland sowie Litauen – das freilich eine andere historische Vergangenheit hat –, in denen die Esten, Letten bzw. die Litauer die politische und gesellschaftliche Führung übernommen hatten. 1940 wurden die drei baltischen Staaten von der Sowjetunion annektiert und wurden derselben gewaltsam als Republiken angegliedert. 1941 bis 1944 war das Baltikum von deutschen Truppen besetzt und in dieser Zeit abhängig von einer zahlenmäßig nicht sehr starken deutschen Zivilverwaltung. Seit 1944 existierten die Länder wiederum als sowjetische Republiken Estland, Lettland sowie Litauen, die bis 1989 zum Staatsverband der UdSSR gehörten, russischem Einfluß ausgesetzt, mehr und mehr um ihre Unabhängigkeit ringend, bis sie schließlich 1990 ihre staatliche Souveränität wiedergewannen.

Die Deutschbalten in den einstigen Ostseeprovinzen Est-, Liv- und Kurland, die sich einst schlichtweg nur als Balten bezeichneten, haben nahezu alle – soweit sie nicht nach den großen Agrarreformen und der Güterenteignung unmittelbar nach dem Ersten Weltkrieg 1919 das Land verlassen hatten –, aufgrund des Hitler-Stalin-Paktes 1939 ihrer Heimat endgültig den Rücken kehren müssen. Ein Volksstamm, der siebenhundert Jahre dort gelebt hat, wurde umgesiedelt.

Die russische Zeit – das 18. Jahrhundert geprägt durch die Aufklärung, das 19. Jahrhundert geprägt durch das nationale Erwachen der Esten und Letten und eines starken russischen Nationalismus - ließ das Baltikum zu einem Brennpunkt west- und osteuropäischer kultureller Begegnung werden, der in allerjüngster Zeit wiederentfacht ist.

Die Schlösser und die Herrenhäuser in Estland sind nur im Zusammenhang des historisch gewachsenen baltischen Raumes zu verstehen, d.h. vor dem Hintergrund der historischen Entwicklung des alten Livlands. Seit dem 16. Jahrhundert entwickelten sich die einzelnen Provinzen Kurland, Livland und Estland, die freilich in sich eine Sonderentwicklung aufweisen, dennoch in großem Maße in vielerlei Hinsicht gleich strukturiert waren, besonders seit sie nach dem Nordischen Krieg 1721 zum Russischen Reich gehörten, Kurland seit 1795.

Die Art der Herrenhäuser in diesem Teil des baltischen Raumes der ehemaligen drei Ostseeprovinzen, dem heutigen Lettland und Estland, ist in vielerlei Weise ähnlich geprägt und weist gemeinsame Merkmale auf. Diese gemeinsamen Merkmale beziehen sich auf die Brückenfunktion von West nach Ost. So sind die Herrenhäuser zum einen Dokumente westeuropäischer Kultur, allein schon durch das Wirken westeuropäischer Architekten für den Herrenhausbau, andererseits sind sie beeinflußt von russischen Elementen, die wiederum ihre Sonderart gleichermaßen durch westeuropäische Beeinflussung haben.

Vor allem aber spiegelt sich in der Geschichte der Schlösser und Herrenhäuser und ihrer Güter, deren Mittelpunkt sie waren, die Geschichte der deutsch-baltischen vier Ritterschaften Kurlands, Livlands, Estlands und Ösels wider. Insofern spielt die Familiengeschichte, die Geschichte der jeweiligen Besitzer der Güter, im Rahmen der wechselhaften Gesamtgeschichte eine wesentliche Rolle. Sie gilt es in die Geschichte der Herrenhäuser mit einzubeziehen, deren alleinige Darstellung aus kunsthistorischer Sicht ein Torso bleiben muß.

Aus diesem gesamten Kontext ergibt sich ein Konglomerat, das dazu geführt hat, daß das baltische Herrenhaus eine Sonderart im gesamten Ostseeraum darstellt und zugleich auf die Homogenität desselben verweist, ein Widerspruch, der letztlich freilich keiner ist, macht er doch offenbar, daß das Spezielle, gar das Provinzielle und das Allgemeine sich in harmonischer Weise ergänzen. Insofern könnten die baltischen Herrenhäuser Symbole für ein geeintes Europa sein.

Schlösser nennt man in Estland und Lettland, d.h. aufgrund historischer Gegebenheiten, Gebäude, die stets auf die Ursprünge einer alten Ordens- oder Bischofsburg zurückgehen. Zum Teil zeugen sie als Ruinenreste von einer vergangenen Zeit, zum Teil ist auf ihren Grundmauern im Laufe der Zeit ein neues Gebäude entstanden. Der Begriff Schloß verweist auf die Ursprünge, wie etwa bei dem Schloß Helmet/Helme in Estland oder Schloß Dondangen/Dundagas in Lettland, die auf alte Ordens- und Bischofsburgen zurückgehen.

So finden wir im Baltikum sehr viele alte zerstörte Ordensburgen, aus denen sich ein Gut entwickelte, freilich dann mit einem zumeist neuen Herrenhaus, das aus dem 17. oder 18. Jahrhundert stammt. Auch der Kern der Städte ist zumeist mit der Geschichte einer Ordensburg verbunden, wie etwa in Wesenberg/Rakvere.

Man kann feststellen, daß in besonderer Weise der Nordische Krieg (1700–1721) verheerend in den baltischen Provinzen gewirkt hat. Schon inmitten des Krieges teilte der russische Feldmarschall Scheremetev dem Zaren Peter dem Großen mit, daß nun alles in den damals noch schwedischen Ostseeprovinzen verwüstet sei und kein Stein mehr auf dem anderen im ganzen Lande stünde. Ganz stimmte das nicht, aber aus dem 17. Jahrhundert und aus früheren Zeiten existieren nur wenige Herrenhausbauten, und die alten Ordenschlösser sind zumeist zerstört worden – soweit das nicht schon im 16. Jahrhundert bei dem Russeneinfall Ivans des Schrecklichen in Livland passiert war. Eine Ausnahme bildet das Ordenschloß Arensburg/Saarema auf Ösel, das unversehrt dasteht.

Es setzte nach dem Nordischen Krieg eine äußerst intensive Phase des Herrenhausbaus, vermehrt seit der Mitte des 18. Jahrhunderts ein, der am Anfang des 19. Jahrhunderts noch einmal eine große Blütezeit folgte.

Es sind also gut 100 Jahre, in denen die schönsten Herrenhäuser in Estland und im damaligen Liv- und Kurland entstanden. Sie waren die Mittelpunkte der sogenannten ritterschaftlichen Güter, die weitaus mehr waren als ein landwirtschaftlicher Betrieb, vielmehr ein großer Verwaltungsbereich.

Vor dem Ersten Weltkrieg gab es in Estland 462, in Kurland 648, in Livland 804, also im heutigen Lettland 1052 solcher ritterschaftlichen Güter. Die Zahlen schwanken in den verschiedenen Quellen, da die Definition der ritterschaftlichen Güter zu jener Zeit unterschiedlich war.

Durch die Agrarreform in den 1918 entstandenen Republiken Estland und Lettland im Jahre 1919, die Enteignung und Aufsiedlung des Großgrundbesitzes, setzte eine Entwicklung für die Herrenhäuser ein, die ihre seit Jahrhunderten gehabte Funktion ablöste. Sie waren nun nicht mehr Mittelpunkte der alten Güter, bald nicht mehr Mittelpunkte einer großen, zumeist deutschbaltischen alten ritterschaftlichen Familie, sondern verfielen mehr und mehr, wenn sie nicht als Altersheime, Schulen oder Kulturzentren genutzt wurden – was aber zumeist ihren Verfall auch nicht aufhalten konnte.

Für einige Jahre waren eine Anzahl von Herrenhäusern noch Mittelpunkte der Resthöfe, konnten sich doch die ehemaligen deutschbaltischen Besitzer an dem Erwerb eines kleinen Siedlungshofes beteiligen, doch bald wurde offenbar, daß die wirtschaftliche Basis nicht ausreichte, um die Häuser zu halten. Aus materiellen Gründen war es bald auch auf diesen Resthöfen so, daß bereits in den 1920er Jahren eine andere Nutzung für die Herrenhäuser gesucht werden mußte. Einzelne Ausnahmen gab es noch.

In dem 1992 herausgegebenen Buch von Camilla von Stackelberg „Verwehte Blätter. Erinnerungen aus dem alten Baltikum" heißt es im Vorwort von Berndt von Staden: „Dabei spielte in der Welt der Restgüter die sogenannte wi(e)rländische Güterecke im Nordosten Estlands eine besondere Rolle. Hier war es einer Anzahl von Gutsbesitzern gelungen, genügend Land hinzuzupachten, um ein Stück alten Lebensstils zu bewahren, so den Wrangells auf ihren Stammgut Ruil, den Stackelbergs auf Kurküll, den Harpes auf dem Stiftsgut Finn." Dennoch bleiben das aber wohl Ausnahmen.

Doch viele dieser Häuser verfielen damals, ein großer Teil wurde in öffentliche Gebäude umgewandelt, Schulen und Krankenhäuser wurden eingerichtet. Nachdem im Jahre 1939 die Deutschbalten umgesiedelt worden waren, während des Zweiten Weltkrieges deutsche und russische Besatzung das Land beherrschte, setzte sich mit sowjetischer Phase für die baltischen Republiken der Verfall auch der Herrenhäuser weiter fort.

Nun nach der Wiederherstellung der staatlichen Souveränität Estlands gilt es noch einen Restbestand zu retten, einen durchaus noch zahlreich vorhandenen Restbestand, der sich aber bis auf wenige Ausnahmen in bedauernswertem Zustand befindet. Zu den Ausnahmen gehört in erster Linie Palms/Palmse.

Die Herrenhäuser in Estland stellen auf dem Lande eine der wesentlichen architektonischen Kulturdenkmäler, Spiegelbild der Geschichte dar, die einerseits auf die Deutschbalten verweisen. Andererseits haben die Herrenhäuser die estnische ländliche Bauweise integriert, stehen also nicht etwa im Gegensatz zum Bauernhaus. So hat es schon Heinz Pirang in seinem wichtigen dreibändigen Werk über die baltischen Herrenhäuser aus dem Jahre 1927 benannt. Die Herrenhäuser in Estland integrieren die Bauweise des estnischen Bauernhausstiles. Neben den genannten Einflüssen aus Westeuropa und Rußland kommen hier genuine Merkmale hinzu, die gerade den Charme des baltischen Herrenhauses ausmachen, darauf verweisen, daß sie integriert sind in die estnische und lettische Kultur. So wird es auch heute in Lettland und Estland verstanden. Es haben sich jüngst bemerkenswerte Gesellschaften in den Republiken aufgetan, die sich um den Erhalt dieser Häuser kümmern, freilich sich der großen wirtschaftlichen Probleme bewußt sind, die mit der Sanierung und vor allem mit der weiteren Nutzung verbunden sind. Freilich darf all das nicht darüber hinwegsehen, daß die Geschichte der Herrenhäuser, gebunden an die Güter mit ihren Familien, der Vergangenheit angehört. Der Erhalt einiger Häuser mit moderner Nutzung kann lediglich einen Symbolwert haben im Sinne gesamteuropäischer Kultur – der ist freilich bedeutsam genug, diesen Erhalt zu rechtfertigen.

In Estland gibt es einige Häuser, die in besonderer Weise repräsentativ noch wirken, die gleichsam erhalten sind. Dazu gehört im Osten von Reval/Tallinn Palms/estn. Palmse.

Es ist ein gutes Beispiel, wie eine Bauweise aus dem 18. Jahrhundert noch erhalten und gepflegt ist. Palms war bis zum Ende des Ersten Weltkrieges, bis zur großen Agrarreform 1919, ein Besitz der Familie von der Pahlen. Das Herrenhaus ist bis heute erhalten, erneuert worden und auch mit altem Interieur wieder eingerichtet. Der Park ist gepflegt wie auch die gesamte Anlage. Ebenfalls ein solches Beispiel ist Saggad/estn. Sagadi, in dem sich heute ein Wald- und Forstmuseum befindet. Auch dieses Haus ist mit seinem Park in einem verhältnismäßig guten Zustand. Beide Häuser befinden sich in dem großen Naturpark von Lahemaa.

Wir finden bei den Herrenhäusern sehr viele klassizistische Beispiele, die darauf aufmerksam machen, daß hier eine Verbindung vom Westen nach dem Osten vorlag. Das sehr häufig auftretende, übergroße Portal, wie es für das baltische Herrenhaus eigen ist, strahlt diesen Einfluß aus. So gab es in der Gegend um St. Petersburg ähnliche Häuser, wie entsprechend in Litauen bis hin nach Polen und im Nordwesten bis hin nach Ostpreußen.

Ein gutes Beispiel in Estland bildet das Herrenhaus von Kolk/Kolga, das wie Palms/Palmse und Saggad/Sagadi im Naturschutzbereich von Lahmeaa liegt.

Kolk war seit dem 18. Jahrhundert ein Besitz der Grafen Stenbock, in Schweden leben heute die Nachkommen. Das Herrenhaus mit seinem mächtigen Portal stellt eine großartige Anlage dar. Ein ähnliches Haus finden wir im Südwesten von Reval/Tallinn, auf Riesenberg/Riisipere, das bis 1919 den Baronen Stackelberg gehört hat. Auch dort ist ebenfalls auffallend der große mit Säulen versehene Portikus. Herrenhäuser von Sack/Saku und Fall/Keila-Joa, dieses mit seinem großen Wasserfall, spielten ebenfalls eine bedeutende Rolle. Im Südosten bei Dorpat/Tartu ist Sagnitz/Sangaste ein Beispiel für einen Tudor-Stil des 19. Jahrhunderts, der auch im ganzen baltischen Raum, mit britischem Vorbild, Eingang gefunden hat. Ebenfalls weitere historisierende Stilarten kommen vor, dennoch überwiegt das nach dem Vorbild des Italieners Palladio geprägte klassizistische Herrenhaus im baltischen Raum, auch noch am Ende des 19. und zu Beginn des 20. Jahrhunderts.

Sagnitz war das Zentrum der Familie der Grafen Berg, bis heute hoch geachtet, vor allem auf landwirtschaftlicher Ebene. So ist jüngst, im Jahre 1991, in Dorpat/Tartu ein Graf-Berg-Fonds gegründet worden, in Erinnerung an diese Familie, die als Roggenzüchter weit über die Landesgrenzen hinaus bekannt geworden ist.

In Sagnitz/Sangaste hat früh im 19. Jahrhundert eine landwirtschaftliche Modernisierung eingesetzt, die westeuropäische Beispiele vor Augen hatte. In Hellenorm/Hellenurme hat der berühmte Wissenschaftler Alexander von Middendorff gelebt und gewirkt, der als Naturwissenschaftler im gesamten Russischen Reich eine bedeutende Rolle spielte. Heute befindet sich in dem Haus von Hellenorm ein Kinderheim für verwaiste Kinder.

Freilich befinden sich all diese Häuser in keinem guten Zustand. Und sehr viele Häuser sind wohl zum Sterben verurteilt, die von einer Kultur Zeugnis ablegen, deren bestes Erbe es zu beleben und zu erhalten gilt.

Repräsentativ für baltische ritterschaftlich-ständische Mentalität war die Gesinnung eines Hamilcar Baron Fölkersahm, dessen Leben Verantwortung gegenüber dem ganzen Land dokumentiert. Freilich war es so, daß die Strukturen im baltischen Raum mittelalterlich ständisch geprägt waren und nur vor diesem Hintergrund des Lehnszeitalters zu verstehen sind. Aus dieser Verantwortung heraus sind von Seiten der Ritterschaften, die sich als das Land schlechthin verstanden, z. Zt. als die estnischen und lettischen Völker sich emanzipierten, seit den 1830er Jahren, Agrarreformen in großem Maße eingeleitet worden. Nicht zuletzt haben dabei deutsch-baltische Aufklärer, Pastore, ideell auch dafür gewirkt. Im Ergebnis ist am Beginn des 19. Jahrhunderts die Schollenpflichtigkeit aufgelöst worden, eine große Agrarreform erfolgt, die den Erwerb des Landbesitzes zuließ, freilich zunächst die Bauern besitzlos machte. Doch bereits in den 1830/40er Jahren erfolgte nach den sogenannten Bauernbefreiungen eine solche Besitzzuteilung durch den sogenannten roten Strich auf den Flurkarten, was bedeutete, daß das Bauernland von den Gütern nicht mehr erworben werden durfte. Dieses war eine Maßnahme, die von den Ritterschaften selber eingeleitet wurde.

Bei der bolschewistischen Revolution 1917 war es dann so, daß nahezu 50 % des gesamten Landes in bäuerlicher Nutzung war, so daß man annähernd sagen kann, daß sich die wirtschaftliche Struktur durchaus in einer guten Symbiose befand, Groß- und Kleinbetriebe nebeneinander, freilich insofern problematisch, weil die Großbetriebe zumeist noch in deutsch-baltischer Hand waren, und dies bei der Emanzipation der Esten und Letten und auch vor allem bei Gründung der beiden Republiken ein unausgewogenes Verhältnis war. Vor diesem Hintergrunde wird die Agrarreform von estnischer und lettischer Seite verständlich, vom wirtschaftlichen her ist sie letzten Endes ein Rückschlag gewesen. Eine Integrierung der Deutsch-Balten in den estnischen und lettischen Staat bei Erhalt der Güter wäre auf Dauer im wirtschaftlichen Sinne wohl sinnvoller gewesen - wenn man die Strukturen etwa mit Finnland vergleicht.

Nachdem in der zweiten Hälfte des 19. Jahrhunderts eine starke Russifizierung einsetzte, die auch den Annäherungsprozeß zwischen Esten und Letten und Deutsch-Balten erschwerte, entlud sich im Jahre 1905 bei der ersten Revolution im Russischen Reich die ganze Wut, auch eines Teils der Esten und Letten auf die Deutsch-Balten. Zahlreiche Herrenhäuser, ungefähr 200, wurden im gesamten baltischen

Raum 1905 verbrannt. Zwar wurde ein großer Teil noch vor dem Ersten Weltkrieg wiederaufgebaut, doch eine beträchtliche Anzahl der Deutsch-Balten verließ das Land.

Die Deutschbalten konnten sich nach der großen Agrarreform im Jahre 1919, der Aufsiedelung und Enteignung der Güter, an der neuen Siedelung beteiligen. Sie konnten wie alle Siedler einen keinen Hof bekommen. Das haben viele Deutschbalten getan, so daß bis zur Umsiedlung der Deutsch-Balten im Jahre 1939 viele auf ihren alten Gütern wirtschafteten, freilich jetzt in einer Größe von ungefähr 15–40 Hektar!

Die Bewohner dieser Herrenhäuser, der baltische Adel, vornehmlich Mitglieder der vier baltischen Ritterschaften Estlands, Livlands, Kurlands und Ösels, waren Repräsentanten, die mit dem Landleben engstens vertraut waren. Mit dem Landleben heißt, daß sie sich freilich nicht nur der Jagd und dem Fischen hingaben, sondern in der Landwirtschaft tätig hervortraten als Züchter von Rindvieh und von Saat, mit allen Problemen der Landwirtschaft behaftet, die darüber hinaus bis zum Ersten Weltkrieg die Landesverwaltung innehatten.

So ist es fast ein üblicher Werdegang, daß die Balten entweder als Richter, in der Landesverwaltung, etwa als Landräte tätig waren und zugleich ihre Güter bewirtschafteten. Es zeigt eben sehr deutlich, daß diese Betriebe weit mehr waren als ein landwirtschaftlicher Betrieb, sondern ein kleines Verwaltungszentrum – und Mittelpunkt desselben war das Herrenhaus.

Darüber hinaus wirkten diese Menschen in großem Maße nicht nur als Soldaten und Diplomaten im Dienste des Zaren auch außerhalb der engen Landesgrenzen, sondern vornehmlich auch im kulturellen Bereich. Es ist erstaunlich, in wie starkem Maße schriftliche Zeugnisse von den Deutschbalten vorliegen, nicht nur in Form von Erinnerungen, sondern auch in wissenschaftlichen Werken, in literarischen Zeugnissen. In allem spiegelt sich die Kultur der Herrenhäuser wider, zu deren bedeutsamsten Mittelpunkten einst Ratshof/Raadi bei Dorpat/Tartu der Familie von Liphart gehört hat.

In der estnischen Forschung ist nach dem Zweiten Weltkrieg über die Herrenhäuser intensiv von einigen Forschern gearbeitet worden, allerdings mehr aus architektur- und kunstgeschichtlicher Sicht. Eine systematische Bestandsaufnahme der Herrenhäuser Estlands wurde vorgenommen. Diese Forscher, wie etwa Dr. Ants Hein, haben Großes geleistet, vor allem auf die Bedeutung der Herrenhäuser aufmerksam gemacht.

Ein Verein kümmert sich seit jüngster Zeit um die Herrenhäuser.

Vorliegendes Buch will dem Reisenden und historisch Interessierten eine Orientierung geben, auf einen wesentlichen Aspekt baltischer Geschichte verweisen, der außerhalb der alten Hansestädte liegt. Freilich bleibt viel zu tun übrig. Zahlreiches Material zur Geschichte der Güter und seiner Herrenhäuser harrt in baltischen Archiven, in den Archiven des Ostseeraumes. Wenn in den letzten Jahren auch und gerade in Estland von einigen Forschern intensiv über die Herrenhäuser gearbeitet worden ist und wird, so bleibt doch auffallend, daß dies zum einen die Herrenhäuser betreffend unter starker Betonung des kunsthistorischen Aspektes geschah, zum anderen die Geschichte der Güter betreffend die Agrargeschichte im Vordergrund stand. Die Besitzer- und allgemeine Personengeschichte ist weitgehend außer acht gelassen worden. 700 Jahre haben Deutschbalten als Kur-, Liv- und Estländer dem Lande ihren Stempel aufgedrückt. Auf diese soll mit diesem Werk wieder aufmerksam gemacht werden, denn die Herrenhäuser sind auf dem Lande Spiegelbild dieses Erbes der Geschichte.

Der estnische Botschafter in Deutschland, Tiit Matsulevits, von Hause aus Historiker, hat jüngst im „Eesti Ekspress" in Reval/Tallinn einen Beitrag veröffentlicht, der in den Baltischen Briefen (Mai 1993) in deutscher Übersetzung wiedergegeben ist: „Deutschbalten als Brücke und Bollwerk". Darin heißt es:

„Lassen wir doch diesen Mythos der ‚700jährigen dunklen Sklavennacht', diese Stereotype, die heute nur denen von nutzen ist, die das wiedergeborene Estland nicht als einen ernstzunehmenden europäischen Staat anerkennen wollen. Gerade dank der Deutschbalten, dank dieser 700 Jahre, können wir uns selbst als Europäer betrachten, wir, deren Ohren von Bach verwöhnt, deren Augen von der Bibel liebkost und deren Wuschelhaare von deutschen Kämmen gescheitelt wurden. Dank der Deutschbalten können wir auch in unserer eigenen Sprache sagen, daß wir Esten sind. Außer der estnischen Hartnäckigkeit kenne ich keine so wirksame Medizin gegen die Russifizierung, wie es der von den Rothistorikern vielgescholtene, seinerzeitige baltische Sonderstatus gewesen ist. Laßt uns nicht vergessen, daß das Estland der Mägi, Saar, Tamm und Kivi auch das Estland der Üxküll, Stackelberg, Maydell, Ungern-Sternberg, Liphart, Glasenapp, Hasselblatt und Berg ist. Die Deutschbalten waren für uns Brücke und Bollwerk. Sie sind es auch heute noch, im Herzen Europas."

Zu danken habe ich estnischen Freunden, die mich auf den Reisen im Lande begleiteten und mit vielerlei Rat zur Seite standen und Gastfreundschaft gewährten. Besonderer Dank gilt Herrn Indrek Jürjo.

Die Photographien sind von mir in den Jahren 1991 und 1992 auf verschiedenen Reisen gemacht worden.

Die Arbeit fußt auf den Arbeiten des Historikers Paul Johannsen, der seinerseits stark auf die Forschungen von Gustav von Stryk zurückgegriffen hat und diese in das Werk von Pirang miteingebracht hat. Zur speziellen Geschichte der Herrenhäuser ist immer noch das dreibändige Werk von Heinz Pirang aus den 1920er Jahren bedeutsam wie auch estnische Forschungen nach 1945, die zum Teil in der Literaturauswahl genannt sind. Vor allem sind Archive in Reval/Tallinn und Dorpat/Tartu benutzt worden, in denen noch zahlreiches Material für viele wissenschaftliche Arbeiten liegt.

Mögen sich Forscher finden, die sich diesem Metier annehmen!

Seekamp, Sommer 1993　　　　　　　　　　　　　　Hubertus Neuschäffer

GÜTERREGISTER DEUTSCH-ESTNISCH

Deutsch .... Estnisch

A
Addafer .... / estn. Adavere 27
Allatzkiwwi .... / estn. Alatskivi 28
Allenküll .... / estn. Türi-Alliku 29
Allo .... / estn. Alu 31
Alp .... / estn. Albu 34
Alt-Anzen .... / estn. Vana-Antsla 36
Alt-Kusthof .... / estn. Vana-Kuuste 37
Annia .... / estn. Anija 38
Arensburg .... / estn. Kuressaare 38
Arroküll .... / estn. Aruküla 40
Ass .... / estn. Kiltsi 41
Assuma .... / estn. Asu 43
Audern .... / estn. Audru 44
Aya .... / estn. Ahja 45

B
Beckhof .... / estn. Jogeveste 47
Borkholm .... / estn. Porkuni 47
Brinkenhof .... / estn. Kriimani 48

C
Choudleigh .... / estn. Voka 49

E
Ellistfer .... / estn. Elistvere 50
Ermes .... / estn. Ermistu 51
Essemäggi .... / estn. Ääsmäe 52
Euseküll .... / estn. Õisu 54

F
Faehna .... / estn. Vääna 56
Fall .... / estn. Keila-Joa 57
Feckerort .... / estn. Triigi 61
Fegefeuer .... / estn. Kiviloo 62
Schloß Felks .... / estn. Velise 62
Alt-Fennern .... / estn. Vana-Vändra 63
Schloß Fickel .... / estn. Vana Vigala 64
Finn .... / estn. Vinni 66

G

Grossenhof auf Dagö	/ estn. Suuremoisa	67
Grossenhof auf Moon	/ estn. Muhu-Suuremoisa	69
Groß-Köppo	/ estn. Suure-Köpu	70
Gross-Ruhde	/ estn. Suure-Roude	70

H

Haakhof	/ estn. Aa	71
Haggud	/ estn. Hagudi	73
Haiba	/ estn. Haiba	74
Hapsal	/ estn. Hapsalu	75
Alt-Harm	/ estn. Ojasoo	76
Neu-Harm	/ estn. Harm	77
Hasik	/ estn. Haeska	78
Heimar	/ estn. Haimre	79
Heimthal	/ estn. Heimtali	80
Hellenorm	/ estn. Hellenurme	81
Schloß Helmet	/ estn. Helme	83
Herküll	/ estn. Härgla	85
Hördel	/ estn. Höreda	86
Hollershof	/ estn. Holdre	87

I

Alt-Isenhof	/ estn. Purtse	88

J

Jendel	/ estn. Jäneda	89
Jensel	/ estn. Kuremaa	91
Jerlep	/ estn. Järlepa	92
Jerwakant	/ estn. Järvakandi	93
Jotma	/ estn. Jootme	94

K

Kaltenborn	/ estn. Norra	96
Kaltenbrunn	/ estn. Roosna-Alliku	97
Kardis	/ estn. Kärde	98
Katharinenthal	/ estn. Kadriorg	99
Karritz	/ estn. Karitsa	101
Kasseritz	/ estn. Kasaritsa	102
Kattentack	/ estn. Aaspere	102
Kellamäggi	/ estn. Kellamäe (Ösel)	105
Kerjel	/ estn. Kärgula	105

Kerro	/ estn. Käru	106
Kersel	/ estn. Kärsa	107
Kersel	/ estn. Loodi	108
Kida	/ estn. Kiiu	108
Kirna	/ estn. Kirna	111
Klosterhof	/ estn. Kloostri	113
Kockora	/ estn. Kokora	114
Kölljall	/ estn. Kölljala (Ösel)	115
Köln	/ estn. Lööne (Ösel)	117
Koik	/ estn. Koigi	117
Koil	/ estn. Kohila	118
Kolk	/ estn. Kolga	119
Kono	/ estn. Koonu	123
Korps	/ estn. Einmanni	123
Kotzum	/ estn. Kodasoo	124
Kreuzhof	/ estn. Risti	125
Kunda	/ estn. Kunda	126
Kurküll	/ estn. Küti	127

L

Ladigfer	/ estn. Laekvere	128
Ladjal	/ estn. Ladjala (Ösel)	129
Lauenhof	/ estn. Löwe	130
Laupa	/ estn. Laupa	131
Schloß Leal	/ estn. Lihula	132
Groß-Lechtigall	/ estn. Suure Lähtru	134
Lechts	/ estn. Lehtse	135
Loal	/ estn. Lohu	135
Lodensee	/ estn. Kloga	136
Schloß Lohde	/ estn. Koluvere	137
Ludenhof	/ estn. Luamois	139
Lunia	/ estn. Luunja	140
Lustifer	/ estn. Lustivere	141

M

Matzal	/ estn. Matsalu	142
Meks	/ estn. Ravila	143
Menzen	/ estn. Moniste	145
Merjama-Addila	/ estn. Märjamaa-Adila	146
Mexhof	/ estn. Mäo	146
Moisekatz	/ estn. Mooste	148
Muddis	/ estn. Moe	149

N
Neuenhof-Kosch .... / estn. Kose-Uuemoisa 150
Nurms auf Moon .... / estn. Nurme 151

O
Schloß Oberpahlen .... / estn. Vana-Põltsamaa 152
Ocht .... / estn. Ohtu 154
Oehrten .... / estn. Ulvi 155
Oidenorm .... / estn. Oidremaa 155
Ottenküll .... / estn. Triigi 156

P
Paatz .... / estn. Paatsa 157
Paddas .... / estn. Pada 157
Padenorm .... / estn. Paadrema 158
Padis-Kloster .... / estn. Kloostri 159
Paggar .... / estn. Pagari 161
Pajusby .... / estn. Paenasti 162
Pallo .... / estn. Palu 163
Palms .... / estn. Palmse 164
Parrasmets .... / estn. Parasmetsa 167
Paschlep .... / estn. Paslepa 168
Paunküll .... / estn. Paunküla 169
Penningby .... / estn. Peningi 170
Pickfer .... / estn. Pikavere 172
Piddul .... / estn. Pidula (Ösel) 172
Piersal .... / estn. Piirsalu 173
Pirk .... / estn. Pirgu 174
Piwarootz (Paulsruhe) .... / estn. Rootsi 175
Podis .... / estn. Pootsi 176
Pöddes .... / estn. Kalvi 177
Poidifer .... / estn. Pudivere 178
Poll .... / estn. Polli 178
Purgel .... / estn. Purila 179
Putkas .... / estn. Putkaste 180

R
Rabbifer .... / estn. Rabivere 180
Rachküll .... / estn. Rahkla 181
Raggafer .... / estn. Rägavere 182
Raik .... / estn. Raigu 182
Rappin .... / estn. Räpina 183

Rasin	/ estn. Rasina	186
Ratshof	/ estn. Raadi	186
Rayküll	/ estn. Raikküla	188
Schloß Reval	/ estn. Tallinn	190
Rewold	/ estn. Reola	192
Riesenberg	/ estn. Riisipere	192
Schloß Ringen	/ estn. Suure Röngu	194
Rogosinsky	/ estn. Rogosi (Ruusmäe)	195
Röal	/ estn. Röa	196
Rosenthal	/ estn. Orgita	197
Ruil	/ estn. Roela	197
Ruttigfer	/ estn. Rutikvere	199

S

Saarahof	/ estn. Jäärja	200
Saarenhof	/ estn. Saaremoisa	201
Sack	/ estn. Saku	201
Sadjerw	/ estn. Saadjärve	202
Saggad	/ estn. Sagadi	203
Schloß Sagnitz	/ estn. Sangaste	206
Salishof	/ estn. Saaluse	208
Sallajöggi	/ estn. Salajöe	209
Sandel	/ estn. Sandla	210
Sarrakus	/ estn. Sarakuste	211
Sastama	/ estn. Saastna	212
Seinigall	/ estn. Müüsleri	212
Sellie	/ estn. Seli	213
Seydell	/ estn. Seidla	214
Soorhof	/ estn. Sooru	214
Staelenhof	/ estn. Taali	215

T

Taiwola	/ estn. Taheva	216
Talkhof	/ estn. Puurmani	217
Tammist	/ estn. Tammiste	218
Taps	/ estn. Tapa	219
Thomel auf Ösel	/ estn. Tumala	220
Tignitz	/ estn. Voltveti	220
Toal	/ estn. Tuhala	221
Töllist auf Ösel	/ estn. Tölluste	222
Tolks	/ estn. Kohala	223
Tolsburg	/ estn. Toolse	223
Torgel	/ estn. Tori	224

U

Uchten	/ estn. Uhtna	225
Udenküll	/ estn. Uugla	225
Unnipicht	/ estn. Unipiha	226

V

Viol	/ estn. Vihula	227

W

Wack	/ estn. Vao	228
Waist	/ estn. Vaiste	229
Walck	/ estn. Valgu	229
Waldau	/ estn. Valtu	230
Wallküll	/ estn. Valkla	231
Wannamois	/ estn. Vanamoisa	232
Warrol	/ estn. Vara	233
Wassula	/ estn. Vasula	233
Wattel	/ estn. Vatla	234
Weissenfeld	/ estn. Kiltsi	235
Wenden	/ estn. Vönnu	236
Schloß Wesenberg	/ estn. Rakvere	237
Wesslershof	/ estn. Vesneri	239
Wiems	/ estn. Viimsi	239
Woibifer	/ estn. Voivere	239
Woiseck	/ estn. Voisiku	240
Wrangellshof	/ estn. Varangu	241
Wrangellstein	/ estn. Maidla	242

GÜTERREGISTER ESTNISCH-DEUTSCH

Estnisch ....Deutsch

A

Aa	/ deutsch Haakhof	71
Aaspere	/ deutsch Kattentack	102
Adavere	/ deutsch Addafer	27
Ahja	/ deutsch Aya	45
Alatskivi	/ deutsch Allatzkiwwi	28
Albu	/ deutsch Alp	34
Alu	/ deutsch Allo	31
Anija	/ deutsch Annia	38
Aruküla	/ deutsch Arroküll	40
Asu	/ deutsch Assuma	43
Audru	/ deutsch Audern	44

E

Einmanni	/ deutsch Korps	123
Elistvere	/ deutsch Ellistfer	50
Ermistu	/ deutsch Ermes	51

H

Hagudi	/ deutsch Haggud	73
Haeska	/ deutsch Hasik	78
Haiba	/ deutsch Haiba	74
Haimre	/ deutsch Heimar	79
Hapsalu	/ deutsch Hapsal	75
Harmi	/ deutsch Neu-Harm	77
Heimtali	/ deutsch Heimthal	80
Hellenurme	/ deutsch Hellenorm	81
Helme	/ deutsch Schloß Helmet	83
Holdre	/ deutsch Hollershof	87
Höreda	/ deutsch Hördel	86
Härgla	/ deutsch Herküll	85

J

Jogeveste	/ deutsch Beckhof	47
Jootme	/ deutsch Jotma	94
Jäneda	/ deutsch Jendel	89
Järlepa	/ deutsch Jerlep	92
Järwakandi	/ deutsch Jerwakant	93
Jäärja	/ deutsch Saarahof	200

K

Kadriorg	/ deutsch Katharinenthal	99
Kalvi	/ deutsch Pöddes	177
Karitsa	/ deutsch Karritz	101
Kasaritsa	/ deutsch Kasseritz	102
Keila-Joa	/ deutsch Fall	57
Kellamäe	/ deutsch Kellamäggi(Ösel)	105
Kiiu	/ deutsch Kida	108
Kiltsi	/ deutsch Ass	41
Kiltsi	/ deutsch Weissenfeld	235
Kirna	/ deutsch Kirna	111
Kiviloo	/ deutsch Fegefeuer	62
Kloga	/ deutsch Lodensee	136
Kloostri	/ deutsch Klosterhof	113
Kloostri	/ deutsch Padis-Kloster	159
Kodasoo	/ deutsch Kotzum	124
Kohala	/ deutsch Tolks	223
Kohila	/ deutsch Koil	118
Koigi	/ deutsch Koik	117
Kolga	/ deutsch Kolk	119
Koluvere	/ deutsch Schloß Lohde	137
Kokora	/ deutsch Kockora	114
Koonu	/ deutsch Kono	123
Kose-Uuemoisa	/ deutsch Neuenhof-Kosch	150
Kriimani	/ deutsch Brinkenhof	48
Kunda	/ deutsch Kunda	126
Kuremaa	/ deutsch Jensel	91
Kuressaare	/ deutsch Arensburg	38
Kölljala (Ösel)	/ deutsch Kölljall	115
Küti	/ deutsch Kurküll	127
Kärde	/ deutsch Kardis	98
Kärgula	/ deutsch Kerjel	105
Käru	/ deutsch Kerro	106
Kärsa	/ deutsch Kersel	107

L

Ladjala	/ deutsch Ladjal (Ösel)	129
Laekvere	/ deutsch Ladigfer	128
Laupa	/ deutsch Laupa	131
Lehtse	/ deutsch Lechts	135
Lihula	/ deutsch Schloß Leal	132
Lohu	/ deutsch Loal	135
Loodi	/ deutsch Kersel	108

Luamois	/ deutsch Ludenhof	139
Lustivere	/ deutsch Lustifer	141
Luunja	/ deutsch Lunia	140
Löwe	/ deutsch Lauenhof	130
Lööne	/ deutsch Köln (Ösel)	117

M

Maidla	/ deutsch Wrangelstein	242
Matsalu	/ deutsch Matzal	142
Moe	/ deutsch Muddis	149
Moniste	/ deutsch Menzen	145
Mooste	/ deutsch Moisekatz	148
Muhu-Suuremoisa	/ deutsch Grossenhof auf Moon	69
Müüsleri	/ deutsch Seinigall	212
Märjamaa-Adila	/ deutsch Merjama-Addila	146
Mäo	/ deutsch Mexhof	146

N

Norra	/ deutsch Kaltenborn	96
Nurme	/ deutsch Nurms auf Moon	151

O

Ojasoo	/ deutsch Alt-Harm	76
Ohtu	/ deutsch Ocht	154
Oidremaa	/ deutsch Oidenorm	155
Orgita	/ deutsch Rosenthal	197

P

Paadrema	/ deutsch Padenorm	158
Paatsa	/ deutsch Paatz	157
Pada	/ deutsch Paddas	157
Paenasti	/ deutsch Pajusby	162
Pagari	/ deutsch Paggar	161
Palmse	/ deutsch Palms	164
Palu	/ deutsch Pallo	163
Parasmetsa	/ deutsch Parrasmets	167
Paslepa	/ deutsch Paschlep	168
Paunküla	/ deutsch Paunküll	169
Peningi	/ deutsch Penningby	170
Pidula	/ deutsch Piddul(Ösel)	172
Piirsalu	/ deutsch Piersal	173
Pikavere	/ deutsch Pickfer	172

Pirgu .... / deutsch Pirk 174
Polli .... / deutsch Poll 178
Porkuni .... / deutsch Borkholm 47
Pootsi .... / deutsch Podis 176
Pudivere .... / deutsch Poidifer 178
Purila .... / deutsch Purgel 179
Purtse .... / deutsch Alt-Isenhof 88
Putkaste .... / deutsch Putkas 180
Puurmani .... / deutsch Talkhof 217

R

Raadi .... / deutsch Ratshof 186
Rabivere .... / deutsch Rabbifer 180
Rahkla .... / deutsch Rachküll 181
Raigu .... / deutsch Raik 182
Raikküla .... / deutsch Rayküll 188
Rakvere .... / deutsch Schloß Wesenberg 237
Rasina .... / deutsch Rasin 186
Ravila .... / deutsch Meks 143
Reola .... / deutsch Rewold 192
Riisipere .... / deutsch Riesenberg 192
Risti .... / deutsch Kreuzhof 125
Roela .... / deutsch Ruil 197
Rogosi (Ruusmäe) .... / deutsch Rogosinsky 195
Rootsi .... / deutsch Piwarootz (Paulsruhe) 175
Roosna-Alliku .... / deutsch Kaltenbrunn 97
Rutikvere .... / deutsch Ruttigfer 199
Röa .... / deutsch Röal 196
Rägavere .... / deutsch Raggafer 182
Räpina .... / deutsch Rappin 183

S

Saadjärve .... / deutsch Sadjerw 202
Saaluse .... / deutsch Salishof 208
Saaremoisa .... / deutsch Saarenhof 201
Saastna .... / deutsch Sastama 212
Sagadi .... / deutsch Saggad 203
Salajöe .... / deutsch Sallajöggi 209
Saku .... / deutsch Sack 201
Sandla .... / deutsch Sandel 210
Sangaste .... / deutsch Schloß Sagnitz 206
Sarakuste .... / deutsch Sarrakus 211
Seidla .... / deutsch Seydell 214

Seli	/ deutsch Sellie	213
Sooru	/ deutsch Soorhof	214
Suure-Köpu	/ deutsch Groß-Köppo	70
Suure Lähtru	/ deutsch Groß-Lechtigall	134
Suure-Roude	/ deutsch Gross-Ruhde	70
Suure Röngu	/ deutsch Schloß Ringen	194
Suuremoisa	/ deutsch Grossenhof auf Dagö	67

T

Taali	/ deutsch Staelenhof	215
Taheva	/ deutsch Taiwola	216
Tallinn	/ deutsch Reval	190
Tammiste	/ deutsch Tammist	218
Tapa	/ deutsch Taps	219
Triigi	/ deutsch Ottenküll	156
Triigi	/ deutsch Feckerort	61
Tuhala	/ deutsch Toal	221
Tumala	/ deutsch Thomel auf Ösel	220
Toolse	/ deutsch Tolsburg	223
Tori	/ deutsch Torgel	224
Tölluste	/ deutsch Töllist auf Ösel	222
Türi-Alliku	/ deutsch Allenküll	29

U

Uhtna	/ deutsch Uchten	225
Ulvi	/ deutsch Oehrten	155
Unipiha	/ deutsch Unnipicht	226
Uugla	/ deutsch Udenküll	225

V

Vaiste	/ deutsch Waist	229
Valgu	/ deutsch Walck	229
Valkla	/ deutsch Wallküll	231
Valtu	/ deutsch Waldau	230
Vana-Antsla	/ deutsch Alt-Anzen	36
Vana-Kuuste	/ deutsch Alt-Kusthof	37
Vana-Põltsamaa	/ deutsch Schloß Oberpahlen	152
Vana Vigala	/ deutsch Schloß Fickel	64
Vana-Vändra	/ deutsch Alt-Fennern	63
Vao	/ deutsch Wack	228
Vara	/ deutsch Warrol	233
Varangu	/ deutsch Wrangellshof	241
Vasula	/ deutsch Wassula	233

Vatla .... / deutsch Wattel 234
Velise .... / deutsch Schloß Felks 62
Vesneri .... / deutsch Wesslershof 239
Vihula .... / deutsch Viol 227
Viimsi .... / deutsch Wiems 239
Vinni .... / deutsch Finn 66
Voisiku .... / deutsch Woiseck 240
Voivere .... / deutsch Woibifer 239
Voka .... / deutsch Choudleigh 49
Voltveti .... / deutsch Tignitz 220
Võnnu .... / deutsch Wenden 236
Vääna .... / deutsch Faehna 56

Õ

Õisu .... / deutsch Eusekül l................. 54

Ä

Ääsmäe .... / deutsch Essemäggi 52

SCHLÖSSER UND HERRENHÄUSER

Addafer/estn. Adavere

In einer Urkunde aus dem beginnenden 16. Jahrhundert des „Meisters zu Lyfflande Wolter vom Plettenberge", ist als Grenze strittigen Landes „die Atteversche schedinge" genannt. Es handelte sich dabei um das Gut Addafer, das zu jener Zeit zum Gebiet der Ordensvogtei Oberpahlen gehörte und deren wechselhaftes Schicksal teilte.

Jene letzten 50 Jahre der Ordensherrschaft unter dem Ordensmeister Wolter von Plettenberg (1494–1535) waren, nach dem Sieg über die Russen am See Smolina im Jahre 1502, zunächst noch eine Zeit des Friedens und des Wohlstandes, ehe in der zweiten Hälfte des 16. Jahrhunderts das große Unheil über Livland hereinbrach.

In Addafer hatte bis in jene Zeit ein „festes Haus" gestanden. Doch dieses Haus wurde in der zweiten Hälfte des 16. Jahrhunderts weitgehend zerstört, endgültig in der ersten Hälfte des 18. Jahrhunderts.

Das Schloß Oberpahlen, „nebst weitläufigem Hackelwerk", d. h. den umliegenden Höfen wie Addafer sowie den Dörfern in jener Gegend, war am 12. September 1703 bei einem feindlichen Überfall gleichfalls bis auf wenige Reste eingeäschert worden. Es herrschte wieder Krieg. Von 1700 bis 1721 wütete der Nordische Krieg, der schließlich im Frieden von Nystad 1721 Liv- und Estland zum Russischen Reich brachte.

Das Gut Addafer, wie auch Oberpahlen, gelangte während jener Zeit in die Hand des aus Eckernförde in Schleswig-Holstein stammenden Beraters Peters des Großen, Heinrich von Fick, der im damaligen Livland mit seiner Familie heimisch wurde.

Der Etatsrat Heinrich v. Fick beriet den Zaren in Verwaltungsfragen. Er wurde schließlich Gutsbesitzer in Est- und Livland, heiratete in eine Familie der estländischen Ritterschaft ein und hatte mehrere Töchter. Er vermachte dann das estländische Gut Addafer in seinem Testament vom 7. April 1740 seiner mit dem Landeshauptmann Erich Johann v. Vietinghoff verheirateten Tochter Beata.

In jener Zeit, d.h. noch in der Fickschen Besitzzeit in der ersten Hälfte des 18. Jahrhunderts, wurde die in französischem Stile mit geschnittenen Bäumen und Hecken gehaltene Gartenanlage mit Hilfe Petersburger Gartenarchitekten ausgeführt. In einem der Heckenbäume befand sich noch später lesbar, tief eingeschnitten, die Jahreszahl 1745.

Im Jahre 1816 veräußerten die Vietinghoff das Gut Addafer. Käufer war Bernhard Kaspar Baron Stackelberg. Im Jahre 1876 erwarb von dessen Sohn Bernhard Baron Stackelberg der Kreisdeputierte Nicolai

v. Wahl aus dem Hause Pajus den Besitz. Als in den Jahren zwischen 1892 und 1893 das letzte, heute noch stehende Herrenhaus errichtet wurde, geschah dies auf den massigen Tonnengewölben alter Zeiten. Von Nicolai v. Wahl erbte Addafer der Sohn Eduard v. Wahl. Er war von 1903 bis 1913 Mitglied der für Nordlivland und Estland so bedeutsamen Livländischen Gemeinnützigen und Ökonomischen Sozietät und hat auch im Rahmen dieser agrarischen Gesellschaft für die Landwirtschaft im Lande gewirkt.

Die Familie v. Wahl hat Addafer bis zur Agrarreform 1919 besessen.

Nach der 1919 erfolgten Enteignung und Aufsiedlung aller Güter in Estland erhielt der letzte Besitzer schließlich doch noch einen Resthof, denn die einstigen Besitzer konnten sich um eine Siedlungstelle auf ihrem Gut bewerben.

1934 wirtschaftete Eduard v. Wahl auf Addafer mit 16,7 Hektar Land – so ist es dokumentiert in den Akten der Livländischen Gemeinnützigen und Ökonomischen Sozietät in Dorpat/Tartu.

Allatzkiwwi/estn. Alatskivi

Allatzkiwwi, nicht weit von Dorpat/Tartu entfernt im Nordosten der Stadt am Peipussee gelegen, im einstigen Nordlivland, bildete ursprünglich eine Pertinenz, war ein Nebengut von Ellistfer/Elistvere und teilte das Schicksal dieses Gutes.

Es befand sich im 16. Jahrhundert in der Hand der im Ostseeraum weit verbreiteten, besonders als Soldaten hervorgetretenen Familie von Wrangell. Als der Dorpatenser, im Lande so benannte Dörptsche Stiftsrat, Johann Wrangell im Jahre 1540 starb, erbte Allatzkiwwi sein Sohn Tönnies Wrangell. Es folgten böse Kriegszeiten für Livland, in deren Folge seit 1561 die Polen und Schweden in Livland unter Einschluß des späteren Estland Fuß faßten.

Von der polnischen Regierung wurde das Gut am Ende des 16. Jahrhunderts eingezogen. Es wurde eine staatliche Domäne.

In folgender schwedischer Zeit wurde Allatzkiwwi schließlich im Jahre 1628 vom König Gustav Adolf seinem Sekretär Dr. Johann Adler Salvius verliehen. Dieser verkaufte Allatzkiwwi im Jahre 1642 Hans Dettermann-Cronmann, bei dessen Nachkommenschaft das Gut verblieb – auch über die Zeiten der schwedischen Güterreduktion am Ende des 17. Jahrhunderts hinweg, bis die Erben des Joachim v. Cronmann den Besitz Allatzkiwwi im Jahre 1753 dem Rittmeister Otto Heinrich v. Stackelberg verkauften.

Dieser vererbte es seinem Sohn, dem späteren Reichsgrafen Reinhold Johann v. Stackelberg.

Im Jahre 1870 gelangte Sophie v. Stackelberg in den Besitz, die mit einem Baron v. Nolcken verheiratet war.

Die Nolcken haben auf Allatzkiwwi bis zur Enteignung aller Güter in Estland im Jahre 1919 gesessen. Letzter deutschbaltischer Besitzer war Heinrich Baron v. Nolcken. Dieser hat in einem Aufsatz, „Die Hetzjagd mit Windhunden" über eine Seite des Lebens auf den Gütern berichtet, die in besonderer Weise die Nähe zur Natur dokumentiert. „In Allatzkiwwi, wo das Terrain sehr günstig war, wurde zur Zeit meines Vaters, ebenso wie in Lunia vor der Meute oder Treibern gehetzt. Zu diesen Jagden kam mit seinen Windhunden und seiner Meute mein Onkel Graf Ernst Manteuffel aus Talkhof, der noch kurz vor dem 1. Weltkrieg als alter Mann die Hetzjagden auf einem mausgrauen Pony mitritt. Auch der Freund seines Vaters, Generaladjutant von Gruenewaldt traf mit seinen guten schönen Barsois fast regelmäßig dort ein und ebenso Herren aus Kurland, welche behaupteten, die Hasen am Peipus seien ganz besonders gute Läufer. Eine ganz besondere Anziehungskraft für die Herbstjagden in Allatzkiwwi bot die schöne Landschaft am großen saphirblauen Peipussee."

Das Herrenhaus von Allatzkiwwi stammt aus der Besitzzeit der Nolcken, aus der zweiten Hälfte des 19. Jahrhunderts und ist ein Bau des Tudor-Stils. Allatzkiwwi ist nach Pirang dem englischen Königsschloß Balmoral nachempfunden. „Trotz allen Reichtums der an sich wirkungsvollen Architektonik, trotz der herrlichen Parkanlagen und der malerischen Einfügung in das Landschaftsbild, fehlt diesen vielgerühmten Bauten das Überzeugende der unverfälschten, erdgewachsenen Bodenständigkeit. Eine derartige Gotik hat es bei uns niemals gegeben. Ohne Formbeziehung zu den Artgenossen stehen diese Prunkgebäude wie verirrte Fremdlinge inmitten einer anderssprachigen Umgebung vereinsamt da." Vielleicht gilt das heute aber auch für die typischen, etwa klassizistischen baltischen Herrenhäuser – Zeugen einer vergangenen Epoche.

Allenküll/estn. Türi-Alliku

Das im Distrikt Jerwen, im Kirchspiel Turgel gelegene Gut Allenküll gehörte ursprünglich als Wirtschaftshof des Deutschen Ordens zur Komturei Fellin. Es wurde dementsprechend durch einen Amtmann verwaltet. Erst im Jahre 1560 beschloß das in Riga tagende Ordenskapitel, den Hof zur Vogtei Jerwen zu schlagen, da diese durch die Verwüstungen der Russen unter Ivan IV., dem Schrecklichen, sehr gelitten hatte.

Als zu Jerwen gehörig, gelangte der Hof im Jahre 1561 in den Besitz der schwedischen Krone. Zu jener Zeit waren noch vier sogenannte große Wacken, d.h. Verwaltungs- und Abgabenbezirke, zum Hofe geschlagen worden, die fast das ganze Gebiet des Kirchspiels Turgel umfaßten. Der Begriff der Wacke wurde als Maßeinheit zu leistender Arbeit auch auf den Gütern Liv- und Estlands verwendet. In sogenannten Wackenbüchern wurde auf den Gütern die zu leistende Arbeit festgesetzt.

Im Jahre 1614 wurde Allenküll vom schwedischen König Gustav Adolf an den Rittmeister Reinhold v. Buxhoeveden als Lehen vergeben, doch nur mit wenigen zugehörigen Dörfern. Im Jahre 1663 war dessen Sohn, ebenfalls Reinhold heißend, im Besitz von Allenküll. Im Jahre 1688 wurde das Gut aber dem Enkel des einstigen schwedischen Rittmeisters, Otto Friedrich v. Buxhoeveden, reduziert. In jener Zeit der zweiten Hälfte des 17. Jahrhunderts führte der schwedische absolutistische Staat eine durchgreifende Agrar- und Verwaltungsreform durch, die in bezug auf die Güter des landständischen Adels, d.h. die Ritterschaften, verheerend wirkte; schreckte der Staat doch nicht zurück vor zahllosen Enteignungen, die damit legitimiert wurden, daß nach Auf- und Ablösung des Lehnsystems die alten Lehngüter gleichsam heimfielen, dem Staat zurückgegeben, zurückgeführt – daher Reduktionspolitik - werden müßten. Über 50 Prozent der Güter in Estland wurden reduziert, in Livland waren es nahezu 80 Prozent.

Nach dem Nordischen Krieg (1700–1721), als die baltischen Provinzen an das Russische Reich fielen, wurden mehrere Güter wieder an die einstigen Besitzer zurückgegeben, wiederum restituiert, wie man sagte. Es gab dafür eine besonders eingerichtete Behörde in St. Petersburg, bei der die Restitutionsgesuche eingereicht werden konnten. Auch die Familie von Buxhoeveden wurde durch die russische Regierung in ihrem Besitz Allenküll restituiert. Vermutlich noch unter den Buxhoeveden wurde 1758 ein neues Herrenhaus aufgeführt. Doch im Jahre 1765 gelangte der Hof an den Obristen und Kammerherrn Baron Carl Gustav v. Rosen, der 1795 gestorben ist. Später, im Jahre 1810, gelangte das Gut an die Familie v. Baranoff, der Allenküll bis in die Mitte des 19. Jahrhunderts gehört hat. Sehr typisch für den allgemeinen Gutswechsel war, daß zunächst das Gut, im Jahre 1791, an die Baranoff verpfändet wurde. Im Jahre 1810 wurde es dann veräußert. So wurde es auch im sogenannten „Proclam" mitgeteilt, jener öffentlichen Bekanntmachung, die möglichen Erbanspruchstellern Gelegenheit einräumen sollte, ihre Ansprüche in einer bestimmten Frist anzumelden.

In der „Land-Rolle des Estländischen Gouvernements, angefertigt im Jahre 1818", heißt es über das Gut „Allenküll/estn. Alliko (Turri)" im „hakenrichterlichen Distrikt Süd-Jerwen, im Kirchspiel Turgel" gele-

gen, daß es aus 30 schwedischen Haken bestehe. Die Zahl der Revisionseelen, d.h. der auf dem Gute eingepfarrten Personen, betrug damals 471.
1879 erbte das Gut der Kreisrichter a. D. Christoph v. Baranoff, der es im Jahre 1880 an Alexander Friedrich Baron Engelhardt verkaufte. Die Engelhardt haben auf Allenküll bis zur Enteignung des Gutes im Jahre 1919 gesessen. Nach der Enteignung und Aufsiedlung der Güter hat die Familie einen Resthof erworben, der in den 1930er Jahren ungefähr 12 Hektar betrug.

In estnischen Quellen wird Allenküll im 19. Jahrhundert als Alliko (Turri) aufgeführt, später bei dem Historiker Paul Johannsen nach anderen Quellen als Turi-Alliku, bei Henning v. Wistinghausen als Türi Halliku.

Allo/estn. Alu

Das Gut Allo in Süd-Harrien, im Kirchspiel Rappel gelegen, wurde im 19. Jahrhundert im Estnischen Allo mois genannt, auch hieß es einst Alwen.

Allo/estn. Alu

Allo/estn. Alu

Allo ist das Stammgut des schon zu dänischer Zeit auftretenden, dem Besitz gleichnamigen Vasallengeschlechtes Alwen. Diese Familie ist allerdings früh erloschen.

Der Ritter Claus Treyden überließ im Jahre 1409 sein väterliches Erbe zu Alwen sowie das Dorf zu Siklecht/Sikeldi einem Vetter Treyden. Dieser veräußerte das Gut im Jahre 1410 dem Godeke Dönhoff, Repräsentant einer westfälischen ritterschaftlichen Familie, die später in Ostpreußen eine bedeutende Rolle spielen sollte.

Von Goswin Dönhoff kauften 1456 Claus und Wolmar Treyden Alwen für 4500 Mark zurück. Doch die Familie mußte es bald wieder veräußern. Der Verkäufer Goswin Dönhoff erwarb das Gut 1470 von Hermann, Bertold und Johann Treyden abermals zurück. Sein Enkel, Johann Dönhoff, übertrug Alwen, nun bereits Allo genannt, 1523 seinem Schwiegersohn Reinhold Rosen a. d. H. Hochrosen.

Johann Uexküll a. d. H. Anzen, der die Tochter Reinholds v. Rosen geehelicht hatte, damit in den Besitz von Allo gelangt war, trat das Gut im Jahre 1589 seinem Schwager Johann v. Wrangell a. d. Hause Ellistfer ab. Durch dessen Enkelin gelangte durch Heirat Allo wieder an die Rosens, an den Obristen Dietrich von Rosen a. d. H. Sonorm.

Über die politischen Unruhen hinweg, auch bei Wechsel von schwedischer zu russischer Herrschaft des Landes am Beginn des 18. Jahrhunderts, blieb der Besitz bei den Rosen.

Erst der Landrat Hans Dietrich v. Rosen verkaufte im Jahre 1732 das Gut dem Landrat Bengt Hinrich v. Bistram, Besitzer von Riesenberg und Rum.

Noch vor dem Jahre 1750 ist Allo dann in den Besitz des nachmaligen Grafen Berend Heinrich Tiesenhausen gekommen. Im Jahre 1814 ist bezeugt, daß der Oberhofmarschall Hans Heinrich Graf Tiesenhausen Allo, Rappel und Groß Sauß „zuzüglich dem Inventar mit dem sogenannten Hastverschen Krug und Platz Nr. 40 auf dem Dom zu Reval für 500 000 Rubel" seinem Sohn Paul Tiesenhausen (1774–1864), Ritterschaftshauptmann a. D. und Generalmajor, verkaufte.

Hans Heinrich v. Tiesenhausen (1741–1815), verheiratet mit Katharina v. Stackelberg, ehemals Hoffräulein am Zarenhof, war im Jahre 1782 Kammerherr des Großfürsten und 1796 Hofmarschall des Kaisers Paul geworden. Wenn auffällt, daß der Vorname „Katharina" zu damaliger Zeit in baltischen Familien häufig vorkommt, so kann dies durchaus als sichtbares Zeichen einer Loyalität der Deutschbalten gegenüber dem russischen Herrscherhaus gewertet werden. Und so erklärt sich auch der Vorname Paul in der Familie Tiesenhausen. In der „Landrolle des Ehstländischen Gouvernements" von 1818 sind die Güter Allo und Rappel zusammen aufgeführt mit 393 Seelen.

Von den Grafen Tiesenhausen kaufte im Jahre 1828 die Güter Allo, Rappel, Hermet und Waldau das Apanagenressort in St. Petersburg. Dieses veräußerte Allo und Rappel Ende der 1850er Jahre an den Ritterschaftshauptmann und Landrat Otto v. Lilienfeld, bei dessen Familie das Gut bis zur Güterenteignung nach dem ersten Weltkrieg verblieb. Der letzte Besitzer bis zur großen Agrarreform von 1919 war Rudolf v. Lilienfeld. Auch nach der Enteignung des Gutsbesitzes, der allgemeinen Enteignung der Güter, verblieben die Lilienfeld auf dem restlichen kleinen Besitz, einer Siedlungsstelle von 25 Hektar und versuchten dort zu wirtschaften. Friedrich Wilhelm Frhr. v. Buchholtz schreibt in seinem Buch „Glückliches Jagen" über einen Besuch bei einem Onkel auf einem baltischen Gut in der Zwischenkriegszeit: „Wie alle Gutseigentümer in den drei baltischen Provinzen Kurland, Livland und Estland, war auch er nach der Revolution 1918/1919 enteignet worden. Wie die meisten anderen Herren hatte er das Herrenhaus und den Park behalten und damit deren Belastung. Aus diesem Grunde wurden während der langen Sommerferien zahlende Gäste aufgenommen."

1939 mit der Umsiedlung der Deutschbalten wurde der restliche Besitz aufgegeben.

Das Herrenhaus stammt aus dem Jahre 1860, ist also in der Besitzzeit der Lilienfeld aufgeführt worden. Das Herrenhaus befindet sich 1992 äußerlich in gutem Zustand, beherbergt eine Schule.

Alp/estn. Albu

Das einstige ritterschaftliche Gut Alp, an dem Fluß Ampel, liegt im Distrikt Jerwen, im Kirchspiel Matthäi. Das Herrenhaus beherbergt heute eine Schule, liegt in einem schönen Park. Das Haus hat zwei Seitenflügel.

Am Beginn des 17. Jahrhunderts ist auf Alp die Familie Schraffer nachgewiesen, so 1623.

Vermutlich ist der Besitz während der schwedischen Güterreduktionspolitik in der zweiten Hälfte des 17. Jahrhunderts im Rahmen des Entstehens des schwedischen Absolutismus vom Staat konfisziert worden, wurde „reduziert", wie es hieß.

Es kam der Nordische Krieg (1700–1721), in dessen Folge die schwedische Macht im östlichen Ostseeraum der russischen, auch in den Ostseeprovinzen, weichen mußte. Bereits während des Krieges trat ein Besitzwechsel auf vielen Gütern ein, so auch auf Alp.

1709 ist die Familie von Nieroth im Besitz von Alp nachgewiesen, obgleich ein livländisches Regiment unter dem Kommando von Magnus Wilhelm v. Nieroth kämpfte – auf schwedischer Seite gegen die Russen. Zahlreiche Liv- und Estländer waren in diesem Regiment.

Während des Nordischen Krieges wütete auch in Estland die Pest, raffte viele Menschen dahin. Leid breitete sich in großem Maße aus. So war es ein großes Verdienst, daß Wilhelm Magnus v. Nieroth im Jahre 1717 auf Alp ein Weisenhaus aufbaute – so ist es in den Ritterschaftsprotokollen aus dem Jahre 1723 festgehalten. Der bekannte baltische Topograph August Wilhelm Hupel berichtet 1782 im ersten Band seiner „Topographischen Nachrichten von Lief- und Ehstland" darüber. Dort berichtet er über die löbliche Einrichtung des pietistisch gesinnten Gutsherren von Alp. Der Hallesche Pietismus hatte auch im Baltikum Eingang gefunden.

Im Jahre 1733 war Magnus Wilhelm v. Nieroth noch im Besitz des Gutes, doch Alp gelangte dann im weiteren Verlauf des 18. Jahrhunderts in die Hand einer jener Familien aus Großbritannien, die als „wild geese" im Russischen Reich, besonders in den Ostseeprovinzen, Fuß gefaßt hatten. Zu ihnen gehörten die Browne, Lascy, Gordon und auch die Douglas, die 1750 das Gut Alp bereits besessen haben. Doch Robert Archibald Graf v. Douglas verkaufte den Besitz am Ende des 18. Jahrhunderts an Otto Hermann v. Mohrenschildt.

Von dem Geschlecht v. Mohrenschildt gelangte Alp im Jahre 1840 an die Grafen Igelström, schließlich für einige Jahre an die Barone Toll. Doch in der zweiten Hälfte des 19. Jahrhunderts wechselte Alp – damals aus 30 Steuerhaken und 731 Revisionsseelen bestehend – noch einmal seinen Besitzer. Alexander v. Lilienfeld erwarb im Jahre 1862 das Gut, auf dem es zu jener Zeit eine in baltischen Landwirtschaftskreisen bekannte Merino-Schafherde gab. Eine sogenannte Landstelle Anista wurde gesondert verkauft an Thomas Thomson.

Im weiteren Verlauf der Entwicklung gehörte Alp schließlich der Familie v. Harpe. Nach der Entstehung des estländischen Staates, der erfolgten Enteignung und Aufsiedlung aller Güter im Jahre 1919, hat

Alp/estn. Albu

R. v. Harpe auf einer Hofstelle von 16 Hektar auf Alp in der Zeit zwischen den beiden Weltkriegen in der Republik Estland gewirtschaftet.

Das Herrenhaus von Alp entstand in den 1730er Jahren. Heute, 1992, befindet sich ein Schule im Herrenhaus.

Schloß Alt-Anzen/estn. Vana-Antsla

Anzen, im einstigen Nordlivland gelegen, war ein ehemaliger Besitz der Familie von Uexküll. Otto Uexküll, der im russisch-livländischen Krieg in der zweiten Hälfte des 16. Jahrhunderts seine Güter verloren hatte, erhielt im Jahre 1583 trotz seiner Bitte gegenüber dem neuen Landesherren, sein Erbgut vom polnischen König Stephan nicht zurück. Anzen wurde im Jahre 1588 dem Kastellan von Wenden Georg Schenking verliehen.

In der dann folgenden schwedischen Zeit wurde das Gut abermals eingezogen, wurde mehrfach auf Zeit vergeben und an zumeist schwedische Vasallen neu verliehen.

Schließlich übergab König Gustav Adolf im Jahre 1625 Anzen dem Kammerjunker Ake Tott. Dessen Erben verkauften das Gut im Jahre 1649 dem Dietrich Riegemann, der unter dem Namen von Loewenstern in den schwedischen Adelsstand erhoben wurde.

Bei seinem Tode war Anzen bereits in zwei Güter, Alt- und Neu-Anzen, geteilt. Alt-Anzen erbte sein Sohn Martin und dann dessen Sohn, der Major und Landrat Valentin von Loewenstern. Da dieser unvermählt starb, beerbten ihn seine Neffen, die sich den Besitz derart teilten, daß der spätere Landrat Karl Dietrich v. Loewenstern Alt-Anzen behielt. Ihm folgte im Jahre 1783 sein Sohn im Besitz. Es war der Landrat Karl Otto von Loewenstern.

Als am 18. Oktober 1792 in Riga die livländische Gemeinnützige und Ökonomische Sozietät gegründet wurde, die bis 1939 segensreich für die baltische gesamte Landwirtschaft gewirkt hat, wurden jeweils 13 wirkliche Mitglieder aus der livländischen Ritterschaft erkoren, die der Gesellschaft vorstehen sollten.

Ein Präsident wurde gewählt, die anderen 12 wurden spaßhaft die 12 Apostel genannt. Unter diesen 12 Aposteln war 1792 der Oberkonsistorialasesseor v. Loewenstern, der aus dem Hause Alt-Anzen stammte.

Die Erben von Karl Otto v. Loewenstern verglichen sich im Jahre 1833, so daß Karl v. Loewenstern das Majorat Wolmarshof übernahm, er alle übrigen Güter aber seinen Miterben überließ. Gemäß dieser Übereinkunft gingen Alt- und Neu-Anzen in den Besitz der Gräfin Elisabeth Katharina v. Bose geb. v. Loewenstern über. Nach ihrem 1878 erfolgten Tode übernahm ihre Tochter Anna Baronin Stael v. Holstein beide Güter und übertrug sie gleich darauf ihrem zweiten Sohn, dem Kreisdeputierten Reinhold Stael v. Holstein. Dieser behielt Neu-Anzen. Alt-Anzen veräußerte er im Jahre 1883 dem Baron Georg v. Ungern-Sternberg (gest. 1926), der es bis 1919 zur Enteignung besaß.

Alt-Kusthof/estn. Vana-Kuuste

Kusthof ist aus drei Gütern entstanden, aus dem Hof Lude, Ajakar und Kusthof. Jedes dieser Güter weist eine gesonderte Entwicklung auf. Kusthof selber besaß zur Ordenszeit die Familie Zoege. Noch im Jahre 1557 befand sich ein arrondierter Gutsbesitz Kusthof mit weiteren Pertinenzen im Eigentum des Johann Zoege. Doch während der polnischen Regierungszeit verlor die Familie ihren Besitz, weil sie bereits zu Schweden hielt. Sie hat sich schließlich in Estland niedergelassen, das von polnischer Hoheit ausgenommen war. Ein Teil der Zoegeschen Güter wurde im Jahre 1590 schließlich von einem Ökonomiehofe in Brinkenhof vereinigt. Ein Restgut, hier bei Alt-Kusthof, wurde dem Anton Gerstenzweig als Lehen übergeben.

Als Dorpat zu Schweden gelangte, stellte die Familie von Zoege wieder Ansprüche, bekam aber vom König Gustav Adolf den Besitz nicht zurück. Kusthof wurde im Jahre 1626 nach dem sogenannten Norköping-Beschlußrecht dem Mediziner Jakob Robertson übereignet. Der vererbte es schließlich an seinen Schwiegersohn, den Oberstleutnant Johann Ascerton. Doch die Zoege ließen nicht locker und prozessierten. Chancen rechneten sie sich aus, da sie mit mächtigen schwedischen Familien verwandt waren, so etwa mit den Schlippenbach. So versuchten sie ihr Recht durchzusetzen. Und im Jahre 1704 erhielten tatsächlich die weiblichen Erben der Familie Zoege in Gestalt der schwedischen Familie von Schlippenbach die Besitze zurück. Diese besaß die Güter bis zur Eroberung von Dorpat. Auch ein zeitweilig am Besitz beteiligter Baron v. Ungern-Sternberg war mit einer Zoege verheiratet.

Im Jahre 1723 wurde durch die russische Restitutionskommission dem Reinhold Gustav Baron Ungern-Sternberg ein Teil der Güter übereignet. Reinhold Gustav Baron Ungern-Sternberg war estländischer Landrat. Er hat Kusthof mit Pertinenzen, so Errastfer und weiteren Gütern in Estland besessen. Unter den Ungern-Sternberg wurde der Besitz noch erweitert. Schließlich am Ende des 18. Jahrhunderts wurde ein Teil als Neu-Kusthof abgetrennt und verpfändet.

Im Jahre 1799 wurde schließlich der Besitz Alt-Kusthof an den Landrat Reinhold von Liphart veräußert. Bei den Lipharts blieb das Gut bis zum Jahre 1839, dann erwarb es August von Sivers zunächst als Pfand und dann schließlich als Eigentum.

Kinder aus der Familie von Sivers übernahmen den Besitz. Aus einer Erbengemeinschaft erhielt das Gut schließlich der Ordnungsrichter August von Sivers im Jahre 1872 übereignet.

Bereits im Jahre 1839 wurde auf Alt-Kusthof im Rahmen der 1792 gegründeten livländischen gemeinnützigen und ökonomischen Sozietät eine Landwirtschaftsschule eingerichtet. Es wurde auch ein Lehr- und Forstgut. Auch später im 20. Jahrhundert, nach der großen Agrarreform, wurde diese Tradition fortgesetzt.

Alt-Kusthof war in der Zeit zwischen den beiden Weltkriegen ein Versuchsgut der Universität Dorpat/Tartu. Heute befindet sich im Herrenhaus eine Schule.

Annia/estn. Anija

Auf Annia in Estland ist die deutschbaltische Schriftstellerin Nina Freiin v. Ungern-Sternberg (1893–1960) geboren worden, die auf dem väterlichen Gut ihre Kindheit verlebt hat. 1946 hat sie ihr bekanntes Kinderbuch „Unser Petz hat Geburtstag. Ein Bilderbuch mit Versen für unsere Kinder" herausgebracht.

Annia war lange Zeit im Besitz der Familie v. Manteuffel, so etwa 1905. Auch die Familie von Wahl war im Besitz von Annia

In der Zeit zwischen den beiden Weltkriegen, nach der 1919 erfolgten Enteignung und Aufsiedlung aller Güter in Estland, wurde schließlich eine Schule in Annia eingerichtet. Auch nach dem Zweiten Weltkrieg war im Herrenhaus von Annia eine Schule, bis 1970. Dann war das Haus ungenutzt, heute, 1992, befindet sich wieder eine Schule im Herrenhaus, das aus dem Jahre 1811 stammt.

Auf dem Hof gibt es auch ein älteres, schlichtes Gutshaus, das im 17. Jahrhundert aufgeführt worden ist.

Schloß Arensburg/estn. Kuressaare (Ösel)

Der Bau der Burg wurde im 14. Jahrhundert begonnen, damals unter dem Namen Urbs aquilae, das heißt Stadt des Adlers.

Das einzigartig erhaltene wuchtige Schloß Arensburg auf Ösel wurde am Ende des 14. Jahrhunderts geschaffen und war Sitz des Bischofs von Ösel/Wiek. Über mehrere Jahrhunderte hatten die Bischöfe dort ihren Sitz.

Im 16. Jahrhundert traten mit Einführung der Reformation, mit der Auflösung des Ordens große Veränderungen auch in Estland ein.

Im Jahre 1559 gelangte Arensburg an Dänemark. Der letzte Bischof von Ösel/Wiek war Johann von Münchhausen. Er veräußerte den Besitz an den dänischen König Friedrich II. Bereits im Jahre 1560 erhielt der Bruder des dänischen Königs, der spätere sogenannte livländische König, Herzog Magnus von Holstein für kurze Zeit auch Arensburg mit Ösel als Lehen.

In dieser Zeit erhielt Arensburg, vom Herzog vermittelt, 1563, das Lübecksche Stadtrecht. Um das Schloß herum entstand die kleine Stadt. Sie nahm an Bedeutung zu, als sich die Bewohner der Umgebung im 16. Jahrhundert vor den Truppen des russischen Zaren Iwan des Schrecklichen dorthin zurückzogen.

Im Jahre 1645 gelangte schließlich im Verlauf weiterer politischer Entwicklung das Schloß in schwedischen Besitz und wurde befestigt als modernes Festungswerk.

Auch in den kommenden wechselnden politischen Zeiten, schließlich in der russischen Zeit seit 1721, ist die Anlage niemals zerstört worden. Das Schloß Arensburg gehört damit bis heute zu den beeindruckendsten Bauten von ganz Estland, ist das einzige erhaltene Schloß, das auf das Mittelalter zurückgeht.

Im Jahre des Friedens von Münster, im Jahre 1648, erhielt der schwedische Feldherr Graf Magnus de la Gardie Arensburg mit weitem Landbesitz von der Königin Christine als Dotation. Während des Nordischen Krieges (1700–1721) wurde die Stadt weitgehend zerstört, aber nicht die Burg. Ein Teil des Schlosses diente dann seit Beginn der russischen Zeit als Kornspeicher, über 150 Jahre, in einem anderen Teil

Schloß Arensburg/estn. Kuressaare (Ösel/Saaremaa)

wurde im Jahre 1868 durch den Pastor Reinhold Girgensohn zeitweilig ein Armenhaus eingerichtet.

Im 18. Jahrhundert war die Stadt Arensburg unbedeutend, erhielt erst im 19. Jahrhundert eine neue Bestimmung, als der Arzt Dr. E. G. Normann in der Stadt eine Schlammbadeanstalt einrichtete. Damit wurde Arensburg als Kurort weit über die Grenzen Ösels und Estlands hinaus bekannt.

Der Hauptturm des Schlosses heißt wie der Stadtturm in Reval „Langer Hermann". Dieser hat längere Zeit auch als Gefängnis gedient bis er in der russischen Zeit als Kornspeicher genutzt wurde. Schließlich, nach Auflösung des Armenhauses, diente das Schloß der Ritterschaft Ösels als Ritterhaus, freilich nach einer gründlichen Renovierung und Restaurierung.

Aus dem Jahre 1859 stammt eine hervorragende Lithographie von Friedrich Sigismund Stern.

Die aus Kalkstein erbaute Bischofsburg, direkt am Meer, gehört zu den interessantesten bis heute erhaltenen Bauwerken aus der Ordenszeit. In der Burg ist heute das Saaremaa-Museum untergebracht, in dem die Geschichte der Burg und der Insel dokumentiert ist. Im Innenhof der Burg gibt es ein Bühne, die vornehmlich für estnische Sängerfeste verwandt wird.

Arroküll/estn. Aruküla

Es gibt zwei Güter mit Namen Arroküll/Aruküla, eines in Jerwen, eines in Harrien.

Arroküll im Distrikt Harrien, im Kirchspiel Johannis gelegen, war ein Dorf, das lange Zeit zum Schloßgebiet Weissenstein gehört hat. Aus der Grundherrschaft wurde im Laufe der Zeit eine Gutswirtschaft.

Mit Mexhof/Mäo zusammen wurde Arroküll im Jahre 1635 von der Königin Christine dem schwedischen Reichszeugmeister Lennart Torstenson zu Restad und Forstena verliehen. Dessen Sohn, Andreas Graf zu Ortala verkaufte im Jahre 1669 Mexhof und Arroküll an Hans v. Fersen, Besitzer von Sipp und Abbia, und an Franz v. Strassburg zu Erwita.

Die Käufer teilten sich die Güter. Strassburg erhielt Arroküll, das noch in der Schwedenzeit am Ende des 17. Jahrhunderts vom Staate im Rahmen der Reduktionspolitik einkassiert, reduziert wie man sagte, wurde. Doch der Tochter Strassburgs, Agneta Helene v. Lieven, Witwe des Landrats Joachim Friedrich v. Lieven, wurde es schließlich nach dem Nordischen Kriege (1700–1721) unter der neuen russischen Regierung zurückgegeben, restituiert, wie es im damaligen Sprachgebrauch hieß.

Die Lieven waren, wie zahlreiche andere Liv- und Estländer, bald nach dem Kriege zu loyalen russischen Reichsangehörigen geworden. Otto Heinrich v. Lieven, 1781 gestorben, war russischer General gewesen, dessen Witwe Charlotte v. Lieven wurde bekannte Erzieherin der Zaren-Kinder. Sie wurde in den Fürstenstand erhoben. Charlotte Margarethe Fürstin v. Lieven (1743-1828) war, wie sich schon die Kaiserin Katharina II.geäußert hatte, „un ocean de douceur et d'indulgence" und der hochverehrte Liebling am Zarenhof.

Die Lieven behielten das Gut Arroküll nicht. Das Gut wechselte noch im 18. Jahrhundert mehrfach die Besitzer, so besaß Arroküll im Jahre 1765 der Kammerherr v. Passek, 1774 der Landrat Carl Gustav v. Baranoff. Es entstand zu ihrer Besitzzeit ein Herrenhaus in den 1820er Jahren. In dieser Familie verblieb das Gut weiterhin bis zur Agrarreform 1919, als alle Güter Estlands enteignet und aufgesiedelt wurden. Heute, 1992, befindet sich im Herrenhaus eine Schule. Von 1925 bis 1940 hatte das Herrenhaus der estnische Premierminister Kaarel Eenpalm in Besitz.

Das gleichnamige Gut Arroküll im Kreis Jerwen, im Kirchspiel St. Magdalenen, gehörte seit Beginn des 19. Jahrhunderts bis 1919 den Grafen Toll. Sie bauten dort ein neues imposantes Herrenhaus, über das Heinz Pirang 1928 gesagt hat: „Arroküll in Estland – Besitzer Graf Toll – hat einen fast zu hohen Portikus. Im übrigen ist das Haus ausgezeichnet proportioniert. Der Empirestil deutet auf russische Schule."

Auch nach der Enteignung 1919 verblieben die Grafen Toll, nach Siedlung aller Güter, auf Arroküll, d.h. im Besitz des Herrenhauses, das nun ohne Land zu einer Belastung werden mußte, da mit der Landenteignung die materielle Grundlage genommen war. In den 1930er Jahren hatten die Grafen Toll noch einen Resthof von ca. 38 Hektar.

Schloß Ass/estn. Kiltsi

Ass, im Kreis Wierland gelegen, war zur Zeit des Deutschen Ordens eine Burg des Geschlechtes von Gilsen. Daher stammt auch der estnische Name des Schlosses, Kiltsi – ein Tatbestand, der uns in der Gütergeschichte Estlands immer wieder begegnet, daß die estnischen Namen auf deutsche Familiennamen zurückgehen, hingegen die deutschen gebräuchlichen Namen estnischen Ursprungs sind, auf landschaftliche Gegebenheiten häufig verweisen.

Die in der Literatur zu findende Nachricht, daß eine Burg schon im Jahre 1293 erbaut worden sei, ist nicht nachgewiesen. Der älteste Lehensbrief über Ass stammt, soweit bekannt, aus dem Jahre 1383. Zu damaliger Zeit hat eine Burg existiert.

Die Burg wurde am 7. Februar 1588, während des russisch-livländischen Krieges, von plündernden russischen und tatarischen Horden bestürmt, aber nicht genommen, da Robert v. Gilsen und andere Edelleute sie tapfer verteidigten.

In der folgenden schwedischen Zeit kam Ass im Jahre 1586 an Otto von Uexküll, dessen Familie das Gut bis in den Anfang der russischen Periode besaß, bis in das beginnende 18. Jahrhundert.

Nachfolger im Besitze waren zunächst die Familien von Zoege, später Grafen Manteuffel, dann die Barone Rosen.

Im Jahre 1761, als der russische Großfürst und holsteinische Herzog Peter seine holsteinischen Truppen aufbaute, holte er sich dazu Offizire und auch Rekruten aus den Ostseeprovinzen. Holsteinische Soldatenwerber fielen in Dorpat 1761 unangenehm auf. Bei dem estländischen zeitgenössischen Geschichtsschreiber Gadebusch heißt es:

„Es gingen diese Werber so weit, daß sie das Gefängnis erbrachen und einen Missetäter hinwegführten." Dieses wurde dem Großfürsten gemeldet, der den Kammerherrn und Oberstleutnant Gustav Frhr. v. Rosen beauftragte, den Fall zu untersuchen, der dann zur Befriedigung des Dorpater Rates gelöst wurde. Gustav Frhr. v. Rosen war damals Besitzer von Ass und war mit dem Rekrutierungsproblem aufs engste vertraut, war es doch verzahnt mit der Besteuerung der Güter.

Der Besitz Ass gelangte aber bald in die Hand der Familie v. Benckendorff. Im Jahre 1778 wurde das Gebäude des alten Schlosses vom damaligen Besitzer abgerissen. Im selben Jahre baute der Kreismarschall, der Major Hermann Johann v. Benckendorff, Direktor des kaiserlichen Schlosses zu Gatschina, die Burganlage um. Nach seinem 1799 erfolgten Tode erbte sein Sohn Paul Friedrich von Benckendorff, später Gouverneur von Estland, das Gut Ass mit dem Nebengut Sternhof.

Zu Anfang des 19. Jahrhunderts war Ass erst Pfandbesitz, dann Eigentum des bekannten russischen Generaladmirals Adam Johann v. Krusenstern, der 1803 bis 1806 die erste russische Weltumsegelung leitete.

Adam Johann von Krusenstern, 1770 in Haggud in Estland geboren, erhielt seine Ausbildung in Kronstadt, diente zunächst in der russischen Flotte und war 1798 bis 1799 auf einem britischen China-Schiff in Indien und Kanton. Unter Kaiser Alexander I. kam seine große Zeit. Krusenstern wurde vom Zaren beauftragt eine „wissenschaftlich-mercantilistische Expedition" durchzuführen, „die den doppelten Zweck haben sollte, die den Russen zugehörende Nordwestküste Amerikas näher zu untersuchen und die mit den Japanern abgebrochenen Handelsverbindungen wiederanzuknüpfen".

Diese Reise dauerte von 1803 bis 1806. Es war die erste russische Weltumsegelung. In einem dreibändigen Werk hat Krusenstern die Reise beschrieben. Er starb 1846 auf seinem Gute Ass in Estland, beigesetzt ist er im Dom zu Reval.

Im Jahre 1878 befand sich das Gut noch in der Hand des Sohnes Julius von Krusenstern. Seit 1889 war Sophie Gräfin Rüdiger, Enkelin des Weltumseglers, Besitzerin des Gutes. Letzter Eigentümer bis zur großen Agrarreform 1919 war seit 1911 Alfred Baron Uexküll-Güldenbandt.

Im Archiv des historischen Museums in Reval befindet sich Material über die Gutsgeschichte. Heinz Pirang hat über das Schloß Ass 1926 folgendes festgehalten: „Vier Ecktürme sind erhalten. Der mittelalterliche Habitus des sonst so kraftvollen Baukörpers wird durch die charakterlosen flachen Turmdächer, besonders durch die niedrigen Blechkappen der Rundtürme, sehr abgeschwächt."

Assuma/estn. Asu

Assuma, im einstigen Nordlivland gelegen, bildete eine im Kirchspiel Helmet gelegene Enklave und gehörte als Pertinenz zum Güterkomplex des Schlosses Ermes. Es wurde zusammen mit Ermes vom schwedischen König Gustav Adolf im Jahre 1625 dem Generalmajor Wilhelm de la Barre verliehen, der es seinem Sohn, dem Major Anton de la Barre vererbte. Dieser trat das Gut im Jahre 1654 seinem Schwiegersohn Georg v. Zeddelmann ab, der es seinem Sohn, dem Leutnant Heinrich Wilhelm v. Zeddelmann vererbte.

Von diesem kaufte es nach dem Nordischen Kriege (1700–1721) die Witwe Gertrud Helene Freytag v. Loringhoven, die es mit ihrem Gute Korküll/ Koorküla vereinigte.

Beide Güter blieben seitdem, bis 1919, unter einem Besitzer. Im Jahre 1759 verkauften die Freytag dem Ordnungsrichter Georg Gustav v. Gersdorff das Gut, d. h. die ehemals beiden Güter. Dieser vererbte sie im Jahre 1789 seinem Sohn, dem Gouvernements-Marschall Johann M. v. Gersdorff.

Doch die Gersdorff auf Assuma gingen Konkurs und so erwarb das sogenannte „Lievensche und Mengdensche Legat" 1813 die Güter. Doch bereits im Jahre 1818 kaufte diese der Kapitän Peter v. Möller, der sie 1819 seiner Frau geb. Bayer v. Weissfeld übereignete. Von dieser kaufte die Güter im Jahre 1826 Henriette v. Goliewsky.

Im Jahre 1867 gelangte der Landrat Heinrich v. Stryk in den Besitz, der die Güter 1895 seinem Sohn, dem Landrat Harry v. Stryk hinterließ.
Die Familie v. Stryk war im 19. Jahrhundert mit mehreren Mitgliedern sehr engagiert in der 1792 gegründeten livländischen gemeinnützigen und ökonomischen Sozietät tätig. So war Gustav v. Stryk von 1876 bis 1927 als Sekretär einer der maßgebenden Männer in der Gesellschaft. Aus seiner Feder stammt aus dem Jahre 1922 eine sehr kritische Schrift über die Bodenreform 1919. Mit dieser habe sich der junge estnische Staat auf Dauer keinen Gefallen getan, sowohl aus staatsphilosophischer als auch aus wirtschaftlicher Sicht. Dieses bemerkenswerte Dokument befindet sich in der Universitätsbibliothek in Dorpat/Tartu.
Auf Initiative des beständigen Sekretärs Gustav v. Stryk begann sich die ökonomische Sozietät in den 1880er Jahren mit dem landwirtschaftlichen Genossenschaftswesen zu beschäftigen. A. v. Stryk-Palla hielt 1892 einen seiner typischen Vorträge zu dem Thema „Verhältnis Arbeitgeber und Arbeitnehmer auf dem Lande."
Den Stryks sind die Güter Assuma und Korküll im Jahre 1919 in der großen Agrarreform enteignet worden.

Audern/estn. Audru

Audern, im Westen des einstigen Nordlivland gelegen, vor den Toren von Pernau, gehörte seit dem Jahre 1432 der Familie Klebeck. Die Annahme, daß das Gut im 14. Jahrhundert eine Besitzung des Geschlechtes v. Rosen war, beruht auf einer Verwechslung des Gutes Audern im Pernauschen mit dem Dorfe Andere, das zum Gut Papendorf, dem späteren Rosenblatt im Kreise Wolmar, gehört hat.
Im Jahre 1510 kaufte der Erzbischof Jasper Linde das Gut Audern für das Rigasche Domkapitel. Ein gutes Jahrhundert später, in schwedischer Zeit, verlieh König Gustav Adolf im Jahre 1627 die Güter Audern, Tackerort, Wölla oder Sodowa, Inswyck, Torgel, Pörafer, Kailas, Koddes und Kokenkau unter dem Namen einer Grafschaft Pernau dem Grafen Franz Bernhard v. Thurn und Valsassina. Dessen Vater war der bekannte Graf Heinrich Matthias v. Thurn, der beim Ausbruch des 30jährigen Krieges Führer und später Feldherr der Böhmischen Stände war.
Heinrich Matthias Graf Thurn wohnte seit dem Jahre 1636 in Pernau und starb dort im Jahre 1640. Er wurde in der Domkirche zu Reval beigesetzt. Die Grafschaft Pernau hinterließ er seiner Witwe und

zwei Söhnen, die seit dem Jahre 1633 dort lebten. Nach dem Tode des älteren Bruders erbte Graf Heinrich v. Thurn die Grafschaft. Er fiel 1656 während eines Krieges, der wieder einmal in den baltischen Provinzen tobte, bei einem kriegerischen Ausfall aus Riga gegen die Russen. Nach dem Tode seiner Witwe im Jahre 1661 gelangte der schwedische Reichsschatzmeister Magnus Gabriel de la Gardie an die Grafschaft Pernau. Doch durch die noch am Ende des 17. Jahrhunderts von Schweden durchgeführte Güterreduktion, der Enteignung zahlreichen alten ritterschaftlichen Lehnsbesitzes, fiel sie dem Staate zu. Damit war das Ende der Grafschaft besiegelt.

Nach dem Nordischen Krieg (1700–1721), der nun eingetretenen russischen Zeit, schenkte Kaiserin Katharina I. Audern im Jahre 1725 dem Kammerjunker Andreas v. Drewnick. Das Gut blieb im Besitze der Familie, bis im Jahre 1791 die Witwe Frederika v. Drewnick den Besitz an Otto v. Staack verpfändete. Nach baldigem Erwerb verkaufte dieser aber Audern schon wieder im Jahre 1807 dem Ingenieurmajor Jakob Johann Pilar v. Pilchau. Seit dem Jahre 1848 besaß Audern Adolf Woldemar Pilar von Pilchau, von 1874–1895 Adolf Konstantin Jakob Baron Pilar. Dessen Sohn, der letzte livländische Landmarschall Adolf Baron Pilar v. Pilchau, starb 1925, nachdem ihm das Gut Audern vom estnischen Staat 1919 in der großen Agrarreform enteignet worden war.

Adolf Baron Pilar v. Pilchau verfaßte Erinnerungen: Bilder aus meinem Leben als Landwirt, Verwaltungsbeamter und Politiker von 1875 bis 1920. Im Jahre 1969 wurden diese von Hamilkar v. Foelkersahm herausgegeben. Foelkersahm verweist auf die zwei Fraktionen innerhalb der livländischen Ritterschaft, die bis 1918 bestanden hätten. Baron Pilar war Führer der einen, Erich v. Oettingen Führer der anderen Fraktion. Oettingen vertrat eine unnachgiebige Politik gegenüber den russifizierenden Maßnahmen der russischen Reichsregierung im Sinne Carl Schirrens, Pilar plädierte für eine mehr flexiblere Politik, die ihm den Ruf eines „Opportunisten" einbrachte. Adolf Baron Pilar v. Pilchau berichtet zunächst über seinen Besitz Audern, um zu zeigen, „wie groß und weit das Arbeitsgebiet des Großgrundbesitzes noch am Ende des vorigen Jahrhunderts in den Baltischen Provinzen war, und daß es damals viel, viel mehr zu tun gab als nur zu pflügen, zu ernten und Tiere zu füttern".

Aya/estn. Ahja

Auf dem Gut Aya, im Dorpater Kreis gelegen, wurde ein schönes Herrenhaus 1749 aufgeführt. Der Architekt des Herrenhauses ist unbekannt. Auf dem Gut wurde der estnische Dichter Touglas

(1869–1971) geboren. Ein Denkmal hinter dem Herrenhaus erinnert an ihn.

Aya gehörte einst zu dem Bischofsgut Techelfer. Es wurde der Familie Kawer vom Bischof von Dorpat verliehen. Im 16. Jahrhundert, unmittelbar vor dem Einfall Iwan des Schrecklichen in Livland, verkaufte Johann Kawer den Besitz an Tönnis Wedwitz. In der polnischen Zeit zog König Stefan das Gut Aya 1582 ein. Das Gut wurde der staatlichen Ökonomie Dorpat überlassen.

So blieb es die ganze polnische Zeit über in staatlichem Besitz. In kommender schwedischer Zeit, am Beginn des 17. Jahrhunderts, wurde im Jahre 1626 das Gut Aya mit Pertinenzen dem schwedischen Reichsschatzmeister Gabriel Bengtson Oxenstierna übergeben. Doch am Ende des 17. Jahrhunderts wurde auch Oxenstierna betroffen von der Güterreduktion. Aya fiel an den Staat. Doch nach dem Nordischen Krieg (1700–1721), im Jahre 1725, wurde es nun zur russischen Zeit als Privatbesitz der Witwe des Propsten Glück übergeben.

Schließlich gelangte es in die Hand des Schwiegersohnes, des Obristen Gerhard von Koskull. Doch in kommender Zeit fiel Aya wiederum an den Staat. Im Jahre 1743 schenkte Elisabeth I. das Gut dem anderen Schwiegersohn der Witwe des Propsten Glück, dem Vizeadmiral Francois Guillemot de Villebois. Im Jahre 1760 teilten sich seine Söhne den Besitz. Daniel de Villebois erhielt Aya. Er arrondierte das Gut. Im Jahre 1766 veräußerte er es an Hans Heinrich von Liphart.

Nach Aya war 1780 der unglückliche Dichter Jakob Michael Reinhold Lenz gekommen. Lenz hatte sich nach seinem Rückzug aus Deutschland, seinem Streit mit Johann Wolfgang Goethe in seine Heimat nach Dorpat zurückgezogen. Sein Vater war der Superintendent von Livland, der nun seinen Sohn als Rektor der Domschule in Riga unterbringen wollte, was Johann Gottfried Herder aber verhinderte. So kam der Dichter nach Aya, wurde dort für ein Jahr Haushofmeister. Dort hielt es Lenz aber nur ein Jahr aus; eine unglückliche Liebe zu einer Tochter des Hauses trieb ihn fort. Er ging nach St. Petersburg, dann nach Moskau, wo er den Rest seiner Tage bis zu seinem Tod verbrachte.

Doch auch über Aya und den Liphart stand kein guter Stern. Über den Besitz brach knapp ein Jahrzehnt später der Konkurs aus, und aus diesem Konkurs kaufte Gotthard Johann von Knorring 1788 für 155 000 Rubel das Gut. Doch schon 1790 ging es an den Regierungsrat Woldemar Anton von Löwis of Menar. 1819 gelangte der Besitz an die Familie von Brasch. 1860 war die Familie von Brasch noch im Besitz des Gutes. Das Gutshaus ist in der Besitzzeit der Familie de Villebois aufgeführt worden.

Beckhof/estn. Jögeveste

Im 16. Jahrhundert besaß noch ein Gerdt von Becke das nach seiner Familie benannte Gut. Der polnische König Stephan Batory belehnte im Jahre 1585 Libbert Tepel mit Beckhof.
Damals war Beckhof noch mit Schloß Helmet verbunden. Der schwedische König Gustav Adolf verlieh es schließlich im 17. Jahrhundert an die Familie von Dreiling. Durch Erbschaft gelangte das Gut zur russischen Zeit Estlands, nach dem Nordischen Krieg (1700–1721) in die Familie von Smitten, von dieser 1810 an die Familie der nachmaligen Fürsten Barclay de Tolly. Helene Auguste von Smitten war mit dem späteren Feldmarschall Fürst Michael Barclay de Tolly verheiratet. Dieser gehörte zu den großen Balten, die in den Befreiungskriegen gegen Napoleon auf russischer Seite eine maßgebliche Rolle gespielt haben. In den Jahren von 1810 bis 1812 war er russischer Kriegsminister. Nach dem Tod des russischen Feldherrn Kutusow wurde er 1813 Oberbefehlshaber der russischen Armee.
Der Sohn, der Gardeoberst und Flügeladjutant Fürst Maximilian Barclay de Tolly verkaufte Beckhof im Jahre 1869 an Marie Baronin Campenhausen, geb. v. Smitten.
Etwa zwei Kilometer vom ehemaligen Gut Beckhof entfernt, dessen Herrenhaus nicht mehr steht, nur noch Reste des Parkes vom einstigen Ort Zeugnis ablegen, befindet sich das 1823 von der Witwe und dem Sohn des Fürsten Michael Bogdanowitsch Barclay de Tolly (1761–1818) gestiftete Mausoleum für den großen Soldaten.

Schloß Borkholm/estn. Porkuni

In Borkholm wurde im 13. Jahrhundert ein Schloß errichtet, nachdem im Jahre 1281 das Gebiet dem Bischof Johannes I. von Reval als sogenanntes Tafelgut zugewiesen worden war.
Im Jahre 1479 wurde schließlich von dem Bischof Simon von der Borch ein neues Schloß aufgeführt.
Borkholm war erheblich größer als das bis dahin genutzte Gut Fegefeuer. Nun wurde Borkholm als Sommerresidenz von den Bischöfen von Reval benutzt.
Im Jahre 1561 wurde Borkholm eingenommen von den Schweden. Der Feldherr Klaas Horn war der Besetzer des Schlosses. Im 17. Jahrhundert ging schließlich Borkholm als Dotation an die Familie der Barone v. Tiesenhausen. Die Tiesenhausen wurden aber gleichfalls im Zuge der Entwicklung des Absolutismus in Schweden von der Reduk-

tion, d. h. der Konfiskation der baltischen Güter betroffen. Die sogenannte Reduktionskommission hat Borkholm im Jahre 1685 reduziert. Es folgte der Nordische Krieg (1700–1721), in dem Estland russisch wurde.

Es wurde nach dem Kriege von der russischen Regierung eine Restitutionskommission eingesetzt, die die Güter teilweise wieder an die alten Besitzer zurückgab. So gelangte im Jahre 1723 Borkholm an die Tiesenhausen zurück. Es wurde weitervererbt, schließlich an die Familie von Baumgarten und dann an die Familie von Essen. Diese besaß Borkholm im 19. Jahrhundert. Dann gelangte Borkholm noch im Jahre 1902 in die Familie der Edlen von Rennenkampf. Die Rennenkampf verblieben bis zur Aufsiedlung und Enteignung aller Güter in Estland auf Borkholm. Sie beteiligten sich noch am Erwerb einer Neusiedlerstelle, wie es den Gutsbesitzern erlaubt war. Sie erhielten einen kleinen Resthof. Bis zur Umsiedlung der Deutschbalten im Jahre 1939 hat Ernst Edler von Rennenkampf diesen kleinen Resthof noch bewirtschaftet.

Ein neues Herrenhaus war auf Borkholm aufgeführt worden, nachdem die Burg im 16. Jahrhundert längst zerstört worden war. Doch eine Ruine des alten Schlosses blieb erhalten.

Borkholm liegt am See, dort wo der Lokser Fluß entspringt. Dort lag auch das neugestaltete Herrenhaus. Nach dem Zweiten Weltkrieg wurde schließlich eine Taubstummen-Lehranstalt dort eingerichtet.

Brinkenhof/estn. Kriimani

In Estland gab es drei Güter mit Namen Brinkenhof. Bei diesem, im Estnischen Kriimani geheißen, handelt es sich um jenes Gut, das im einstigen Dorpater Kreis liegt.

Brinkenhof hat auch Imofer geheißen, wie es auch noch ein zweites Imofer gibt, das im Estnischen Imukvere genannt wird.

Brinkenhof/Kriimani hat demnach ursprünglich der Familie von den Brinken gehört. Im 17. Jahrhundert, im Jahre 1631, verlieh der schwedische König Gustav Adolf eine Hofstelle, ein damals vorhandenes Dorf mit Namen Marle, dem Leutnant Johann Dobbrowitz. Dreißig Jahre später gelangte es an den Schwiegersohn Jacob von Salza. Von diesem wurde es bald an Jakob Baron Taube veräußert. Karl XI. bestätigte im Jahre 1679 diesen Kauf.

Durch verschiedene Erbstreitigkeiten gelangte das Gut schließlich an die Barone von Tiesenhausen. Doch schon im Jahre 1751 war Marie Luisa von Medem im Besitz von Brinkenhof, dann war der Kapitän

Ernst von Dannenstern Eigentümer, der das Gut im Jahre 1762 dem Major Friedrich Gothard von Müller für 7200 Rubel verkaufte.

Brinkenhof war weiter ein Walzengut, wurde immer wieder veräußert, befand sich auf der Walz. Im Jahre 1808 gelangte die Familie von Stackelberg in den Besitz von Brinkenhof, 1836 der Kreisrevisor Johann Friedrich Wischnakowsky. Dieser hatte das Gut zunächst als Pfand inne. Doch das Pfand wurde nicht eingelöst, sondern es kam wieder zurück an die Barone Stackelberg. 1859 kaufte Nikolai von Klot das Gut.

Zu der Familie von den Brinken gehört auch Gertrud von den Brinken, die im Jahre 1892 in Brinck-Pedwahlen geboren wurde und im Jahre 1982 in Regensburg gestorben ist. Sie hat zahlreiche literarische Werke hinterlassen, so etwa ihren Roman, der im Jahre 1941 erschien, „Unsterbliche Wälder". Im Jahre 1977 erschien: „Land unter. Erlebnisse aus zwei Weltkriegen, Bolschewikenzeit und Nachkriegsjahre." Bereits im Jahre 1926 schrieb sie Gedichte „Das Heimwehbuch. Blätter vom baltischen Baum. Gedichte."

Choudleigh/estn. Voka

Choudleigh im Kreis Wierland, im Kirchspiel Jerwen, hieß ursprünglich Kollota und gehörte in der ersten Zeit der schwedischen Herrschaft im 17. Jahrhundert dem Jürgen Müller dann dem Narvaschen Ratsherrn Johann Fock.

Das Gut Kollota blieb im Besitz dieser später geadelten Familie, nach der es zeitweilig auch Fockenhof genannt wurde. Erst nach dem Nordischen Krieg (1770–1721), d. h. am Beginn der russischen Zeit der Ostseeprovinzen, trat eine Änderung in den Besitzverhältnissen ein.

Kollota gelangte hintereinander in die Hände der ritterschaftlichen Familien der Stackelberg, Rehbinder, Wangersheim und Rosen.

Dann trat ein entscheidender Wandel für das Gut ein.

Im Jahre 1781 kaufte den damals immer noch sogenannten Fockenhof eine Ausländerin, die Engländerin Elisabeth Choudleigh, die gefeiertste Hofdame ihrer Zeit am englischen Hofe. Sie war im Jahre 1744 eine heimliche Ehe mit einem britischen Marineoffizier, Harvey, dem späteren Grafen von Bristol eingegangen, heiratete dann aber im Jahre 1769 den Herzog von Kingston upon Hull. Nach dessen Tode entstanden Erbstreitigkeiten, in deren Verlauf Elisabeth Choudleigh von den Verwandten des Herzogs der Doppelehe bezichtigt und vom britischen Oberhause, vor dem der Prozeß verhandelt wurde, schuldig gesprochen wurde. So begab sich Elisabeth Choudleigh ins Ausland und zog in das Russische Reich, wo die Kaiserin Katharina II. sie freundlich aufnahm.

Die Kaiserin Katharina II. hatte bereits der Schriftstellerin und geschiedenen Frau, der Schwester des Herzogs von Kurland, Elisabeth Freifrau von der Recke, geborenene Gräfin Medem, ein Gut in Kurland geschenkt. Die Dotation war Belohnung für die Entlarvung des Schwindlers Cagliostro.

In den baltischen Provinzen wurde auch Elisabeth Choudleigh seßhaft und kaufte von den Rosen für 85 000 Reichstaler Fockenhof und gab dem von ihr erworbenen Gute ihren Mädchennamen.

Nachdem sie bereits im Jahre 1788 gestorben war, ging Choudleigh nach Streitigkeiten mit dem Oberst Hornowsky in den Besitz der Familie v. Wilcken über.

N. v. Wilcken a. d. H. Choudleigh war im Jahre 1863 Ehrenmitglied der für die Landwirtschaft so bedeutsamen livländischen gemeinnützigen und ökonomischen Sozietät geworden.

Im Jahre 1818 war Choudleigh oder Fockenhof mit seinen 241 „Revisionsseelen" $7^1/_2$ Haken groß. Das Gut behielt weiterhin den englischen Namen. Von Alfred v. Wilcken, dem Enkel des ersten Besitzers aus der Familie, wurde das Gut im Jahre 1904 an Arthur v. Kirschten verkauft, dem es bis zur großen Agrarreform im Jahre 1919, nach der Entstehung der baltischen Republiken und der dann erfolgten Enteignung und Aufsiedlung aller Güter, gehört hat.

Ellistfer/estn. Elistvere

Der Bischof Bartholomäus von Dorpat bestätigte im Jahre 1443 einen Kaufvertrag zwischen Hans Parenbecke und Claus Ungern über den Hof und das Gut Ellistfer, das im estnischsprachigen einstigen Nordlivland liegt.

Von Claus Ungern kaufte das Gut Claus Taube. Darauf brachte es Heinrich Taube an sich und verkaufte Ellistfer dem Hans Wrangell, der seine Güter im russisch-livländischen Krieg verloren hatte, diese aber in der polnischen Zeit im Jahre 1582 zunächst wiedererhielt und sie noch 1591 besaß. Doch noch am Ende des 16. Jahrhunderts befand sich Ellistfer nachweislich in der Hand des Polen Wasinsky.

Im Verlauf der weiteren schwedischen Zeit Estlands wechselten abermals die Besitzverhältnisse auf den Gütern, so gelangte auch Ellistfer wieder in die Hand des Geschlechtes von Wrangell.

König Gustav Adolf von Schweden bestätigte im Jahre 1627 dem Sohne des Hans Wrangell, Hermann, das Gut, dann 1628 dessen Bruder Hans Wrangell.

Der gleichnamige Enkel des Hermann Wrangell wurde im Jahre 1653 in den schwedischen Freiherrnstand erhoben und vererbte Ellistfer 1687 seinem Sohne, dem schwedischen Major Carl Johann Freiherr v. Wrangell.

Es folgte der Nordische Krieg (1700–1721) und damit das Ende der schwedischen Zeit. Im Frieden von Nystad fielen Liv- und Estland an das Russische Reich. Die Balten paßten sich den neuen Zeiten bald an. Im Jahre 1721 übernahm der aus der russischen Gefangenschaft zurückgekehrte schwedische Oberstleutnant und spätere Landrat Carl Johann Baron Wrangell das Gut. Doch er veräußerte es im Jahre 1723 dem russischen Kapitän und späteren Landrat Otto Reinhold v. Stackelberg, der es 1760 seinem Enkel, dem Landrat und Grafen Reinhold Johann v. Stackelberg vererbte. Laut Testament des letzteren aus dem Jahre 1810 beerbte ihn dessen Sohn, der spätere Landrat Reinhold Andreas Graf v. Stackelberg (gest. 1869).

Ihm folgte im Besitz von Ellistfer die Tochter, verheiratete Adele Gräfin Ungern-Sternberg. So gelangte der Besitz durch Einheirat in eine andere baltische ritterschaftliche Familie. Der letzte Besitzer des Gutes war ihr Sohn Klaus Graf v. Ungern-Sternberg.

In Ellistfer wurde in den Jahren von 1782 bis 1785 ein Herrenhaus von dem Baumeister J. H. B. Walter aufgeführt. Das Haus falle auf „... durch kompakte Baumasse und reiches, jedoch betont strenges Außendekor". Der estnische Historiker Ants Hein hat Ellistfer mit Kaltenborn/Norra verglichen.

Schloß Ermes/estn. Ermistu

Schloß Ermes, im Pernauer Kreise gelegen, wurde im Jahre 1320 aufgeführt, im Auftrage des Ordensmeisters Gerhard v. Jacke. Lange Zeit befand sich das Schloß mit dem großen Landbesitz in der Hand des Ordens.

Im Jahre 1562, zwei Jahre nach der Niederlage des Ordensheeres durch die Russen, wurde Ermes durch den polnischen König Sigismund August, der durch seine den Ständen gewährten Privilegien im großen Maße die weitere Geschichte des baltischen Raumes geprägt hat, an den Prinz Johann v. Schweden, der zugleich Herzog v. Finnland war, verpfändet.

Schließlich wurde ein halbes Jahrhundert später durch den schwedischen König Gustav Adolf der Besitz als Lehen an den schwedischen General Wilhelm de la Barre vergeben. Durch Einheirat gelangte der Besitz, der der schwedischen Reduktionspolitik – als zahlreiche Güter vom Staat am Ende des 17. Jahrhunderts konfisziert wurden –, nicht zum Opfer fiel, an die Familie von Ungern-Sternberg.

Am Ende des 18. Jahrhunderts, 1795, gelangte Ermes an den Vizegouverneur, den russischen Senator Balthasar Baron Campenhausen (1745–1800). Campenhausen hat zahlreiche agrar- und forstwirtschaftliche Reformen im Baltikum durchgeführt. Auf seine Intiative hin wurde im Jahre 1782 die erste Forstinstruktion für Livland herausgegeben.

Campenhausen hat aber Ermes bereits nach kurzer Zeit wieder veräußert, an Gustav Adolf v. Rosenkampff.

Das Gut hat dann im 19. Jahrhundert noch zahlreiche Besitzer gehabt, so waren die Plessen, Wolff, Creutzer, Walter Eigentümer.

Im Jahre 1871 kaufte Jacob Anton Frey den Besitz.

Essemäggi/estn. Ääsmäe

Das einstige ritterschaftliche Gut Essemäggi im Distrikt Harrien im Kirchspiel Kegel hat ein Herrenhaus, das sehr typisch ist für viele Herrenhäuser im Ostseeraum. Es weist in der Halle einen Doppelaufgang auf, wie etwa sehr ähnlich im Herrenhaus von Niendorf am Schaalsee in Lauenburg in Schleswig-Holstein nachweisbar. Es ist ein sehr schönes Haus, heute in weiß-blauen Farben.

König Johann III. verlieh 1574 seinem Sekretär Johann Berends das Gut Essemäggi als Pfandbesitz, zugleich wurde er nobilitiert.

Im 17. Jahrhundert gehörte Essemäggi noch der Familie Berends, kam am Ende desselben aber an die Familie Meurer.

Nach dem Nordischen Krieg (1700–1721), nach dessen Ende Liv- und Estland zum Russischen Reich geschlagen wurden, ist die Familie von Cedercreutz seit 1730 im Besitz nachgewiesen. Doch noch im selben Jahre erwarb der Präsident des russischen Reichskammerkollegiums Alexej W. Makarow den Besitz. Doch schon 1732 erwarb das Gut Johann Dellingshausen. Es folgten die Tunzelmann, dann die Nieroth. Schließlich gelangten die Barone Toll und dann in der zweiten Hälfte des 18. Jahrhunderts die Familie v. Knorring in den Besitz von Essemäggi. Sie erwarb das Gut 1786.

Die seit polnischen Zeiten zum livländischen Adel zählende Familie v. Knorring war 1746 auch in die estländische Ritterschaft aufgenommen worden. Gotthard Johann v. Knorring (1744–1825) wurde unter der Zarin Katharina II. russischer General. Im Jahre 1793 verpachtete der Landkammerrat Ludwig Johann v. Knorring das Gut an den Major Carl v. Gernet. Der Vertrag sollte für 40 Jahre gelten, und 50 000 Rubel wurden sogleich fällig.

Essemäggi/estn. Ääsmäe

Noch im selben Jahre 1793 erfolgte von Gernet eine Weiterverpachtung des Gutes an Jakob Johann v. Patkul. Und bereits im Jahre 1807 kauften die Patkul Essemäggi, eine Familie, die mit zu den ersten Gutsbesitzern im Lande gehörte. Die Patkul richteten bald eine Schule auf ihrem Besitz Essemäggi ein.

Der Topograph des 18. Jahrhunderts August Wilhelm Hupel erwähnt den General v. Patkul, der um jene Zeit den Bau eines Schulhauses auf Essemäggi in Angriff nahm. Die Patkul verblieben aber nicht im Besitz. Bereits 1814 erfolgte schon wieder ein Verkauf des Gutes an Karl Otto v. Lilienfeld.

Aus dem Jahre 1833 existiert eine Taxation der Gutsgebäude, der Mühlen und Krüge, angefertigt anläßlich einer Versicherung gegen Feuersgefahr. Doch auch Lilienfeld konnte das Gut nicht halten, das im Jahre 1830 versteigert wurde. Den Besitz erwarb damals Gustav v. Glasenapp. 1859 erbte es dessen Tochter Caroline, die mit einem Baron Rossillon verheiratet war. Im Jahre 1874 veräußerte sie Essemäggi an Hugo Borgeest für 65 000 Rubel. 1908 war Alexandra Raudith Besitzerin des Gutes, Generalbevollmächtigter war Eduard Raudith.

Euseküll/estn. Õisu

Euseküll/Õisu war ursprünglich ein Nebenhof, eine Pertinenz, d. h. rechtliches Zubehör des Schlosses Karkus/Karkuse. Der estnische Name lautete zu jener Zeit Ossaküll moisa.
Im 16. Jahrhundert verlieh schließlich der schwedische König Gustav Adolf diesen Besitz seinem Schatzmeister Jasper Madtson Kruss. Doch ein Jahrhundert später, im Zuge der allgemeinen schwedischen Reduktionspolitik, als zahlreicher ritterschaftlicher Gutsbesitz von der schwedischen Krone eingezogen wurde, fiel das nunmehrige selbständige Gut wieder an den Staat. Die Tochter Peters des Großen, die Kaiserin Elisabeth, die von 1740 bis 1761 regierte, verlieh Euseküll im Jahre 1744 den Kindern des Admirals und Mitbegründers der russischen Seemacht unter Peter dem Großen, Peter v. Sivers (1674–1740).
Julius von Eckardt hat in seinem 1876 herausgegebenen Buch „Jungrussisch und Altlivländisch. Politische und culturgeschichtliche Aufsätze" auch über Peter von Sivers berichtet. Dessen Sohn, August Friedrich v. Sivers (1715–1781), ist als großer Agrarreformer hervorgetreten.

Euseküll/estn. Õisu

Eckardt schreibt über ihn: „Sehr künstlerisch veranlagt auf dem Gebiete der Malerei hat er sich dann mit Vehemenz der Landwirtschaft gewidmet. Nach dem Tode des Vaters auf eigene Füße gestellt, hat er in wenigen Jahren einen so großen Landkomplex wie es Euseküll mit seinen Nebengütern ist, eine völlig veränderte Physiognomie aufgeprägt. Vor allem gelang es ihm hier, die Bauernschaft, welche verarmt war, in kurzer Zeit zu heben und in ganz neue Bahnen wirtschaftlicher Tätigkeit zu leiten." So heißt es entsprechend auch in dem Nachruf, den die livländische gemeinnützige und ökonomische Sozietät im Jahre 1876 in Dorpat herausgab.

August Friedrich v. Sivers wird auch im 4. Band der „Nordischen Miscellaneen" August Wilhelm Hupels genannt. Es heißt über Sivers: „Vornehmlich verdient er hier eine Stelle wegen der ansehnlichen Beyträge, die er zu Hupels topographischen Nachrichten von Lief- und Ehstland, ingleichen zu den nordischen Miscellaneen geliefert hat."

Mehrere Generationen der ursprünglich aus Schleswig-Holstein stammenden Familie von Sivers besaßen das Gut hintereinander; zunächst ein weiterer Sohn des Admirals, der Landrat Friedrich August v. Sivers (gest. 1781), seit 1789 der Landrat August Friedrich v. Sivers (gest. 1823), seit 1829 der Landrat Friedrich v. Sivers (gest. 1869). Im übrigen stammt auch der Porträtmaler Peter Felix v. Sivers (1807–1853) aus Euseküll.

1855 hielt Friedrich v. Sivers auf Euseküll in der Mitgliederversammlung der Livländischen Gemeinnützigen und Ökonomischen Sozietät, der 1792 ins Leben gerufenen bedeutsamsten baltischen Agrargesellschaft, die bis 1939 bestanden hat, einen Vortrag über die wichtige Bedeutung des Waldes und der Forstwirtschaft im Baltikum. Die Sivers a. d. H. Euseküll waren seit Bestehen der Sozietät stets Mitglieder dieser Gesellschaft gewesen.

Es folgte dann August v. Sivers, darauf seit 1880 Alfred v. Sivers. Im selben Jahre der Übernahme des Gutes wurde in der Baltischen Wochenschrift „die renomierte Eusekülische Merino-Herde" zum Verkauf angeboten, da die allgemeine Schafzucht im ganzen Ostseeraum wegen der entstehenden überseeischen Konkurrenz unter Absatzschwierigkeiten litt. In einem Sonderdruck der Zeitschrift der livländischen Gemeinnützigen und Ökonomischen Sozietät aus dem Jahre 1876 wurde noch auf die bedeutsame Merino-Herde in Euseküll aufmerksam gemacht.

Im Jahre 1911 übernahm Eduard v. Sivers den Besitz, er war der letzte Besitzer des Gutes, das wie alle anderen in Estland 1919 enteignet wurde.

Das Herrenhaus steht bis heute, geht vermutlich auf einen Bau zurück, der in den 1760er Jahren aufgeführt worden ist. Nach 1800 erfolgte ein weitgehender Umbau. Auch Pirang vermerkt, daß sich manche barocken Züge des älteren Baus erhalten hätten. Ein englischer Park wurde im 19. Jahrhundert angelegt, dessen Baumbestand gleichfalls erhalten ist. Im Herrenhaus befindet sich heute, 1992, eine Agrarschule. Die den Hof abgrenzenden Gebäude werden zum Teil von der Schule, zum Teil von der zuständigen Kolchose genutzt. Auffallend sind von außen die starken Mauern an der Torseite, die einen mittelalterlichen, wehrhaften Eindruck erwecken.

Faehna/estn. Vääna

König Christoph von Dänemark verlieh im Jahre 1325 dem Hermann v. Bremen und den Brüdern Tile und Rotker ihr väterliches Erbe, Hof und Dorf Feyena sowie fünf weitere Dörfer im Kreise Harrien, im Kirchspiel Kegel.

Der Ordensmeister Wilhelm v. Vrimersheim verlieh dasselbe Gut, den auch sobenannten Hof Veghenoya, in den 1360er Jahren dem Tile v. Bremen.

Noch 1407 ist Faehna im Besitz der Bremen. In der zweiten Hälfte des 15. Jahrhunderts gehörte Faehna dem Ritter Andreas Deken und kam durch die Ehe von dessen Witwe Alleth an Eilard Kruse zu Kioma/Kiuma und Odenkotz.

Eilard Kruses Tochter heiratete Fabian Tiesenhausen „den Reichen" a. d. H. Jerwakant. Dessen Sohn Reinhold v. Tiesenhausen besaß Faehna, das dann durch Heirat seiner Tochter an Winrich Delwig kam. Sie scheint später den Berend Taube a. d. h. Etz geheiratet zu haben, der sich 1615 Herr zu Faehna nennt.

Dessen Enkel Otto Johann Taube beerbte seine Schwester Hedwig Helene, vermählt mit dem General Georg Johann Freiherr v. Maydell, einem jener zahlreichen baltischen Offiziere, die unter König Karl XII. im Nordischen Kriege (1700–1721) fochten. Otto Johann v. Maydell verkaufte Faehna 1733 dem Baron Georg Johann Stackelberg.

Im Jahre 1757 erwarb der Kammerherr Gottschalk Heinrich v. Dücker das Gut. Bemerkenswert ist, daß Dücker Kammerherr des Herzogs von Schleswig-Holstein und russischem Großfürsten Peter war. 1747 mußte er den Zarenhof verlassen und nach Holstein reisen. Später durfte er wieder in seine Heimat. Dücker wurde unterstellt, in Rußland für Schweden gearbeitet zu haben.

Durch die Tochter von G. H. v. Dücker, Anna Gertrude, kam das Gut Faehna 1774 wieder an die Stackelberg, und zwar an ihren Mann Otto Christian Engelbrecht Baron v. Stackelberg a. d. H. Thomel, Herrn auf Worms.

Der estnische Historiker und Kenner der Architektur der Herrenhäuser, Ants Hein sagt dazu: „So holte sich die Erbin des Gutes Vääna (Faehna), Anna von Stackelberg, im Jahre 1784 einen Baumeister aus Italien. Dieser projektierte das Herrenhaus verhältnismäßig niedrig, mit Rotunden an den Flügeln à la Neues Palais in Potsdam. Offensichtlich hat man das nördliche Klima jedoch nicht ausreichend berücksichtigt, und der Schnee drückte schon bald das flache Dach ein, lange hielten auch die aus örtlichem Sandstein gehauenen Karniesfiguren nicht vor. Deshalb wurde das Gebäude in veränderter Gestalt wiederhergestellt – eine in mancher Hinsicht eigenartige Gesamtlösung ist dennoch bis heute erkennbar." Das Herrenhaus zählte schließlich mit zu den bedeutendsten des Baltikums – vor allem durch seine Kunstsammlungen.

Der Erbe war der bekannte Reisende und Kunstforscher Otto Magnus Baron Stackelberg; er vermehrte die von dem Bruder seiner Mutter begründete Kunstsammlung auf Faehna. Auch von ihm gemalte Bilder befanden sich im Herrenhaus.

Otto Magnus Baron Stackelberg (1787–1837) erhielt seine Erziehung im Halleschen Pädagogium. Er studierte dann in Göttingen und machte anschließend weite Reisen, ging schließlich 1808 nach Dresden. Von 1810 bis 1814 unternahm er eine Expedition nach Griechenland – und fand die Reste des Tempels von Bassä. Darüber verfaßte er u. a. ein Buch, das 1826 in Rom erschien. Er trug viel zur Gründung des archäologischen Instituts in Rom bei. Stackelberg lebte schließlich wechselweise in Mannheim, Dresden und St. Petersburg.

Die letzen Besitzer von Faehna waren die Erben des Ernst Baron Stackelberg (gest. 1918). Auch die Stackelberg haben wie viele andere deutschbaltische Gutsbesitzer noch nach der allgemeinen Enteignung 1919 auf kleinen Resthöfen, die sie als Siedlungshöfe erhielten, weitergewirtschaftet. Ein besonderes Problem stellten bald die großen Herrenhäuser dar, die Gutshöfe mit den Gebäuden, die in keiner Relation mehr zum Landbesitz standen. So versuchten einige sich durch „paying guests" über Wasser zu halten. In den 1930er Jahren wirtschaftete eine Baronin Stackelberg auf dem Resthof in Faehna, damals betrug dieser Resthof 25 Hektar. Im Jahre 1939, mit der Umsiedlung der Deutschbalten, ging ein Kapitel auch baltischer Gutsgeschichte endgültig zu Ende.

Schloß Fall/estn. Keila-Joa

Hinter dem Herrenhaus von Schloß Fall/Keila-Joa ergießt sich der Fluß mit dem reißenden Wasserfall, der dem Ort den Namen gegeben hat und in früher Neuzeit eine Mühle betrieb.

Schloß Fall/estn. Keila Joa (Wasserfall)

Der Ordensmeister Heinrich v. Galen verlieh die Mühle zum Falle, im Ordensamt Kegel/Keila gelegen, im Jahre 1555 dem Hans Nykerck, Repräsentant eines ritterschaftlichen Geschlechtes, das uns noch in früher Neuzeit in Mecklenburg und Vorpommern als Neuenkirchen gutsbesitzlich begegnet.

Im Jahre 1564 wird in einer Urkunde gesagt, daß der Hans Nykerck gleich anderen Müllern pflichtig sei, mit eigenem Pferde auf des Landesherrn Unkosten zur Heerfahrt mitzuziehen. 1586 hatten Hinrich und Hans Nykerck die Mühle zum Falle mit 5 Haken inne.

Die Erben des Obristquartiermeisters Johann von Neuenkirchen, nun auch in Estland schon nicht mehr mit niederdeutschem Namen, zu Kohhat/Kohatu besaßen im Jahre 1641 auch noch Fall. Dessen Tochter Anna war vermählt mit Jürgen v. Wrangell a. d. H. Koil/Kohila, der mit der Heirat in den Besitz von Fall gelangte.

Von den Wrangell gelangte Fall schließlich als Pachtung, als Arrende, in die Familie v. Tiesenhausen. Die Pacht betrug jährlich 350 Rubel.

Wiederum gelangte das Gut in andere Hände. Es folgten die Geschlechter Zoege und dann Baade. Der Bürgermeister von Reval/Tallinn, Heinrich Baade, bekam die Pachtung, dann war sein Sohn Hermann 1715 im Besitz des nunmehrigen Gutes Fall.

Ein Urteil des Oberlandgerichts sprach noch während des Nordischen Krieges (1700–1721) 1720 Fall der Margaretha Elisabeth Wrangell zu, die mit dem Juristen Christoph Wiesener vermählt war. Auch die Schwestern Wrangell erhielten Anteile. Die männlichen Mitglieder dieses Zweiges der Wrangell wandten sich nach Schweden, und im Jahre 1726 wird Fall zum letzten Mal als Besitz der Wrangellschen Erben genannt.

Nachdem Fall im Besitz eines Grafen Tiesenhausen gewesen war, besaß es der Justizrat und Ratsherr Arnold v. Dehn, dann 1796 der Major Karl Gustav v. Wrangell und darauf Otto v. Pohlmann. Letzterer verpfändete Fall 1809 dem estländischen Ritterschaftshauptmann Jakob Georg v. Berg. Aus dessen Konkurs kaufte 1827 der Generalleutnant Alexander Graf v. Benckendorff das Gut. Als Generaladjutant, General der Kavallerie stiftete dieser 1844 ein Majorat aus mehreren Gütern, darunter Fall und Käsal. Es war ein Majorat für seine weibliche Nachkommenschaft, das nach dem Tode seiner Witwe, die 1857 starb,

Schloß Fall/estn. Keila Joa

an seine zweite Tochter Marie fiel, die mit dem Hofmeister Fürst Grigorij Wolkonskij vermählt war. Der Enkel, der Jägermeister Fürst Grigorij Wolkonskij, wurde 1919 im Zuge der allgemeinen Agrarreform im neuen estnischen Staat enteignet. Das in der Mitte des 19. Jahrhunderts aufgeführte neugotische Herrenhaus ist im englisch beeinflußten, sogenannten Tudor-Stil gehalten.

Auch das 1835 geschaffene preußische Schloß Babelsberg, das nicht nur in Preußen zahlreichen Tudor-Bauten zum Vorbild diente, kann dem Schloß Fall zum Vorbild gedient haben, denn die Beziehungen zwischen Rußland und Preußen waren damals besonders eng durch die dynastischen Beziehungen. Der damalige Kaiser von Rußland, Nikolaus I., Schwiegersohn des preußischen Königs, hatte eine besondere Beziehung zu Fall.

Es ist auch vermutet worden, daß der preußische Baumeister Friedrich August Stüler am Bau des Schlosses von Fall mitgewirkt hat, immerhin hat er nachweislich im Baltikum gebaut, so etwa das kurländische Alt-Autz der Grafen Medem, im heutigen Lettland gelegen.

Nikolaus I. war mehrfach zu Gast auf dem schlesischen Schloß Fischbach im Riesengebirge, einem damaligen Besitz der preußischen Hohenzollern, das gleichfalls von Stüler im neogotischen Stil umgestaltet war und den russischen Zaren begeistert hat. Doch fest steht, daß der St. Petersburger Hofarchitekt Aleksei Stackenschneider den Bau des Herrenhauses von Fall ausgeführt hat.

Stavenhagen hat Fall in seinem Album baltischer Ansichten, im Teil Estland, in Mitau 1867 herausgegeben, beschrieben. Dort heißt es: „Das Schloß in englisch-gothischem Styl ist zweistöckig, aber nicht groß. Es hat zwei durch zierliche Baldachine von Eisenguss geschützte Eingänge, und in der Mitte des Gebäudes fällt ein Thermometer von 6 Fuss Höhe ins Auge."

In Fall wurde die russische Nationalhymne erkoren. Als Zar Nikolaus I. bei Alexander Benckendorff auf Fall 1833 für längere Zeit zu Besuch weilte, hörte er dort eine Melodie, die ihn so begeisterte, daß sie zur russischen Nationalhymne erklärt wurde.

Nach dem Zweiten Weltkrieg wurde um Fall herum ein russisches militärisches Sperrgebiet errichtet. Kasernen, Wohngebäude im pseudoklassizistischen Stalinschen Stil wurden gebaut. Im Herrenhaus wurde der Offiziersklub untergebracht, an dessen einer Querwand im Jahre 1991 ein Hakenkreuz angekritzelt zu sehen war, darunter stand zu lesen „Slawa na perestrojke" Ruhm der Perestrojka.

Das Haus ist von außen in leidlich gutem Zustand, macht aber einen verwahrlosten Eindruck. Den Wasserfall gibt es noch, wie auch den gut erhaltenen Baumbestand im Park.

Feckerort/estn. Triigi

Das auf Ösel gelegene Gut Feckerort, im Estnischen Triigi, wie auch der estnische Name für das Gut Ottenküll lautet, liegt im Norden der Insel auf einer ins Meer springenden Nase. Vorhandenes Material im Archiv des Historischen Museums in Reval/Tallinn behandelt die Zeit von 1540 bis 1892.

Im Jahre 1547 war Michel Strick (Stryk) im Besitz von Feckerort – vermutlich geht der estnische Name in Anlehnung auf diese Familie zurück.

Mitte des 17. Jahrhunderts gelangte das Gut an die Barone Stackelberg und verblieb bei diesem Geschlecht bis zum Ende des 18. Jahrhunderts.

Im Jahre 1764 hatte der Generalgouverneur von Liv- und Estland Graf George Browne der Kaiserin Katharina II. empfohlen, eine Haken-Revision, d. h. eine Agrar- und Steuerreform, auf Ösel durchzuführen. Kurz darauf verlangte Katharina II. Auskunft von Browne über den genauen Nutzen dieser Haken-Revision auf der baltischen Insel. Die Kaiserin ließ sich offensichtlich von dem Nutzen überzeugen, zumal sie selbst im Jahre 1764, ein Jahr nach ihrer Inspektionsreise ins Baltikum, eine solche Anregung bereits gegeben hatte. Am Beginn des Jahres 1765 nahm eine Revisionskommission unter Leitung des livländischen Generalökonomiedirektors Fabian Adam von Stackelberg (1708–1767) die Arbeit auf. Der baltische Topograph des 18. Jahrhunderts, August Wilhelm Hupel, hat über denselben in seinen „Materialien zu einer liefländischen Adelsgeschichte" geschrieben. Damals befand sich Feckerort bereits in der Hand der Stackelberg. Zu den wichtigsten Mitarbeitern Stackelbergs auf Ösel gehörte seinerzeit der Gutsbesitzer Karl Adolf von Poll, dessen Familie später auch Feckerort erwarb.

Im Jahre 1794 ging das Gut aus der Hand der Familie Stackelberg; es kaufte Karl Ludwig von Poll diesen Besitz. Feckerort verblieb nun bei diesem Geschlecht bis in das 19. Jahrhundert. Im Jahre 1854 besaß es das Gut noch. Die Polls auf Feckerort waren Herrenhuter und prägten auch ihren Besitz. Im Jahre 1819 gab C. von Poll ein kleines Buch heraus mit dem Titel „Kurze Darstellung der Wirksamkeit der Bibelgesellschaften". Später gelangte das Gut an die Familie v. Rehekampff.

Im Jahre 1919 bei der Enteignung und Aufsiedlung der Güter im Baltikum gehörte Feckerort Karl v. Rehekampff.

Oskar Baron Buxhoeveden berichtet in einem Aufsatz über den Kommunistenaufstand auf Oesel im Februar 1919: „Im Juli 1918 war ein von den Landräten Leon Baron Freytag-Loringshoven-Pajamöis und

Karl von Rehekampff-Feckerort unterzeichnetes Telegramm an Kaiser Wilhelm II. abgesandt worden, das dem Kaiser den Fürstenhut von Oesel antrug."

Fegefeuer/estn. Kiviloo

Es gab einst in Fegefeuer ein bischöfliches Schloß, das im 13. Jahrhundert aufgeführt worden ist. Es gibt nur noch spärliche Ruinen von diesem Schloß. Doch vermutlich wurde es im 15. Jahrhundert neu gebaut, war aber lediglich ein Reisehaus zwischen Reval und Borkholm. Denn dort gab es ein großes festes Haus. Es ist vermutet worden, daß das Schloß Borkholm als Himmel bezeichnet wurde und das unruhige Reval die Hölle war. Daher war diese Reisestation das Fegefeuer. Ob es nach dieser Legende seinen Namen hat, bleibt freilich Vermutung.

Sowohl die Russen als auch die Schweden haben im 16. Jahrhundert das Schloß von Fegefeuer zerstört. Es kam die schwedische Zeit, schließlich am Ende des Nordischen Krieges (1700–1721) die russische Zeit. Damals gehörte Fegefeuer dann der Familie von Nieroth. Ein Jahrhundert verblieb Fegefeuer bei dieser Familie, bis das Gut im Jahre 1839 in die Hand der Barone Stackelberg gelangte, die es bis zur Enteignung im Jahre 1919 innehatten.

Der letzte Besitzer von Fegefeuer war Baron Konstantin Stackelberg, der im Jahre 1958 in der Bundesrepublik Deutschland gestorben ist.

Das Herrenhaus von Fegefeuer wurde im Jahre 1905, wie so viele andere Herrenhäuser des Baltikums – im ganzen waren es nach Angabe Georg von Rauchs in seiner Geschichte der baltischen Staaten 185 –, niedergebrannt. Es ist aber noch vor dem Ersten Weltkriege durch einen großen stattlichen Neubau ersetzt worden.

Schloß Felks/estn. Velise

Schloß Felks, in der Wiek, unweit des Flusses Kosch gelegen, im dortigen Kirchspiel Fickel, befand sich 1390 im Besitz des Claus Uexküll. Es war aber wohl schon damals lange Zeit im Besitz dieses Geschlechts, da Schloß Felks wahrscheinlich einst mit dem benachbarten Fickel verbunden war und sich in einer Hand befand. Die Burg war vermutlich schon 1560 im Russenkriege zerstört worden.

Im Jahre 1675 ging Felks durch Verkauf von Otto Uexküll an den Rittmeister Johann Hinrich v. Derfelden, in Urkunden von der Felde genannt, über.

Zu Beginn des 18. Jahrhunderts, nach dem Nordischen Krieg (1700–1721), d. h. zu Anfang der russischen Zeit, war Schloß Felks im Besitz der Familie von Taube. Später besaßen es die Geschlechter v. Schwengelm, v. Gersdorff, v. Dücker, v. Wetter-Rosenthal.
Im Jahre 1777 verkaufte Christoph Friedrich v. Dücker das Gut an Johann Adam v. Rosenthal für 23 200 Reichstaler.
Nach den Berechnungen des schleswig-holsteinischen Gutsbesitzers Josias v. Qualen kostete zu damaliger Zeit ein schlichtes Herrenhaus ca. 4000 Reichstaler, eine Kuh etwa 7 Reichstaler; nach diesen Berechnungen läßt sich eine ungefähre Vorstellung des Kaufpreises vornehmen. Im übrigen waren Mitglieder der Familie v. Dücker zu damaliger Zeit in herzoglich holsteinischen Diensten.
Später gelangte das Gut an die Familie v. Wolsky, bei der es länger verblieb. Felks hatte 1841 genau 370 Revisionsseelen.
Hupel schreibt 1782 in seinen „Topographischen Nachrichten von Lief- und Ehstland":
„Nach Anzeige der schon oft angeführten geschriebenen Landrolle sollen alle obigen Güter des Kirchspiels Fickel, von der Reduction ganz befreit gewesen, alle Allodialgüter sein. Ob sie ganz ingleichen, ob noch andere Dörfer hierher gehören, kann ich nicht bestimmen. In dieser Gegend findet man zwar fruchtbare Felder, wo viel Waitzen gebaut wird, aber auch große Moräste."
Von Feodor v. Wolsky kaufte Felks 1868 der Generalleutnant Karl Anton Baron Maydell und stiftete 1877 ein Fideikommiß, d. h. zu treuen Händen dem einzelnen der Familie auf Zeit übergeben. Weder Teile noch das gesamte Gut durften beliehen oder veräußert werden. Ziel der Fideikommisse war, den Besitz der Familie zu erhalten.
Es heißt in einer Urkunde, Maydell habe Schloß Felks zu einem „Familienfideikommiß seiner Deszendenz und der freiherrlichen Familie von Maydell" erhoben. Bereits 1875 hatte er die Gouvernementsregierung Estlands gebeten, dem Gut Felks die einstige Bezeichnung „Schloß Felks" wiederzugeben, wie es ja im Baltikum Tradition war, die alten Ordensburgen so zu benennen.
Seinem Sohn Bogdan Baron Maydell wurde Schloß Felks 1919 im Zuge der allgemeinen Agrarreformen in Estland enteignet.

Alt-Fennern/estn. Vana-Vändra

Zu den Besitzungen des Komturs von Pernau gehörte auch das Dorf Wenderskulle, das bei der Auflösung des Deutschen Ordens dem ehemaligen Hauskomtur zu Pernau Dietrich Schenking im Jahre 1562 verliehen wurde. Von ihm erbte den Besitz, dem später sogenannten Gut

Fennern am gleichnamigen Fluß, sein Bruder Heinrich, der ihn 1586 seinem Neffen, dem Kastellan von Wenden, Georg Schenking überließ. Von der schwedischen Regierung wurde das Gut eingezogen und 1624 von König Gustav Adolf dem Oberst Jacob Scott verliehen. Dieser vererbte es 1635 seinem Sohn, dem Rittmeister Robert Scott, nach dessen etwa 1640 erfolgtem Tode es auf seinen Bruder, den Hofjunker Jacob Scott überging. Ihn beerbte seine Nichte, verheiratet mit dem Major Jacob Bennet, dem das Gut 1674 zugesprochen wurde.

Durch Heirat gelangte das Gut in der Folge an den Major Gustav v. Meyer, den seine mit dem Landgerichtsassessor Karl Ludwig v. Kruedener vermählte Tochter Johanna Juliane v. Meyer beerbte. Sie vermachte das Gut ihrem Sohn Karl Gustav Johann v. Kruedener, der es 1799 seiner mit dem Major Woldemar v. Ditmar verehelichten Tochter Caroline Johanna abtrat.

Die Kruedener spielten im Dienste Katharinas II. eine Rolle. So war von 1779 bis 1784 Burchard Alexius v. Kruedener (1746–1802) als russischer Gesandter in Mitau. Nach einem sächsischen Gesandtenbericht aus dem Jahre 1779 war „der Herr von Kruedener nach Mitau gekommen" durch einen „Cabinettssekretär" Katharinas II., der ein Silberservice dafür bekam. Diese Quelle hat Ernst Hermann 1853 in seiner Geschichte des russischen Staates wiedergegeben. Im übrigen hatte Kruedener enge Verbindungen zur Kaiserin über seinen Schwiegervater, den livländischen Regierungsrat Otto Hermann v. Vietinghoff. Seine geschiedene Frau war die bekannte pietistische und etwas überspannte Schriftstellerin Barbara Juliane Freifrau v. Kruedener (1764–1824), unter deren Einfluß 1815 Alexander I. in Paris in gewisser Weise stand, in der Zeit der Begründung der „heiligen Allianz".

Caroline v. Ditmar geb. v. Kruedener vererbte das Gut Alt-Fennern 1853 ihrem Sohn, dem Kreisdeputierten Alexander v. Ditmar, von dem es 1864 sein Sohn Alexander erbte, jedoch 1875 seinem Bruder Friedrich v. Ditmar verkaufte. Dieser starb 1894 und hinterließ das Gut seiner Witwe Julie geb. Horwitz und ihren Kindern, die jedoch vor ihr starben. Sie verkaufte das Gut noch unmittelbar vor dem Ersten Weltkriege, 1912, an Roman Baron Tiesenhausen, dem es 1919 enteignet wurde. Doch die Tiesenhausen verblieben auf dem Resthof und wirtschafteten schließlich in den 1930er Jahren auf ungefähr 55 Hektar Land in Alt-Fennern bis auch sie 1939 das Land verließen.

Schloß Fickel/estn. Vana-Vigala

Schloß Fickel in der Wiek, im gleichnamigen Kirchspiel gelegen, wird 1420 zum ersten Mal bei der Erbteilung unter den Söhnen des Nicolaus

Uexküll ausdrücklich als Besitz der Familie erwähnt. Das grundherrschaftliche Gut befand sich aber wohl schon lange im Besitz des Geschlechts, da bereits um 1300 ein Johann Uexküll unter den Vasallen des Bistums Oesel einen hervorragenden Platz einnahm. Und schon im Jahre 1229 kommt der Stammvater des Geschlechts, Johannes v. Bardewis, als Öselscher Vasall vor.

Fickel, 1453 erstmalig als „festes Haus", also Burg bezeichnet, vererbte sich in der Nachkommenschaft des Conrad Uexküll, des Sohnes des obenerwähnten Nicolaus. Es fiel, als der Hauptstamm des Geschlechtes im Jahre 1575 erlosch, an Johann v. Uexküll aus der Nebenlinie a. d. H. Menzen.

Berend Johann Baron Uexküll gab im Jahre der französischen Revolution 1789 seiner Bauernschaft ein Gesetzbuch und leitete damit die Zeit der bäuerlichen Reformen in Estland ein.

Dieses Bauernrecht folgte dem Beispiel des Baron Schoultz-Ascheraden, der bereits in den 1760er Jahren auf seinen Gütern Bauernrechte, das heißt vertragliche Regelungen eingeführt hatte. Bemerkenswert ist, daß Uexküll ein Schwiegersohn des bekannten Politikers seiner Zeit und Mitstreiters Katharinas II. bei innerstaatlichen Reformen im Russischen Reich, Johann Jacob Graf v. Sievers, war, der seinerseits auf seinem livländischen Gut Bauenhof Reformen in diesem Sinne durchgeführt hat. Sievers selbst hat gesagt: „In Livland und einigen Gegenden Deutschlands sind die Bauern leibeigen. Aber Gesetze haben der Macht der Herren hinsichtlich der Arbeit sowohl, als der Leistung und Bestrafung Grenzen gesetzt." Berend J. Freiherr v. Uexküll reichte der Ritterschaft des Landes, auch einer eingesetzten Kommission, die sich mit der weiteren Bauernbefreiung zu befassen hatte, ein Memorandum ein: „Meine privaten der Commission mitgetheilten Bemerkungen." Und anläßlich der später erfolgten Bauernbefreiung schrieb er 1817: „An meine Bauern", ein in deutscher und estnischer Sprache abgefaßter Aufruf. Diese Bemerkungen befinden sich im Archiv des historischen Museums in Reval/Tallinn – wie auch weiteres Material der Familie und des Gutes, darunter auch „Aus den Papieren des Geheimen Raths und Ritters Baron J. v. Uexküll", worin sich u. a. auch bemerkenswerte Ausführungen über die Forstwirtschaft in Fickel finden.

Von Berend Johann Frhr. v. Uexküll, Herr auf Schloß Fickel, ist unter dem Namen Boris Uexküll (1793–1870) 1965 ein bemerkenswertes Tagebuch erschienen: Armeen und Amouren. Ein Tagebuch aus napoleonischer Zeit. Hrsg. v. J. D. Frhr. v. Uexküll. Reinbek b. Hamburg 1965.

Im Jahre 1881 wurde in den „althergebrachten Grenzen" eine Familienfideikommißstiftung auf Schloß Fickel begründet. In der Urkunde heißt es u. a.: „Das Statut verpflichtet den Fideikommißbesitzer, die in

Fickel bestehende Berend-Elisabeth-Stiftung für Sieche zu pflegen und enthält Bestimmungen über die Konstituierung eines unter Mitwirkung des estländischen ritterschaftlichen Ausschusses einzusetzenden Familienrates, dem in Ansehung der Verwaltung des Fideikommiß gewisse Obliegenheiten übertragen werden."

Bis zum Jahre 1919, bis zur großen Agrarreform nach Gründung des estnischen Staates, verblieb der Besitz in der Familie. Der letzte Majoratsherr war Bernhard Baron Uexküll.

In Fickel brannte im Jahre 1905 bei der ersten revolutionären Welle im Russischen Reich das Herrenhaus ab – durch Brandstiftung. Das Herrenhaus wurde aber wieder unter den Uexküll noch vor dem Ersten Weltkriege aufgebaut.

Finn/estn. Vinni

Finn ist wohl das aus der Mitte des 13. Jahrhunderts stammende, im Liber census Daniae erwähnte Dorf Vitni, das sich im Besitz des Ricbod und Lydulf befand. Anfang des 16. Jahrhunderts war Finn im Besitz der Familie von Wrangell, dann wird in den Jahren von 1538 bis 1540 Johann Brackel als Besitzer erwähnt.

Seit dem Jahre 1554 aber war Otto Taube im Besitz des Gutes, in dessen Geschlecht es bis nach 1663 blieb und dann nacheinander an die beiden Ehemänner der Helene Taube, Obrist Andreas Zoege und den livländischen Landmarschall Gotthard Johann Freiherrn v. Budberg kam. Der letztere vererbte es seinem Sohn, Gotthard Wilhelm Budberg.

Durch weitere Erbschaft und Einheirat gelangte Finn dann an den Generalmajor Gustav Johann v. Albedyll – Sproß einer Familie, die im ganzen Ostseeraum bis hin nach Schleswig-Holstein besitzlich verbreitet war –, und durch dessen Witwe an den Estländer Generalleutnant Johann Dietrich Edler v. Rennenkampf (1719–1783). Dieser hatte in Reval/Tallinn zusammen mit seiner Frau Jakobine Charlotte geb. v. Tiesenhausen „das adelige Fräuleinstift Finn gestiftet" und sich damit in Estland einen guten Namen gemacht. 1767/68 war er auch einer der drei Vertreter der estländischen Ritterschaft in der gesetzgebenden Kommission in Moskau. In militärischen Diensten hat er sich in den Türkenkriegen ausgezeichnet.

Rennenkampf starb im Jahre 1783 und bestimmte Finn testamentarisch zum Unterhalt eines „adeligen Fräuleinstifts" mit dem Namen Johann Dietrichstein. Im Archiv des Historischen Museums in Reval/Tallinn findet sich in einer Gutsakte (Findbuch B44/I) über das Gut Wack/Vao, das seit dem Jahre 1744 der Familie der Edlen v. Rennenkampf gehörte, auch ein „Transact über das aus dem Allodialgut Finn und Kapitalien bestehende Vermögen des General Johann Dietrich v. Rennenkampf Stiftung Finn als Estl. adlichen Fräuleinstift vom 23. Januar 1775".

Das Institut wurde aber 1806 in eine Erziehungsanstalt für junge Mädchen umgewandelt.

Gerhard v. Kügelgen, zeitweiliger Verwalter des Stiftes Finn, korrespondierte mit seinem in Deutschland lebenden Bruder Wilhelm v. Kügelgen. Dieser schrieb 1750: „Im Winkel wohnst Du, Glücklicher, entrissen dem Strudel der Begebenheiten und kannst von dort aus mit ansehen, wie die Welt um dich her zu Schanden wird."

Finn bestand als Erziehungsanstalt bis in das 20. Jahrhundert. Finn ist im Jahre 1919 nicht enteignet worden. In den 1930er Jahren umfaßte die Stiftung Johann Dietrichstein noch 1200 Hektar Land.

Bekannt wurde in unserem Jahrhundert der in Estland geborene russische General Paul Edler v. Rennenkampf (1854–1918). Er führte im Ersten Weltkrieg Armeen an der Nordwestfront. Bei einem russischen Sieg über Ostpreußen, hegte er den Wunsch, das Gut und Gestüt Trakehnen als Dotation vom russischen Zaren zu erhalten. Das führte dazu, daß bei russischer Eroberung Ostpreußens im Jahre 1914 Trakehnen von Plünderungen verschont blieb. 1917 wurde der General v. Rennenkampf von der revolutionären Regierung vor Gericht gestellt und 1918 in Taganrog erschossen.

Grossenhof auf Dagö/estn. Suuremois

Das einstige Gut Grossenhof auf der Insel Dagö/Hiiumaa, zum Distrikt Wiek gehörig, im Kirchspiel Pühalep, war im Mittelalter der Wirtschaftshof des Ordens auf der Insel Dagö, der zur Vogtei Sühneburg gehörte. Er umfaßte beinahe das ganze Gebiet des Kirchspiels Pühhalep im Südosten der Insel und trug deswegen auch den Namen Poylep oder Pöhilep.

Als Estland Ende des 16. Jahrhunderts schwedisch geworden war, war der Hof zunächst Kronsbesitz. Obwohl mehrere zugehörige Dörfer an die Vasallen der schwedischen Krone verliehen oder verpfändet wurden, kam Grossenhof aber 1603 zeitweilig an den Rittmeister Christoph Stackelberg.

Doch schließlich, im Jahre 1620, gelangte das Gut an den Grafen Jakob de la Gardie, dessen Familie, u.a. auch der Generalgouverneur 1687–1704 und schwedische Feldmarschall Axel Julius de la Gardie, das Gut bis 1691 besaß. In jenem Jahre ist es von der schwedischen Krone reduziert worden. Im Kronsbesitze verblieb das Gut zunächst auch nach dem Nordischen Krieg(1700–1721), während der russischen Zeit, bis es dem Grafen Stenbock übergeben wurde, der Ebba Gräfin de la Gardie geehelicht hatte.

Im Jahre 1777 hatte Jacob Pontus Graf Stenbock das Gut erworben, dessen Familie ja auch das Gut Kolk/Kolga in Nordestland besaß.

Noch in der Besitzzeit der Grafen Stenbock wurde ein neues, „vornehmes" Herrenhaus aufgeführt, von dem Pirang gesagt hat:

„Der Hauptbau ist dreigeschossig, hat einen Mittelgiebel mit Frontispiz und ein mächtiges holländisches Dach mit einem vierten Mansardengeschoss. Vier symmetrisch verteilte Schornsteine bilden den wuchtigen oberen Abschluß des monumentalen Vierkantkörpers, dem seitlich zwei tieferliegende, eingeschossige Flügelbauten vorgelagert sind. Die über das eigentliche Wohnbedürfnis hinausgehende anspruchsvolle Weiträumigkeit der Gesamtanlage trägt einen offensichtlich repräsentativen Charakter. Das Hauptgebäude wurde 1755 erbaut, die Seitenflügel sind 1772 hinzugefügt worden."

Im Jahre 1797 verpfändete der Brigadir Jacob Pontus Graf Stenbock Grossenhof an den Kammerherrn Reinhold Baron Ungern-Sternberg, der diesen Pfandbesitz schließlich 1813 für 160 000 Silberrubel und 5000 Rubel Blanko in sein Eigentum überführte.

In der 1818 herausgegebenen „Landrolle des ehstlänischen Gouvernements" wird Grossenhof mit 49 Revisionsseelen benannt. Als Eigentümer wird der Flotten-Capitainleutnant Baron Ungern-Sternberg benannt.

Von 1796 bis 1909 gehörte der Hof der Familie der Freiherrn, später Grafen Ungern-Sternberg und gelangte schließlich noch durch Einheirat wiederum an die Barone Stackelberg, die das Gut ja schon einmal im 16. Jahrhundert besessen hatten.

Seit 1909 war die Baronin Dorothea v. Stackelberg geb. Gräfin Ungern-Sternberg Eigentümerin des Besitzes. Im Jahre 1919 wurde der Besitz der Familie in der allgemeinen Agrarreform des estnischen Staates enteignet. Die Familie verblieb im Besitz eines Siedlungshofes, wie ihn in der entsprechenden Größe alle Siedler nun erhielten, der in den 1930er Jahren ungefähr 25 Hektar umfaßte. Bei Pirang heißt es 1930 über die Gutshofanlage Grossenhof: „... den Grafen Ungern-Sternberg gehörig, hat wie so mancher andere ältere Hof, seine ursprünglich viel stärker betonte Achsialität teilweise eingebüßt, weil die vor dem Hause belegene symmetrische Gartenanlage nach 1800 zu einem englischen Park gemacht worden ist".

Das Herrenhaus ist in den Jahren zwischen 1755 und 1760 aufgeführt worden, erhielt 1772 die Seitenflügel.

Das zweigeschossige Haus von drei Achsen hat ein Mansarddach und einen dreiecksübergiebelten Mittelrisalit – ohne Säulenportal. Das Haus ist heute noch erhalten.

Grossenhof auf Moon/estn. Muhu-Suuremoisa

Seit Ösel/Saaremaa und Moon/Muhu im Jahre 1227 unter der persönlichen Führung des Bischofs Albert aus der Familie von Buxhoeveden und des Ordensmeisters des livländischen Schwertbrüderordens Folkwin (1209–1236) unterworfen worden waren, gehörte die Insel Moon zu den Besitzungen des Ordens. In Grossenhof befand sich der Ordenshof Moon, das Verwaltungszentrum der ganzen in 13 Wacken zerfallenden Insel und zugleich wohl auch der Sitz eines Truppenführers des Ordens.

In weiterer historischer Entwicklung war Grossenhof auf Moon dann dänische, später schwedische und darauf russische Domäne. Im 18. Jahrhundert war Margaretha Glück, Tochter des Propstes Glück, nach dem Tode ihres Mannes, des Gardekapitäns Wilhelm von Vietinghoff, Nutznießerin der staatlichen Güter Grossenhof, Magnushof, Nurms und Ganzenhof auf Moon.

Der Propst Glück wurde in der Geschichte auch aus dem Grunde bekannt, weil bei ihm Katharina Skavronska als Magd diente, die nach einem abenteuerlichen Schicksal die spätere Frau Peters des Großen, dann selbst Zarin als Katharina I. geworden war.

Die Vietinghoff spielten im 18. Jahrhundert eine besondere Rolle in der Verwaltung der baltischen russischen Provinzen. Nach 1721, nachdem die Provinzen in russischen Besitz gelangt waren, gehörten sie mit zu den ersten russischen Regierungsbeamten. Schließlich in der Zeit von 1757–1787 war Otto Hermann von Vietinghoff (1722–1792) einer jener livländischen Regierungsräte, die in direkter Verbindung zum russischen Senat in St. Petersburg standen. Er war in St. Petersburg gut bekannt. Schon der Vater, Hermann Friedrich von Vietinghoff (1670–1746), war seit dem Jahre 1710 livländischer Regierungsrat gewesen, d.h. zu einem Zeitpunkt, als der russische Einfluß in den Provinzen immer größer wurde. Der Sohn war für sein Kunstverständnis berühmt, wofür er ein Vermögen ausgab. Im 18. Jahrhundert ging in Liv- und Estland ein Sprichwort um: „Reich wie ein Vietinghoffscher Bauer", welches den so betitelten als einen armen Mann kennzeichnen sollte. Im 3. Band der „Topographischen Nachrichten von Lief- und Ehstland" von August Wilhelm Hupel (Riga 1782) heißt es über die Insel Moon (Mohn), das aus einem Kirchspiel bestand:

„Mohn-Großhof mit Mella 50 Haken, ein publikes Gut, Mohn-Großhof estn. Muhho ma suur mois; hier ist ein großer stehender See, aus welchem ein Kanal nach der offenbaren See gezogen ist. Die ganze Stelle ist voll Schilf, der wie ein Wald steht, aber abgeschnitten und genutzt wird. Im Frühjahr steigen die Fische in den Kanal nach dem süssen Wasser. Der Arendebesitzer ließ darin zwei Dämme schlagen, damit man den Kanal verschließen kann; dadurch ist hier ein ungemein beträchtlicher Fischfang entstanden."

Seit 1920 gehörte das Gut auf Grundlage des Dorpater Friedensvertrages mit Rußland dem estländischen Staate.

Groß-Köppo/estn. Suure-Köpu

Im 17. Jahrhundert wurde das Gut Köppo vom schwedischen Staat reduziert. Es verblieb auch im 18. Jahrhundert bei dem russischen Staat. Kaiser Paul I. schenkte am 19. Dezember 1800 der verwitweten Katharina Uschakov, die in zweiter Ehe verheiratet war mit dem Generalleutnant von Schroeders, Groß-Köppo. Diese hat das Gut im Jahre 1804 an Paul Ludwig von Loewenstern verkauft, der im Dienste des Herzogs von Sachsen-Weimar stand.

Loewenstern hat den Besitz aber bald weiterveräußert, und zwar an Franz Georg von Oettingen. Ein weiterer Wechsel fand statt, als im Jahre 1805 Groß-Köppo verpfändet wurde an den Kreishauptmann Bernhard Heinrich von Stryk.

Wie so oft üblich in der Geschichte der Güter, wurde aus der Verpfändung schließlich Eigentum. So geschah es auch in Groß-Köppo. Im Jahre 1820 gelangten die Stryk in das Eigentum des Gutes. Bemerkenswert ist, daß bei jeweiligem Erbübergang von einer Generation in die nächste das Gut veräußert wurde.

So war etwa in dem Testament aus dem Jahre 1845 festgehalten, daß Groß-Köppo für 60 000 Rubel der Sohn des vormaligen Besitzers erhalten sollte. Es war der Ordnungsrichter Alexander von Stryk, dem das Gut 1854 übereignet wurde.

Das Gut Groß-Köppo wurde arrondiert mit weiteren Besitzen, so etwa Anteilen eines Besitzes eines Herrn von Wahl. Das Gut verblieb bis 1919 weiterhin in der Familie von Stryk.

Groß-Ruhde/estn. Suure-Roude

Groß-Ruhde war im Mittelalter ein Wackendorf des bischöflichen Amtes Leal. Es wurde im Jahre 1547 vom Bischof, dem alten Ordensvogte von Karkus, Melchior v. Galen, für 2000 Mark Rigischen Geldes verpfändet.

In schwedischer Zeit wurde es im Jahre 1639 noch während des 30 jährigen Krieges verliehen an den Feldmarschall Grafen Tott auf Leal, dem Sohne des bekannten schwedischen Feldherrn Clas Akeson Tott.

Nach seinem Tode kam es an den schwedischen Reichsschatzmeister Sten Bielke. Doch auch diese großen schwedischen Politiker wurden im Zuge des Ausbaus des schwedischen Zentralismus und Absolutismus von der allgemeinen Güterreduktion nicht verschont. Auch die Güter der Bielkes wurden vom Staat konfisziert. Im Jahre 1688 wurde Groß-Ruhde reduziert, wie man es nannte.

Es folgte dann der Nordische Krieg (1700–1721), in dessen Folge die schwedische Großmacht zusammenbrach und das Russische Reich unter Peter dem Großen das Fenster nach West-Europa aufstieß und zur europäischen Großmacht aufstieg. Und damit begann die russische Zeit auch für Liv- und Estland.

Während der russischen Periode war Groß-Ruhde zunächst kaiserliches Hofgut, wurde aber dann im Jahre 1760 noch unter der Regierung der Zarin Elisabeth (1740–1761) an den Landrat Jakob Gustav Edler v. Rennenkampf (gest. 1791) verliehen. Der Generalleutnant Dietrich Johann Edler von Rennenkampf (1719–1783), der aus Estland stammte, hatte zusammen mit seiner Frau Jakobine Charlotte geb. von Tiesenhausen „das adelige Fräuleinstift Finn" ins Leben gerufen, d. h. gestiftet und sich damit in Estland einen nachhaltigen Namen geschaffen. Im Jahre 1767/68 war er einer der drei Vertreter der estländischen Ritterschaft in der gesetzgebenden Kommission in Moskau. Bald darauf war er im Türkenkrieg, in dem seine Taten lobend hervorgehoben werden. 1771 nahm er seinen Abschied und bewirtschaftete seine Güter.

Die Familie Edler v. Rennenkampf hat das Gut Groß-Ruhde bis zur Enteignung und allgemeinen Aufsiedlung der Güter im Oktober 1919 besessen. Letzer Eigentümer war Dr. Karl Edler v. Rennenkampf.

Haakhof/estn. Aa

Zwei Güter mit dem deutschen Namen Haakhof gab es in Estland, im estnischen haben sie unterschiedliche Namen: Aa und Haage.

Haakhof/Aa, auch Hackhof oder Haghof, was auf einen Waldbestand verweisen würde, im Distrikt Wierland, im Kirchspiel Luggenhusen gelegen, war ursprünglich ein Dorf, das um 1250 einem Manne mit Namen Eylardus gehörte. Es gelangte noch während der dänischen Zeit an das Kloster Falkenau bei Dorpat, das es 1426 dem Deutschen Orden gegen andere Dörfer, die dem Kloster näher lagen, vertauschte.

Der Orden erbaute beim Dorfe einen Hof, der zur Vogtei Narva gezählt wurde und einem Ordensamtmann unterstand. Während der schwedischen Zeit – vorher war die Vogtei Narva 1558 bis 1581 zeitweilig von den Russen besetzt – war der Hof zunächst Kronsbesitz, wurde aber um 1630 an den Revalenser Bürgermeister Georg Wangersen, geadelt von Wangersheim (gest. 1656), verlehnt.

Im Besitze der Familie v. Wangersheim verblieb das Gut bis zum Ende des 18. Jahrhunderts. August Wilhelm Hupel, Pastor in Oberpahlen und liv- und estländischer Topograph des 18. Jahrhunderts, erwähnt den estländischen Gutsbesitzer des Gutes Hackhof, Reinhold Georg von Wangersheim. Von ihm fände man im 2. Band der Abhandlungen der freien ökonomischen Gesellschaft in St. Petersburg zwei Schreiben. Diese zeigen „nicht nur viel Theorie, sondern auch praktische Kenntnisse". Die im Jahre 1765 gegründete ökonomische Gesellschaft in St. Petersburg bemühte sich, Agrarreformen im Russischen Reich einzuleiten – unter Mithilfe zahlreicher Gutsbesitzer aus Est- und Livland, die ja zugleich dann in den agrarischen Gesellschaften des Baltikums wirkten, wie etwa in der 1792 gegründeten Livländischen Gemeinnützigen und Ökonomischen Sozietät, die bis zum Jahre 1939 Bestand hatte.

Nach den Wangersheim kam dann Haakhof an den Generalleutnant C. v. Strandmann, der das Gut bis 1816 besaß.

Im Jahre 1787 hatte der Hofrat Conrad v. Wangersheim das Gut an den Brigadir Strandmann verpfändet, im Jahre 1807 ging Haakhof dann in dessen Eigentum über. Es war ein durchaus üblicher Verlauf der Gütergeschichte auch in Estland, daß zunächst eine Verpfändung vorgenommen wurde, ehe der Kauf dann folgte. Den Strandmann folgten Erben aus der Familie. Im Jahre 1841 gelangte das Gut in den Besitz des Generalmajors Gustav Nasackin, 1864 an Georg Cramer, 1886 an Professor Dr. Eduard v. Wahl. Von diesem ging das Gut 1889 an den Staatsraat Dr. Otto v. Gruenewaldt (1801–1890) für 282 500 Rubel. Dieser hatte auf seinem Gut Koik/Koigi – 6 Güter gleichen Namens gab es in Estland – große Agrarreformen durchgeführt – mit Einführung der sogenannten „Knechtswirtschaft", die die Aufhebung der „Frohne" bedeutete.

1846 berichtet der Sekretär der Livländischen Gemeinnützigen und Ökonomischen Sozietät, Wilhelm von Hehn: „Hierauf forderte der Herr Präsident den Herrn Kreisdeputierten O. von Gruenewaldt auf, eine Mittheilung über die auf seinem Gute Laimetz eingerichtete Knechtswirtschaft zu machen. Aus dieser für die Gesellschaft höchst interessanten Mitteilung ging hervor, daß Herr von Gruenewaldt von dem unvollkommenen Zustand der Landwirtschaft bei Benutzung der Frohne nicht befriedigt, sich die Aufgabe gestellt habe, womöglich die Frohne auf seinen Besitzungen aufzuschaffen, und an ihre Stelle für seine Bauern ein Pachtverhältnis, entweder in Geld, oder Naturalienpacht, eintreten zu lassen, die Wirtschaft des Hofes aber nur mit Knechten und Mägden und Tagelöhnern zu besorgen."

Der letzte Besitzer bis zur Agrarreform 1919 war Otto v. Gruenewaldt. Auch die Gruenewaldt verblieben auf dem Besitz, wirtschafteten auf einem Siedlungshof von ungefähr 40 Hektar noch in den 1930er Jahren.

Haggud/estn. Hagudi

Mit dem Dorfe Hakude im Distrikt Harrien, im Kirchspiel Rappel, daß der Ritter Johann von Lechtes dem Kloster vermacht hatte, belehnte der Ordensmeister Heidenreich Vinke von Overberg (1438–1450) im Jahre 1447 die Brüder und Schwestern zu Mariendal. Die politischen Zeiten wandelten sich, schließlich ergriffen die Schweden Besitz vom Lande.

Die schwedische Regierung vergab das nun sobenannte Haggud im Jahre 1626 an den Obristleutnant Reinhold Anrep zu Haehl/Ingliste, wo sich heute noch ein schöner Park befindet und auch ein Herrenhaus, an dem jüngst gebaut wurde.

Haggud wurde zwei Generationen später, nach dem Tode von Hermann Anrep dessen Tochter im Rahmen der ersten allgemeinen Güterreduktionspolitik weggenommen und 1649 dem nachmaligen Statthalter zu Reval, Philipp Krusenstern verliehen. Von der weiteren Reduktion abgesehen, in der es der Familie zunächst entzogen, dann aber restituiert wurde, ist Haggud bei dessen Familie geblieben. Das war keineswegs selbstverständlich, denn der Nordische Krieg (1700–1721), in dessen Folge die schwedischen Provinzen Est- und Livland russisch wurden, brachte im gesamten Ostseeraum große Umwälzungen. Wie groß die Umbruchzeiten waren, geht allein aus der Tatsache hervor, daß der Deutsche Orden in Wien, d. h. der damalige Hochmeister Pfalzgraf Franz Ludwig bei Rhein (1694–1732) unmittelbar vor dem Frieden von Nystad durch einen Gesandten in St. Petersburg die Frage sondieren ließ, ob Peter der Große damit einverstanden wäre, Livland „unbeschadet einer auch weiterhin beizubehaltenden Oberhoheit wieder dem Deutschen Orden zu überlassen". Darüber hat Georg von Rauch in seinem 1940 erschienenen Aufsatz „Deutschland im politischen Weltbild der baltischen Provinzen zur polnischen und schwedischen Zeit" berichtet.

Die Familie Kruse war im 17. Jahrhundert aus Schleswig-Holstein nach Estland gekommen, und zwar mit dem bekannten Reisenden

Olearius. Berühmt aus dieser Familie wurde schließlich der russische Admiral Adam Johann von Krusenstern (1770–1846). Krusenstern ist in Ass/Kiltsi bei Reval gestorben und in Haggud in Estland geboren. Er führte die erste russische Erdumsegelung durch, bei der die Westküste von Hokkaido, die Ostküste von Kamtschatka und Sachalin, die Kurilen und Aleuten erforscht wurden. Krusenstern schrieb darüber: Reise um die Welt 1803–1906, 3 Bde. 1810–1812.

Der letzte Besitzer von Haggud bei der großen Agrarreform 1919 war Leonhard von Krusenstern. Auch nach der Enteignung wirtschafteten die Krusenstern bis in die 1930 er Jahre auf einem kleinen Resthof auf Haggud.

Haiba/estn. Haiba

Das einstige ritterschaftliche Gut Haiba liegt im Distrikt Harrien, im Kirchspiel Haggers.

Im 17. Jahrhundert war dort die Familie v. Lode angesessen, doch 1669 ist das Geschlecht v. Tiesenhausen im Besitz von Haiba, verblieb dort, bis die schwedische Macht gebrochen war und Rußland Liv- und Estland vereinnahmte. Nach dem Nordischen Krieg (1700–1721) folgte im Besitz die Familie v. Ulrich.

Im Jahre 1814, während der Napoleonischen Kriege, erwarb den Besitz die Familie Stael v. Holstein. Ungefähr 50 Jahre später, 1861, verkaufte Alexander Stael v. Holstein den Besitz für 65 000 Silberrubel an Ferdinand v. Mohrenschildt. 1869 wechselte ein Teil des Besitzes in andere Hände.

Marie Fürstin Wolkonskaja geb. Gräfin Benckendorff erwarb die von Haiba abgeteilte Landstelle Tomingo zum Zwecke der Vereinigung mit dem Majorat Schloß Fall.

Im Jahre 1764 hatte Katharina II. eine erste Inspektionsreise in die russischen Ostseeprovinzen Liv- und Estland gemacht. Sie reiste auf dem Landweg von St. Petersburg nach Narva. Von Narva kommend führte ihr Weg weiter über die Heerstraße in Richtung nach Reval. Eine erste Übernachtungsstation war das Gut Lagena/Laagna des Grafen Karl Sievers, des alten Hofmannes der Zarin Elisabeth, der die junge neue Monarchin auf dieser Inspektionsreise begleitete. Ein weiteres Quartier war dann schließlich Kolk/Kolga, das Gut des Grafen Karl Magnus Stenbock (1725–1798), dessen Ehefrau aus Schleswig-Holstein stammte. Mit Katharina II. und Stenbock, der 1762 mit dem Landrat von Ulrich Deportierter der estländischen Ritterschaft in St. Petersburg gewesen war, wurden u.a. Agrarfragen besprochen, die auf holsteinischen Vorstellungen basierten. Stenbock war bereits im selben Jahr in Schleswig-Holstein gewesen, und Katharina II. wußte aus eigenen Erinnerungen von diesem Land. Und der Landrat Gustav Reinhold von Ulrich spielte nicht nur dabei, sondern auch bei der späteren Gouvernementsreform in Rußland im Jahre 1775 eine entscheidende Rolle – die Ostseeprovinzen wurden als Modell für das russische Reich genommen. Jakob Johann von Sievers schrieb: „Katharina II. geruhte mich zu berufen und ließ einen Landrat aus Estland kommen (Ulrich), um die Verfassung dieser Provinzen darzulegen, wie ich es mit Livland tat, wo sie einige Aufklärung fand."

Dieser Landrat v. Ulrich war der damalige Besitzer von Haiba.

Schloß Hapsal/estn. Haapsalu

Hapsal/Haapsalu ist ein kleiner Ort, eine kleine Stadt, die sich an der Westküste Estlands befindet. Die Stadt entwickelte sich um ein altes Schloß herum. Ähnlich wie Arensburg auf Ösel ist das Schloß im 13. Jahrhundert erbaut worden, vermutlich schon im Jahre 1228 angefangen.

Auch dieses Schloß diente den Bischöfen von Oesel und der Wiek als Residenz. Im Laufe der Ordensgeschichte wird das Bischofsschloß mehrfach umkämpft und belagert, sowohl von den Russen als auch von den Schweden.

Nachdem Estland schwedisch geworden war, verkaufte schließlich der schwedische König Gustav Adolf am Beginn des 17. Jahrhunderts Hapsal an den Grafen Jakob de la Gardie. Das war im Jahre 1628. Von den Gardie ging der Besitz schließlich eine Generation später in Erbfolge an Graf Otto von Königsmark.

Bei den Königsmark blieb der Besitz bis zum Ende des 17. Jahrhunderts, ging aber dann in der allgemeinen Reduktionspolitik, als sich der schwedische absolutistische Staat herauskristallisierte, für die Familie verloren und fiel an die schwedische Krone.

Es folgte der Nordische Krieg (1700–1721), der weite Landstriche Estlands verwüstete. Im Jahre 1710 besetzte schließlich der russische General Bauer Hapsal. Damit war hier die russische Periode eingeleitet, wie ja nach 1721 Estland russisch wurde. Das Schloß Hapsal ist nach 1721 weitgehend mehr und mehr verfallen, bis es schließlich zur Ruine wurde.

Auch um dieses Schloß Hapsal gibt es zahlreiche Sagen und Legenden, und auch hier gibt es eine Geschichte von einer „weißen Frau", die im Schloß gesehen worden sein soll.

Es gab schließlich einen Ausbau, ein neues Schloß, das sich im 19. Jahrhundert in der Hand der Grafen de la Gardie befand. Hier hat Zar Alexander II. Station gemacht. Die Stadt wurde im Jahre 1784 Kreisstadt. Der Kreisarzt Dr. Carl Abraham Hunnius (1797–1851) begründete in Hapsal im Jahre 1825 eine Schlammbadeanstalt, die im weiteren Verlauf der Stadtgeschichte eine große Rolle spielte.

Der russische Musiker Peter Tschaikowsky hat in Erinnerung an den Aufenthalt in Hapsal eine Komposition „Souvenir de Hapsal" geschaffen, dieser Stadt und dem Schloß gewidmet.

Alt-Harm/estn. Ojasoo

Alt-Harm im Distrikt Harrien, im Kirchspiel Kosch, war um 1250 ein Dorf, das sich im Besitze des Heinrich v. Lübeck befand. Es besaß 25 Haken und hieß damals Hermä. Während der Zeit des Schwertbrüderordens (1227–1237) war Heinrich v. Athenthorp Besitzer des Dorfes gewesen, den Heinrich v. Lübeck mit Hilfe der Dänen aus dem Besitze verdrängt hatte.

Im 13. und am Anfange des 14. Jahrhunderts entstand neben dem Dorfe allmählich ein Gutshof, der den Namen Harmseleke führte. Nach ihm benannte sich ein estländisches Vasallengeschlecht, das 1325 zum ersten und zugleich letzten Male vorkommt, denn beim Estenaufstand von 1343 wurden sowohl der Gutshof als auch das Geschlecht vernichtet.

Im Laufe des 14. Jahrhunderts wurde der Hof an einer anderen Stelle neu errichtet und hieß nun Harme nach dem Dorfe. 1417 belehnte der livländische Ordensmeister Siegfried Lander von Spanheim den Jakob Ronne, den Stammvater der Familie Deken, mit Harm nebst vielen umliegenden Dörfern. Der Hof blieb bis 1554 im Besitze des Geschlechtes Deken. Dann ging der Hof nacheinander an die Familien Drolshagen und Asserien über und wurde geteilt, so daß es nun zwei Güter, Alt-Harm/Ojasoo und Neu-Harm/Harmi, gab.

Alt-Harm/Ojasoo kam 1602 an die Familie v. Bremen, dann um 1650 an Hermann Lode und schließlich am Ende der schwedischen Periode während des Nordischen Krieges (1700–1721) an den Landrat Hans Heinrich v. Tiesenhausen. Dessen Sohn und Enkel besaßen den Hof bis in die ersten Jahre der russischen Herrschaft.

Im 18. Jahrhundert waren Eigentümer des Gutes die Familien Uexküll, Engelhardt und wieder Tiesenhausen.

Im Jahre 1779 verfügte das estländische Oberlandgericht auf Bitte des Obersten Gustav Johann Baron Tiesenhausen die öffentliche Versteigerung des Gutes. Schließlich erhielt im Jahre 1787 den Besitz Wilhelm Johann Zoege v. Manteuffel (gest. 1816), Großvater des bekannten Malers Wilhelm v. Kügelgen, der in seinen „Jugenderinnerungen" anschaulich seine allerfrühesten Jugendjahre (1803-1807) auf Harm schildert, namentlich das bei aller äußeren Schlichtheit sehr hochstehende geistige Leben.

In Alt-Harm wurde auch 1793 als außereheliches Kind Peter Otto von Goetze geboren (Goeze – umgestellt aus Zoege, später Goetze). Goetze hat Schriften zur Geschichte und Dichtung hinterlassen. Er hat aber auch ein Buch verfaßt „Über Ehescheidungen, und ein in Vorschlag gebrachtes neues Ehegesetz", das 1815 in Dorpat erschien.

Karl Magnus Zoege von Manteuffel verkaufte Alt-Harm 1819 an Christoph v. Brevern.

Das Gut gelangte später an die Revaler Patrizierfamilie v. Wetterstrand, die es 1908 an Natalie Baronin Hoyningen-Huene verkaufte, der es bis zur Enteignung im Jahre 1919 gehört hat.

Auch nach der Enteignung verblieb diese Familie auf einem kleinen Resthof. In den 1930er Jahren wird auf Alt-Harm die Baronin Huene genannt, die noch 43 Hektar Land besaß.

So ist es im Staatlichen Archiv in Dorpat in den Akten der Livländischen Gemeinnützigen und Ökonomischen Sozietät aufgezeigt.

Das Herrenhaus aus Holz, unmittelbar an der Straße gelegen, befindet sich in den Restbeständen eines Parkes. Das Haus stand 1991 leer, Fenster eingeschlagen, verwahrlost. Auf dem Friedhof zu Kose/Kosch sind Gräber der Familien Manteuffel, Kotzebue und Uexküll. In der Nähe von Kose/Kosch befindet sich auch das Gut Ravila, 1991 ein Altersheim, einst Besitz des Dichters und Schriftstellers Peter Baron v. Manteuffel.

Neu-Harm/estn. Harmi

Neu-Harm im Distrikt Harrien im Kirchspiel Kose/Kosch ist von Alt-Harm im 16. Jahrhundert abgeteilt worden. Im Jahre 1646 wurde die Grenze festgelegt zwischen Alt-Harm/Ojasoo, das Rötger Lode, und Neu-Harm/Harmi, das Hedwig Drolshagen, Daniel Wagners Witwe, erhielt, gerichtlich festgestellt.

Letztere besaß das Gut noch 1663. 1678 gehörte Neu-Harm dem Leutnant Gert Lode, dessen Witwe Katharina Ulrich es 1692 ihrem Schwiegersohn Otto Zoege von Manteuffel verpfändete.

Dieser Pfandbesitz ging durch Zession 1697 an Jürgen Gustav Wrangell a. d. H. Koil und 1701 an den Oberstleutnant Niklas v. Vettern über, dessen Nichte das Gut dem Berend Otto Taube mit in die Ehe brachte.

Der Nordische Krieg (1700–1721) brachte die russische Herrschaft für Liv- und Estland, auch Wandel auf den Gütern.

Von den Taube müssen die Zoeges Neu-Harm zurückerworben haben, denn 1743 wurde es Otto Reinhold v. Zoege übermacht. Es blieb im Besitz dieser Familie, bis Peter Zoege v. Manteuffel das Gut 1882 an Emil Baron Maydell verkaufte.

Von ihm erwarb es 1885 Elisabeth v. Hippius.

Im Jahre 1910 wurde Neu-Harm mit Alt-Harm durch Kauf im Besitz von Natalie Baronin Hoyningen-Huene vereinigt, die beide Güter bis zur Enteignung 1919 besaß.

Im Jahre 1928 hat Pirang über das Herrenhaus von Neu-Harm/Harmi folgendes gesagt: „Das auf Restteilen eines älteren Gebäudes gleich nach 1800 errichtete estländische Herrenhaus Neu-Harm – zuletzt im Besitz der Barone von Hoyningen-Huene – entspricht dem echtbodenständigen Typus unsres Landbaus. Das langgestreckte, einstöckige Gebäude mit dem Pfannendach verzichtet nach Art des Bauernhauses auf jegliche Zierform. Der Dachboden ist nur Speicher und enthält keinerlei Wohnräume."

Hasik/estn. Haeska

Hasik im Distrikt der Wiek im alten Kirchspiel Martens, war eine Präbende des öselschen Domkapitels, die lange Zeit Philipp Westphal innehatte.

Nachdem Estland schwedisch geworden war, verlieh König Erich XIV. von Schweden Hasik dem schwedischen Rittmeister Claus Kursell. Zwar wurde das Gut von der Krone eingezogen, nachdem Kursell den Versuch gemacht hatte, das Schloß Reval dem Herzog Magnus von Schleswig-Holstein in die Hände zu spielen, dem Verbündeten der Russen, und dafür im Jahre 1570 hingerichtet worden war, aber bereits im Jahre 1572 wurde das Gut seinen Brüdern Wolter und Johann Kursell zurückgegeben.

Wolter Kursells Tochter heiratete Tönnis Wrangell zu Koil/Kohila. Dessen Nachkommenschaft erlosch im Mannesstamme im Jahre 1689, und Hasik kam durch Erbschaft an die Familie v. Kursell zurück, dann aber gelangte es für einige Zeit an das Geschlecht v. Bistram.

Später war das Gut im Besitz der Geschlechter v. Dücker und v. Silfwerharnisk. Im Jahre 1788 verpfändete Gustav von Silfwerharnisk das Gut an Reinhold Reichsgraf von Mengden auf 90 Jahre.

Doch schon 1792 wechselte der Besitz an die Familie v. Wartmann – im Jahre 1783 war in der Statthalterschaftsverfassung festgesetzt worden, daß Verpfändungen nur noch 10 Jahre gelten durften –. Und wiederum zwei Jahre später, 1794, wechselte das Gut an die Familie v. Vogdt. Dann gelangte der Besitz wiederum an die Wartmann bis zum Jahre 1885.

Für vier Jahre war der Besitz schließlich in der Hand von Elisabeth von Großmann, die das Gut 1890 an Ernst von Gruenewaldt veräußerte. Der letzte Besitzer bei der großen Agrarreform, der Enteignung des deutschbaltischen Großgrundbesitzes, war Hans v. Gruenewaldt.

Auf Hasik wurde ein schlichtes Herrenhaus aufgeführt, für zahlreiche Gutshäuser in Estland typisch.

Heimar/estn. Haimre

Heimar im Distrikt Wiek, im Kirchspiel Märjama, war ursprünglich ein Hof des Bischofs von Oesel. Der Ritter Wilhelm Fahrensbach, der mit kaum 10 Gulden ins Land kam, aber durch die Gunst seines Onkels, des Bischofs Winrich v. Kniprode (1383–1419 Bischof), zum Verwalter der Stiftsgüter gemacht, eignete sich das Gut sowie andere Kirchengüter an. Als der Bischof Kaspar Schuwenflug (1420–1423) die Rückgabe verlangte und in Rom günstige Urteile erwirkte, fand Fahrensbach Unterstützung bei den Vasallen. Der folgende Bischof, Christian Kuband (1423–1432), versuchte vergeblich, auf dem Wege gütlicher Verhandlung mit Fahrensbach zu einem Vergleich zu gelangen, da letzterer auch die Unterstützung des mit dem Bischof auf den Tod verfeindeten Ordens für sich gewonnen hatte.

Schließlich kam 1427 ein Vergleich zustande, nach welchem Fahrensbach Heimar behielt, die übrigen Güter aber ausliefern sollte. Auch diesen Vergleich brach Fahrensbach; im August fiel bewaffnetes Volk ins Bistum ein. Im September endlich wurde, nachdem der Orden sich von Fahrensbach zurückgezogen hatte, Heimar letzterem übergeben.

Es ist im Besitz des Geschlechts geblieben. Auf Heimar ist auch der bekannte Söldnerführer Jürgen Fahrensbach geboren. Als die Fahrensbach ausstarben, brachte die Erbtochter Kunigunde es dem Hans Wrangell zu Addinal im Jahre 1639 mit in die Ehe.

Das Gut kam dann durch Heirat im Jahre 1696 an die Familie v. Hastfer.

Im Jahre 1720 gelangte Heimar dann an die Familie v. Bühl, 1750 an die Barone Uexküll, 1768 an das Geschlecht v. Huene. Kreisrichter a.D. Bernhard J. v. Hoyningen-Huene erhielt Heimar für 32 000 Rubel. Abermals gelangte das Gut dann an die Barone Uexküll und schließlich an den Landrat Baron Buxhoeveden im Jahre 1898.

Heimthal/estn. Heimtali

Heimthal/Heimtali, im einstigen estnischsprachigen Nordlivland gelegen, 1918 zur neuen Republik Estland gekommen, hieß früher Kurwitz und war eine Pertinenz, d. h. als Nebenhof ein rechtliches Zubehör von Euseküll/Oisu, welches im Jahre 1744 die Kaiserin Elisabeth dem Admiral und Mitbegründer der russischen Seemacht unter Peter dem Großen Peter v. Sivers verliehen hatte.

Der Hof Kurwitz, welcher auf dem Boden von vier eingezogenen Bauerwirtschaften in wald- und wildreicher Gegend lag, wurde erst 1789 ein selbständiges Gut – als es bei der brüderlichen Erbteilung Peter Reinhold v. Sivers übernahm.

Dieser nannte das Gut im Jahre 1793, in Erinnerung an seine verstorbene Braut Luise Heimenthal, Heimthal.

Der Kreismarschall und Landrat Peter v. Sivers war im übrigen wie seine Vettern aus dem Hause Euseküll der Livländischen Gemeinnützigen und Ökonomischen Sozietät eng verbunden. Er war von 1813 bis 1835 einer der jeweiligen 12 Mitglieder dieser agrarischen Gesellschaft und hat für die allgemeine Entwicklung der Landwirtschaft im Baltikum sehr viel getan.

Nach seinem Tode übernahm 1851 sein Sohn, Hermann Friedrich von Sivers, das Gut und vergrößerte es, indem er mehrere Landstücke der Güter Euseküll und Karlsberg/Kaarli hinzukaufte.

Dessen Sohn Fromhold Peter Friedrich v. Sivers war seit 1880 der letzte Besitzer des Gutes Heimthal, das er durch die allgemeine Enteignung aller Güter in Estland 1919 verlor. Das Gut wurde im Rahmen der Bodenreform aufgesiedelt.

Die Sivers hatten eine große Passion für Pferde. Sie schufen in Heimthal eine Manege in Rundform, die in ihren Ausmaßen ihresgleichen in Europa suchte. Ein Gestüt gibt es auch heute, u.a. gibt es in Heimthal Trakehner-Pferde, deren Herkunft Schicksale vermuten läßt.

In Heimthal wurde im 19. Jahrhundert eine Kolonie von Landstellen angelegt. Auch nach der Enteignung von 1919 verblieb den Kolonisten Landbesitz. In den 1930er Jahren werden auf Heimtal 31 Kolonistenstellen mit insgesamt 721,5 Hektar Land genannt.

Im Herrenhaus, in der ersten Hälfte des 19. Jahrhunderts aufgeführt, befindet sich nun, 1992, eine Schule – wie in so vielen anderen baltischen Herrenhäusern. Vom „Kolchosbetrieb" war sie getrennt. Pirang verweist darauf, daß nach Familienüberlieferung der Sivers, der Entwurf zu diesem Herrenhaus von Goethe stammen soll. Vermutlich handelt es sich dabei um den Baumeister Johann Friedrich Frh. v. Eosander, gen. Eosander v. Göthe (um 1670–1729), der in Livland geboren war –, und seine Mitarbeit am Herrenhaus wird sich auf einen

Heimthal/estn. Heimtali (ehemalige Brennerei)

Vorgängerbau beziehen. Pirang hat leider nichts weiter über diese Siverssche Familientradition berichtet.

Der mittlere Teil des Herrenhauses ist dreigeschossig, die Flankenteile sind zweigeschossig und die Endbauten eingeschossig.

Auf dem Wege zum Gut befindet sich ein 1837 als Brennerei entstandenes Gebäude, in dem später eine Käserei untergebracht wurde. Dieses Gebäude mutet an wie eine mittelalterliche Burg – im Tudor-Stil. Im Jahre 1985 wurde in diesem wohl erhaltenen Gebäude ein gastronomisches Unternehmen untergebracht, das zu Hochzeiten und ähnlichen Veranstaltungen gemietet werden kann.

Hellenorm/estn. Hellenurme

Hellenorm/Hellenurme gehörte ursprünglich zu der Tiesenhausenschen Besitzung Kongota. Bartholomäus Tiesenhausen trat das sogenannte Dorf Helvenurme im Jahre 1382 seinem Vetter Johann Tiesenhausen ab. Zur polnischen Zeit unter König Stephan Bathory von Polen, der von 1576 bis 1586 regierte, wurden die meisten Tiesenhausenschen Güter eingezogen.

Hellenorm wurde dem größeren Besitz Odenpäh/Otepää zugeteilt. Zusammen mit diesem Gute wurde es 1641 dem Feldmarschall Hermann Freiherr v. Wrangell verliehen, der diese Güter 1672 seiner Schwiegertochter Christine Wrangell geb. Gräfin Wasaburg vererbte. Nach deren Tod fielen die Güter noch am Ende des 17. Jahrhunderts, im Rahmen der schwedischen Güterreduktionspolitik, dem Staate zu.

Eine Änderung trat wieder am Ende des Nordischen Krieges (1700–1721) ein, nachdem die baltischen Provinzen russisch geworden waren. Nach dem Frieden von Nystad (1721) „restituierte" Kaiserin Katharina I. 1725 Hellenorm sowie Wrangellshof/Varangu, Oberpahlen/Poltsamaa und andere Güter dem einstigen schwedischen Generalfeldmarschall Grafen Dücker, dessen Schwiegermutter eine Wrangell war.

Karl Friedrich Graf Dücker verkaufte Hellenorm und Wrangellshof 1738 dem Hofgerichtsassessor und späterem Landrat Axel Heinrich v. Bruiningk. Anlaß wird gewesen sein, daß die Familie von Dücker immer noch auf die schwedische Karte setzte, dem herzoglichen Haus Schleswig-Holstein-Gottorp zugleich verpflichtet war wie etwa der russische Kammerherr Gottschalk Heinrich von Dücker (1710–1770), der aber 1747 aus Rußland abgeschoben wurde.

Hellenorm/estn. Hellenurme

Hellenorm verblieb über ein Jahrhundert bei den Bruiningk. 1802 trat der spätere Landrat, bekannte Pietist und Agrarreformer Karl Axel Christer Baron Bruiningk die Besitzfolge an. Dieser war von 1835 bis 1846 Präsident der Livländischen Gemeinnützigen und Ökonomischen Sozietät, die von 1792 bis 1918/1939 gleichsam als eine Art Landwirtschaftskammer segensreich für das ganze Land gewirkt hat.

Ihm folgte 1842 sein Sohn, der Landrichter Ludolf August Baron Bruiningk, der Hellenorm aber im Jahre 1850 dem Geheimrat und namhaften, bis heute nicht vergessenen Naturwissenschaftler Theodor v. Middendorff (gest. 1894) verkaufte. Dessen Sohn Ernst von Middendorff, 1916 gestorben, folgte als Besitzer von Hellenorm. Dessen Erben wurde das Gut im Jahre 1919 im Zuge der allgemeinen Bodenreform enteignet. Das Gut wurde aufgesiedelt und damit auch das Schicksal des Herrenhauses auf Dauer ebenfalls besiegelt, das nun nicht mehr Mittelpunkt des Gutes und gleichzeitigen Verwaltungsbereiches darstellte. Dennoch haben die Middendorff auf Hellenorm bis in die 1930er Jahre auf einem Resthof gewirtschaftet.

Das Herrenhaus stammt aus der ersten Hälfte des 18. Jahrhunderts und ist vermutlich nach 1738 entstanden, als die Barone Bruiningk das Gut erworben hatten. Hellenorm gehört zu jenen Bauten, die früh einen Mittelrisalit erhielten. Bei Pirang heißt es:

„Ein frühes Beispiel ist das kleine livländische Herrenhaus Hellenorm, das die von Middendorff besaßen. Hier herrscht noch echtes Barock. Die Hausmitte ist durch einen zweiachsigen Risaliten betont. Der Eingang liegt seitlich."

Am Hof gibt es eine bemerkenswerte runde Klete, eine Feldscheune. Die Kleten wurden im übrigen im Sommer bisweilen auch als Gästewohnungen genutzt.

Im hübschen Herrenhaus befindet sich seit einigen Jahren ein Waisenhaus. Spielende Kinder vor dem keineswegs in gutem Zustand befindlichen Herrenhaus erwecken Trauer.

Etwa einen Kilometer vom Hof entfernt befindet sich ein weitgehend verwahrloster Middendorffscher Familienfriedhof, freilich mit Hinweis einer Denkmalsbehörde auf den Naturwissenschaftler Middendorff. Die Grabstellen von Alexander v. Middendorff (1815–1894) und Ernst v. Middendorff (1851–1916) sind erhalten, andere Grabstellen zerstört.

Schloß Helmet/estn. Helme

Schloß Helmet/Helme liegt in der einst zu Livland gehörenden Gegend, in der estnisch gesprochen wurde und die bei Gründung der estnischen Republik 1918 zu Estland gelangt war. Eine Ordensburg wurde in Helmet, daher die Bezeichnung Schloß, vom Deutschen Orden im 13. Jahrhundert erbaut. Diese wurde zum Tafelgut des Ordensmeisters von Livland bestimmt.

Obgleich diese Burg nicht zu den bedeutendsten Bauten Alt-Livlands gehörte, blieb die Burg während der Ordenszeit unversehrt vor feindlichen Zugriffen. Erst im Jahre 1575 ergab sich Helmet aus Furcht vor den Russen unter Ivan IV. dem Herzog Magnus von Holstein, dem vom Zaren schließlich ernannten König von Livland – und blieb bis zu dessen Tode in seinem Besitz.

In der folgenden Zeit waren die sieben zum großen Verwaltungsbereich des Gutes Helmet gehörigen weiteren Güter im Besitz von Polen.

Schließlich am Beginn des 17. Jahrhunderts faßten die Schweden Fuß in jener Gegend. Schwedischer Einfluß machte sich bemerkbar. Der schwedische König Gustav Adolf verlieh große Besitze an schwedische Feldherrn in den neuen baltischen Provinzen – so auch im Jahre 1624 Schloß Helmet an den Feldherrn Jakob Pontus de la Gardie, auf dessen Namen die verballhornte deutsche Wendung „hinter schwedischen Gardinen" zurückgeht.

Schloß Helmet/estn. Helme

Dessen Sohn, Graf Magnus Gabriel de la Gardie, verkaufte Helmet 1666 an Franz v. Dreiling, den Ältermann der Großen Gilde zu Riga.

Die alte Ordensburg wurde schließlich im Jahre 1658 von den Schweden gesprengt, und seitdem blieb lediglich eine Ruine erhalten. Bei der Teilung des Dreilingschen Nachlasses noch während des Nordischen Krieges (1700–1721) fiel Schloß Helmet 1718 dem Schwiegersohn Franz v. Dreilings, dem Ratsherrn Georg Rennenkampf – seit 1728 durch Diplom des Kaisers Karls VI. Edler von Rennenkampf – zu.

Der Besitz verblieb nun über ein Jahrhundert bei dieser baltischen Familie, deren einer Zweig „verrußte" und bekannt wurde durch einen russischen General des Ersten Weltkrieges.

Im Jahre 1783 wurde auf Helmet auch Alexander Edler von Rennenkampf geboren, der 1854 in Oldenburg gestorben ist, im Dienste des regierenden Herzogs v. Oldenburg.

Von ihm stammen auch „Fragmente aus den Briefen eines Reisenden aus Liefland", 1895 in Göttingen erschienen.

Im Jahre 1866 veräußerte Gustav Edler v. Rennenkampf das Gut an Georg v. Transehe. Dr. Astaf v. Transehe, der 1877 Helmet geerbt hatte, verkaufte es 1892 an Harald v. Stryk. Die Familie von Stryk wurde 1919 im Zuge der allgemeinen Bodenreform, als sämtliche Güter gesiedelt wurden, enteignet.

Auch auf Helmet trat nun das übliche Schicksal eines baltischen Herrenhauses auf, das nun, vom Gute getrennt, auf Dauer nicht mehr zu halten war.

Das Herrenhaus stammt aus den 1740er Jahren, ist wohl von den Rennenkampf aufgeführt worden. Das Haus ist nicht gut erhalten, bedarf einer intensiven Renovierung, die freilich ohne sinnvolle Folgenutzung auf Dauer nicht wirksam sein kann.

Der baltische Schriftsteller Bienemann gibt in seinem Buch „Aus vergangenen Tagen" ein Tagebuch eines Rittes wider, das ein Rennenkampf geschrieben hat und auch Helmet beschreibt.

Der Park von Helmet ist wie die meisten Parks auf den Herrenhöfen, in seinem alten Baumbestand erhalten.

Herküll/estn. Härgla

Herküll im Distrikt Harrien im Kirchspiel Jörden gehörte um 1250 als Dorf Herkial von 10 Haken dem Henricus de Helde. 1325 erscheint ein dänischer Vasall Röle de Herkyla oder Herkele, dessen niederdeutscher Name, nach seinem redenden Wappen, das drei abgehauene menschliche Füße zeigt, Foot war.

Bertram Treyden vermachte 1467 Herküll dem Wolmar Treyden, und Hans Treyden verkaufte 1516 Herküll der Witwe des Hans Maydell, Margarethe Dönhoff.

Ihre Enkelin, Anna Maydell, war in erster Ehe mit Otto Uexküll zu Ass und Fickel verheiratet und hatte einen Sohn Otto Johann, der 1630 Herküll dem zweiten Mann seiner Mutter, Johann Uexküll zu Padenorm, abtrat.

Dessen Nachkommen, die den Zunamen Gyldenband annahmen, besaßen Herküll bis in die russische Zeit, das heißt seit dem Ende des Nordischen Krieges (1721).

Das Gut gelangte dann in die Hand der Familie v. Rehbinder, dann in die der Barone v. Fersen, abermals der Uexküll-Gyldenband und des Geschlechtes v. Wrangell.

Im Jahre 1793 kam es zur Versteigerung des Gutes. Damaliger Eigentümer war Sigismund Baron Uexküll-Gyldenbandt, damaliger Pfandbesitzer war Baron Wolter Baron Stackelberg.

Robert A. Graf Douglas erwarb im selben Jahre das Gut für 60 000 Rubel. Im Jahre 1796 wurde es verkauft an die Familie v. Mohrenschildt und im Jahre 1800 weiterveräußert an die Wrangell.

Vermutlich in der Besitzzeit der Wrangell, um 1820, wurde ein neues Herrenhaus aufgeführt, das an jenes in Walck erinnert. Auffallend ist der breite Säulenvorbau. Heinz Pirang merkt 1928 kritisch an: „Die lebhafte rhythmische Gliederung dieses leichteren Bauteils steht in zu starkem Kontrast zur frostig wirkenden, kahlen Wandfläche des Gebäudes. Herküll gehört ausgesprochenermaßen dem russischen Formenkreise an."

Im Jahre 1858 wurde das Gut dann wiederum veräußert, diesmal an die Familie von Rosenthal. Den Erben von Reinhold v. Rosenthal wurde das Gut im Jahre 1919 im Zuge der allgemeinen Agrarreform enteignet.

Hördel/estn. Höreda

Hördel im Distrikt Harrien im Kirchspiel Jörden, gehörte nach dem Liber census Daniae um 1250, damals Hoeretha genannt, dem König von Dänemark. Es erscheint dann 1379 in der Regierungszeit des Ordensmeisters von Livland, Wilhelm v. Vrimersheim, als Lehen des Geschlechtes v. Lechts.

Im Jahre 1456 verkauften das Gut die Brüder Tödwen an die Familie v. Taube. Noch 1512 besaß es die Witwe von Otto Taube. Im Jahre 1522 ging Hördel von Hans Rosen an Otto Vietinghoff; bald darauf war es wieder in den Händen der Taube, denn Dirik Taube überließ es seinem Schwiegersohn Evert Wrangell, der 1544 mit Hördel belehnt wurde.

Im Jahre 1586 war es noch ein Dorf von Sicklecht, das aber dann als Mitgift von Anna v. Wrangell an Claus Hastfer von Sommerhusen kam, der es seinem jüngsten Bruder Carl abtrat. Dieser verkaufte Hördel an Berend Taube, und in dessen Familie verblieb das Gut nun wieder, bis Magnus Siffert Baron Taube es im März 1710 dem Kapitän Hinrich Joh. v. Fock verkaufte.

Da dieser Zweig der Focks sich nach Schweden wandte, ging Hördel nach dem Nordischen Krieg (1700–1721), als die Provinzen Liv- und Estland russisch geworden waren, an die Barone v. Toll im Jahre 1733. Es war dann seit 1750 im Besitz der Familie v. Baggehuffwudt, war darauf längere Zeit in der Hand der Staal, dann der Baumgarten, im Jahre 1820 in der Hand der Familie von Kalen.

Im Jahre 1831 verkaufte Magnus v. Baumgarten das Gut an eine Baronin Rosen geb. v. Rigby. 1853 kam Hördel durch Kauf an Georg Wolter Baron Stackelberg. Den Erben seines gleichnamigen Sohnes wurde Hördel in der Agrarreform 1919 enteignet. Doch die Stackelberg verblieben auch nach Siedlung der estländischen Güter auf einem Resthof in Hördel. In den 1930er Jahren wirtschafteten sie auf Hördel mit 100 Hektar Land, eine Größe, die für damalige Zeiten über dem allgemeinen Durchschnitt lag.

Das Herrenhaus von Hördel stammt in seinen Ursprüngen aus der zweiten Hälfte des 18. Jahrhunderts, damaliger Bauherr war Gideon v. Stahl (Staal). Umbauten stammen aus dem 19. Jahrhundert.

Heinz Pirang sagt 1928 über dieses „ungewöhnlich reich gegliederte und durch Teilung aufgelockerte" Herrenhaus:

„Alle typischen Elemente der klassizistischen Formensprache kommen an diesem Bau fast pathetisch zur Anwendung. Drei Querflügel gliedern ihn, jeder von ihnen hat eine dekorative Säulenstellung. Eine flache Laterne krönt den Mittelbau. Russischer Einfluß ist hier unverkennbar. Eine in mancher Beziehung ähnliche Baugestaltung hat das Scheremetjewsche Landschloß Ostankino bei Moskau."

Am Herrenhaus, das 1992 leer stand, wird gebaut, das Dach in Ordnung gebracht. Es heißt, es solle dort ein Golfclub Estonia untergebracht werden.

Hollershof/estn. Holdre

Das Gut Hollershof, im einstigen Nordlivland gelegen, ist aus mehreren Dörfern des Schloßgebietes Helmet entstanden, die unter polnischer Herrschaft an verschiedene Polen verliehen wurden, bis im Jahre 1597 der ganze Besitz an den polnischen Rittmeister Heinrich Ramel verlehnt wurde, der ihn 1598 dem Palm Rigemann verkaufte.

Von diesem erbte das Gut der Stiefsohn Caspar Holler, dem es 1630 von König Gustav Adolf bestätigt wurde und nach dessen Familie das Gut seinen deutschen Namen erhielt.

In dessen Geschlecht vererbte sich nun das Gut, bis es durch die Heirat seiner Urenkelin mit dem Kaptiän Niels Eckströhm in den Besitz letzterer Familie überging und sich in ihr forterbte, bis die Erben des Postdirektors Carl Friedrich Eckströhm das Gut 1794 dem Stabsarzt Jakob Johann Reichard verkauften. Von ihm erbte das Gut 1841 seine Tochter Amalie, Witwe des Kapitäns Teibner, und vererbte es 1855 auf ihren Sohn, dem Kapitän George Ludwig Teibner. Dieser verkaufte den Besitz 1867 dem Lemsalschen Bürger Wilhelm Schwartz, der es 1884 dem Hofgerichts-Assessor Max v. Oettingen veräußerte.

Letzterer verkaufte es an Ernst Schwarz und dieser an Alexander v. Grewingk. Von diesem erwarb das Gut 1908 Woldemar v. Ditmar.

Alt-Isenhof/estn. Purtse

Alt-Isenhof/Purtse im Distrikt Wierland, im Kirchspiel Luggenhusen, hieß bis in das 19. Jahrhundert hinein Purtz. Der estnische Name lautet entsprechend. Es war in der Mitte des 13. Jahrhunderts ein königliches Dorf von 6 Haken, muß aber bald darauf verlehnt worden sein, denn im Jahre 1277 erscheint ein Knappe Engel Purdis, dessen Wappen beweist, daß er dem Geschlecht Buxhoeveden angehörte.

Diese dem Gut gleichnamige Familie von Purdis oder Purtz ist erst im 16. Jahrhundert erloschen, ihr Stammgut scheint sie aber früh eingebüßt zu haben, denn es erscheint später als ein Dorf des Gutes Isen, das als uralter Besitz des Geschlechtes von Lode galt und noch im Jahre 1497 dem Otto Lode gehörte. Bald darauf ist Isen (Issen) an die Familie v. Taube gekommen, die in der Nachbarschaft reich begütert war: 1533 erhielt bei einer brüderlichen Teilung Otto Taube Etz, Jürgen Taube die Höfe Is(s)en und Purtz. Seitdem nennt sich ein Zweig der Taube nach dem einen Gut „Taube von der Issen".

Nach dem livländisch-russischen Kriege im 16. Jahrhundert besaß das Gut Isen Loff v. Taube; Berend Taube zu Issen verkaufte Purtz an Graf Jakob de la Gardie, der es aber Heinrich v. Flemming a.d.H. Eckeby überließ.

Dessen Enkel Claus Flemming zu Lais scheint es nach dem Nordischen Kriege (1700–1721) den Enkeln seiner dem Freiherrn Hans

Ralamb vermählten Schwester Ingeborg übereignet zu haben, denn deren Vater, der Kammerrat Claes Ralamb, verkaufte die Güter seiner unmündigen Kinder Purtz und Klein-Pungern 1731 für 10 000 Reichstaler dem nachmaligen Ritterschaftshauptmann und schleswig-holsteinischen Generalmajor Otto Magnus v. Stackelberg a. d. H. Jägel und Kudding. Derselbe kaufte im folgenden Jahre von den Erben des Rittmeisters und Mannrichters Wolter Reinhold v. Gruenewaldt zu Affel und Klein-Goldenbeck gleichfalls für 10 000 Reichstaler das benachbarte Puhs.

Dies ursprüngliche Taubesche Gut hatte der nach Dänemark ausgewanderte Peter Taube 1621 dem Reichskanzler Axel Oxenstierna verkauft, dessen Erben es erst in russischer Zeit, nach 1721, wieder veräußerten.

Otto Magnus Stackelberg erwarb außer anderen Gütern noch 1750 Kochtel und 1751 Hirmus, ferner 1752 Worofer. Diese Güter fielen 1765 an seinen Sohn Otto Magnus v. Stackelberg, den kaiserlichen russischen Gesandten in Madrid, Warschau und Stockholm, der 1775 Reichsgraf wurde. Dieser erwarb 1763 Errides hinzu und löste Woroper ein. Nach seinem Tode im Jahre 1800 teilten seine Söhne den Besitz, doch übernahm der jüngere, Gustav Ernst – wie sein Vater Diplomat und Vertreter Rußlands auf dem Wiener Kongreß –, bald den ganzen Güterkomplex. Er teilte den Besitz unter seinen vier Söhnen auf, vermachte seinen Söhnen Otto Paggar, Ernst Alt- und Neu-lsenhof (ehemals Puhs) (heute im Estnischen Püssi genannt), Woroper und Hirmus, Alexander Kochtel und Errides und dem ältesten Sohne Otto außerdem 1 Million Franken zwecks Stiftung eines Majorats.

Otto Graf Stackelberg kaufte darauf 1854 die Güter seiner Brüder und stiftete 1876 aus Alt- und Neu-Isenhof, Kochtel, Errides, Hirmus und Woroper ein Majorat, das nach seinem Tode 1889 auf seinen Sohn Ernst überging, der es bis zur Enteignung im Jahre 1919 besessen hat.

Das gedrungen wirkende, viereckige Herrenhaus befindet sich heute in sehr gutem Zustand. Es ist ein sogenanntes „Kulturzentrum".

Jendel/estn. Jäneda

Jendel liegt im Distrikt Jerven im Kirchspiel Ampel. Der estnische Name von Jendel lautet Jäneda.

Bezeugt ist, daß im Jahre 1586 Hermann Mundes das Gut erwarb.

Am Beginn des 17. Jahrhunderts hatte für einige Zeit Heinrich Rotthausen, der in Reval gestorben ist, Jendel besessen. Dann war es in der Hand der Familie von Maydell gewesen.

1663 ist Jendel in der Hand von Dietrich von Taube und schließlich im Jahre 1678 in der Hand des Feldmarschalls Fabian von Fersen aus dem Hause Maart. Doch auch dieser blieb nicht lange im Besitz des Gutes. Im Jahre 1702 folgte der Landrat Lohde und im weiteren Verlauf des Nordischen Krieges (1700–1721), seit dem Jahre 1716, die Familie von Brümmer.

Die Kaiserin Elisabeth hatte durch den russischen Oberhofmarschall und geborenen Estländer Otto Friedrich von Brümmer (1690–1752), der aus dem Hause Jendel stammte, der Fürstin Johanna Elisabeth von Anhalt-Zerbst mitteilen lassen, daß sie mit ihrer Tochter – der späteren Zarin Katharina II. – nach Rußland reisen sollte. Dies sollte unter dem Namen einer Gräfin von Reinbek geschehen.

Brümmer hat schließlich nach Verlust seines estnischen Gutes, im Jahre 1744, livländischen Güterbesitz erworben – so berichtet es Julius von Eckardt in seinem Buch über Livland im 18. Jahrhundert.

Im Jahre 1730 war Jendel bereits im Besitz von Martin Ewald Fock, der im nämlichen Jahre einen Krug anlegen durfte. Die Fock waren vor allem in Saggad/Sagadi angesessen, deren Herrenhaus heute ein Wald- und Forstmuseum darstellt. Dann im Jahre 1733 erwarb Jendel die Familie von Engelhardt.

Im Jahre 1773 wurde das Gut Jendel von dem Major Gustav Friedrich von Engelhardt an den Leutnant Adam Gustav von Baggehuffwudt für 35 000 Rubel verkauft. Fünf Jahre später, im Jahre 1778, verkaufte die Witwe Helene von Baggehuffwudt geb. von Schwenghelm das Gut an ihren Bruder Georg Wilhelm von Schwenghelm für 41 000 Rubel.

Im Jahre 1792 verpfändete dieser das Gut auf 80 Jahre an den Gouvernementsmarschall Hermann Ludwig von Löwenstein für 49 000 Silberrubel. Die Verpfändung war häufig ein erster Schritt in Richtung des Verkaufes eines Gutes. So geschah es auch mit Jendel.

Im Jahre 1807 wurde dieser Pachtvertrag in einen Kaufvertrag umgewandelt. Doch noch keine Generation später, im Jahre 1823, verkauften die Löwenstein den Besitz an die Familie von Rehbinder, d.h. zunächst wurde wiederum ein Pachtvertrag auf 10 Jahre geschlossen. Doch es kam zum Konkurs und zu einer Versteigerung des Gutes, so daß im Jahre 1833 die Familie von Benckendorff in den Besitz von Jendel gelangte.

Im Jahre 1881 ist nochmals ein Erbvertrag erfolgt, an dem der Landrat Hermann von Benckendorff beteiligt war. Alexander von Benckendorff erhielt für einen Preis von 125 000 Rubel Jendel.

In Jendel entstand in den Jahren von 1913 bis 1915 ein neues Herrenhaus, in Backstein, im Stile des Historismus, wie es im ganzen Ostseeraum um die Jahrhundertwende zu finden ist. Die Stallgebäude mit

Jendel/estn. Jäneda

den so typisch eingefügten Feldsteinen in den Backsteinbauten weisen allerdings die klassische Arkadenform auf. Im Herrenhaus von Jendel befindet sich 1992 die Verwaltung des staatlichen landwirtschaftliches Betriebes.

Jensel/estn. Kuremaa

Jensel im einstigen Nordlivland bildete einen Teil der alten Besitzungen der Familie v. Wrangell im Bistum Dorpat – ohne daß sich jedoch das genauere Datum des ersten Erwerbs feststellen ließe.

Unter polnischer Herrschaft wurde der Besitz zwar dem Geschlecht genommen und dem Andreas Chotkowsky verliehen, indes von Fabian Wrangell, dem Sohn des Vorbesitzers, des Stiftsrates Johann Wrangell, 1598 zurückgekauft. Sein Sohn, der Rittmeister Fabian Wrangell besaß Jensel 1629.

In der Folgezeit gelangte das Gut an die Familie v. Ungern-Sternberg, in deren Besitz es verblieb bis der Landrat Konrad Baron Ungern-Sternberg es 1748 an Moritz Wilhelm v. Pistohlkors veräußerte.

Aus dessen Konkurs kaufte das Gut 1810 die „Livländische Adelige Güter-Kredit-Sozietät" und verkaufte es 1821 dem Landrat Reinhold Wilhelm v. Liphart. Von ihm erbte das Gut 1829 sein Enkel Carl Eduard v. Liphart und verkaufte es 1834 dem Landrat Alexander v. Oettingen, der es 1846 auf seinen Sohn, den Landrat Eduard v. Oettingen, vererbte.

Eduard von Oettingen (1829–1919) war langjähriger Präsident der 1792 gegründeten Livländischen Gemeinnützigen und Ökonomischen Sozietät und hat segensreich für die Landwirtschaft in Livland und Estland gewirkt. In den Protokollen der Sozietät kommt dieses zum Ausdruck. Oettingen war seit dem Jahre 1855 Mitglied der Gesellschaft und war von 1882 bis 1900 ihr Präsident. 1892 wurde in Jensel die 100-Jahr-Feier vorgenommen, deren man 1992 in einem Kongreß in Dorpat anläßlich der 200-Jahr-Feier gedachte.

Unter Oettingen wurde die Ökonomische Sozietät die landwirtschaftliche Repräsentation im Baltikum schlechthin – gleichermaßen für Deutschbalten und Esten und Letten bedeutsam. Eduard von Oettingen, der die politische Bedeutsamkeit der Ritterschaft im Jahre 1892 schon stark eingeschränkt sah, schrieb damals:

„Seitdem nun im Gange der Geschichte die Wirksamkeit der ständischen Corporation in den Hintergrund geschoben ist, wird die Sozietät einen Teil der Erbschaft, die Vertretung landwirtschaftlicher Aufgaben, übernehmen müssen."

Eduard v. Oettingen trat Jensel nach 60jährigem Besitz noch zu seinen Lebzeiten im Jahre 1906 seinem Sohn, dem Landrat Erich v. Oettingen, ab. Erich von Oettingen wurde das Gut im Zuge der allgemeinen Agrarreform 1919 enteignet.

Jerlep/estn. Järlepa

Jerlep, im Distrikt Harrien im Kirchspiel Jörden gelegen, ist in der Teilung zwischen dem Major Joh. Andreas v. der Pahlen und dem Obristen Hans Baron Rosen von dem Gute Sellie/Selli abgeteilt worden, wobei es ersterem zufiel und durch dessen Tochter an Hinrich Johann v. Knorring kam. Dessen Sohn Johann Andreas v. Knorring besaß Jerlep noch 1720. Die Knorring waren in Livland angesessen, gehörten zur dortigen Ritterschaft, erst seit 1746 auch zur estländischen. Ein herausragender Repräsentant der Familie während des 18. Jahrhunderts war der russische General Gotthard Johann von Knorring (1744–1825), der in den Jahren von 1788–1790 Generalquartiermeister im schwedisch-russischen Krieg war. Doch zu jener Zeit war das Gut Jerlep schon längst aus der Hand der Familie gekommen.

Im Jahre 1733 gehörte das Gut Jerlep dem Assessor Reimers und war noch im Jahre 1796 im Besitz von Heinrich Reimers und kam dann vor 1818 an dessen Schwager, Friedrich Philipp v. Krusenstern.

Dessen Sohn, Peter Alexis v. Krusenstern, verkaufte Jerlep 1880 an Dr. med. Otto v. Gruenewaldt. Und dieser veräußerte das Gut 1888 an die Familie v. Lueder, die es wiederum an Otto v. Krusenstern abtrat.

Diesem wurde der Besitz bei der allgemeinen Agarreform, der Enteignung und Aufsiedlung aller Güter in Estland im Jahre 1919 enteignet.

Jerwakant/estn. Järvakandi

Didrich Fahrensbach verkaufte im Jahre 1460 acht Dörfer im Kirchspiel Rappel, im Distrikt Harrien gelegen – darunter Jerwakant –, an Arndt Vietinghoff. Dieser übergab im Jahre 1485 Jerwakant, bereits als Hof, seinem Sohne Arndt, der ihn aber 1534 Fabian Tiesenhausen „dem Reichen" (gest. 1558) verkaufte.

Jerwakant fiel nun an dessen gleichnamigen Sohn. Dessen Söhne teilten sich 1579 den Besitz derart, daß Eilert Tiesenhausen, später Ritterschaftshauptmann, Jerwakant erhielt. Seine Tochter heiratete Hermann Wrangell. So gelangte der Besitz in diese Familie. Dessen Sohn Hermann verkaufte Jerwakant 1672 an Fromhold Jürgen Wrangell. Dessen Sohn starb 1710 an der Pest, die während des Nordischen Krieges (1700–1721) auch in Estland wütete.

Durch Erbschaft gelangte dann das Gut an die Familie v. Berg. Und wiederum wechselte das Gut den Besitzer: Wilhelmine v. Berg geb. v. Meck verkaufte Jerwakant im Jahre 1743 an Friedrich Johann v. Staal, von dessen Witwe Charlotte geb. v. Albedyll es ein Neffe, Sohn ihrer Schwester, Otto Reinhold Taube v. d. Issen, im Jahre 1796 erbte.

Es heißt, daß Jerwakant als Dotation von Katharina II. an Staal gekommen war. Er war der Erzieher der herzoglich schleswig-holsteinischen Prinzen aus der fürstbischöflichen Linie Eutin, Söhne des Herzogs Georg Ludwig von Schleswig-Holstein.

Es heißt auch von Staal bei August Wilhelm Hupel, dem schreibenden und sammelnden Pastor zu Oberpahlen/Pöltsma, in bezug auf die Landwirtschaft, daß er die vom Grafen August Mellin nach Estland gebrachten Kamelhaarziegen aus Italien auf Jerwakant eingeführt habe.

Auch die Taube widmeten sich intensiv der Landwirtschaft. Die Taube verblieben nahezu ein Jahrhundert auf Jerwakant, verkauften den Besitz aber im Jahre 1893 an das Geschlecht v. Hoyningen-Huene.

Im Revolutionsjahre 1905 wurde das Herrenhaus, das „nach russischem Muster in spielerisch-dekorativer Bauart" gebaut worden war – wie Pirang gesagt hat –, ein Opfer der Flammen. Im ganzen Baltikum wurden damals nahezu 200 Herrenhäuser abgebrannt.

Pirang hat an dem einstigen Herrenhaus aus kunsthistorischer Sicht bemängelt, daß die Fenster im Verbindungsbau zu niedrig gewesen seien. Die Säuleneinteilung an der Risalitecke sei mißglückt gewesen.

1910 kam das Gut durch weiteren Verkauf an Alexander v. Harpe, der es bis zur Enteignung durch die große Argarreform im neu gegründeten estnischen Staat im Jahre 1919 besessen hat.

Ruinen des 1905 zerstören Hauses leuchten heute durch die Bäume, künden von verklungener Pracht – sic transit gloria mundi.

Jotma/estn. Jootme

Jotma/Jootme im Distrikt Jerwen, im Kirchspiel Ampel wird im Mittelalter als ein Dorf im Kirchspiel Ampel/Ambla benannt, das sich aus 10 $^{1}/_{2}$ Haken zusammensetzte und zum Ordenshof Alp/Albu gehört hat.

Wie sehr viele Dörfer im alten Landkreis Jerwen, wurde ebenfalls Jotma von der schwedischen Krone zur „Befriedigung ihrer Gläubiger" verwandt.

Im Jahre 1583 verpfändete die schwedische Reichsregierung das Dorf einem der vom Zaren Iwan dem Schrecklichen im eroberten Gebiet Alt-Livlands belehnten „Tataren", Peter Bordeliew, der sich Schweden unterworfen hatte.

In nächster Generation ging der Besitz Jotma aber schon aus dieser Familie und wechselte an Jürgen Uexküll. Dieser wurde mit Jotma 1604 und 1613 im Besitz bestätigt, doch bereits in jenem Jahre 1613 mußte die Grundherrschaft veräußert werden und gelangte an den Kriegskommissar Adam Schrapffer, der aber 1616 das Dorf wiederum an die Krone zurückgab, gegen anderweitigen Besitz vertauschte.

Doch 1627 hatte Jotma Jürgen Uexküll wieder inne, seit 1639 der Leutnant Berend Möller, dessen Erben noch 1694 Jotma besaßen, obgleich die schwedische Königin Christine Reggafer/Rägavere und Jotma dem schwedischen Residenten in Moskau, Johann de Rodes als Allod, d.h. als Eigentum und nicht als Lehen, übergeben hatte. Die Familie de Rodes wurde in Schweden geadelt, nahm damit wie so viele schwedische neue Adelsfamilien einen anderen Namen an und nannte sich fürderhin von Tunderfeldt.

Nach 1710, noch während des Nordischen Krieges (1700–1721), gelangte das Gut in die Hand des Chirurgs der Ritterschaft Förster, dann in die Hand einer Frau von der Pahlen, die das Gut 1804 dem Artillerieleutnant von Friesell verkaufte.

Die Familie von Friesell besaß Jotma nur einige Jahre. Dann pfändete Adam Gustav v. Wrangell zu Raick/Raigu das Gut, das er 1816 erwarb. Dessen Sohn Karl Jakob Wilhelm v. Wrangell veräußerte Jotma als Erbbesitz an seinen Schwiegersohn Viktor v. Henning, der es aber 1880 an Karl Otto Baron Maydell zu Kurro/Kuru und Udenküll verkaufte.

Durch Erbschaft gelangte Jotma an Pierre Baron Maydell a.d.H. Linnamäggi/ Linnamäe, der es bis zur Enteignung 1919 besaß. In Jotma lebte eine gewisse Zeit der Kreisarzt Dr. Adolf v. Kupfer, dessen Sohn Elisario als Künstler, Schöpfer des „Sanctuarium Artis Elisarion" in Locarno-Minusio in der Schweiz sich einen großen Namen gemacht hat. Er ist in Jotma aufgewachsen.

Das Gut wurde wie alle Güter in Estland nach der Enteignung 1919 aufgesiedelt. Das schlichte Herrenhaus, heute verputzt, vermutlich

Jotma/estn. Jootme

darunter noch aus Holz, direkt an der Straße gelegen, ist erhalten geblieben. Es war 1991 unbewohnt. Auffallend ist das übergroße Säulenportal dieses wunderhübschen Hauses.
Vergleicht man das Haus mit alten Stichen, so fällt auf, daß zwei Achsen heute fehlen.

Kaltenborn/estn. Norra

Über das Herrenhaus von Kaltenborn hat Pirang 1928 folgendes gesagt:
„Eine weniger befriedigende Lösung der durch Risalite belebten Fassade bietet das grosse Haus Kaltenborn, vor 1800 von einem von Knorring erbaut. Barocke Einzelheiten, wie etwa die kleinrautigen Fenster, stehen in keiner rechten Verbindung mit dem Formencharakter des Ganzen. Ein typisches Treppengeländer in geometrisierendem Muster ist erwähnenswert." Das Haus falle auf „durch kompakte Baumasse und reiches, jedoch betont strenges Außendekor". Nach Aussage des estnischen Historikers Ants Hein stammt der Bau von dem Dorpater Architekten A. S. G. Kranhals und wurde 1792 fertiggestellt.

Zu damaliger Zeit spielte die in Livland beheimatete Familie von Knorring im Russischen Reich eine Rolle. Vornehmlich als führende Soldaten traten sie hervor. So berichtet Katharina II. in einem Brief an den hannoverschen Arzt und bekannten Aufklärer J. G. Zimmermann von einem Repräsentanten der Familie v. Knorring, der als General im Kampf gegen die Schweden 1789 gefallen sei. Ein anderer Vertreter der Familie, die seit 1746 auch das estländische Indigenat besaß, d.h. zur estländischen Ritterschaft gehörte wie schon zur livländischen, war der General Gotthard Johann v. Knorring (1744–1825), der im schwedisch-russischen Krieg 1788–1790, in dem die Schweden die baltischen Provinzen zurückerobern wollten, Generalquartiermeister war.

So erstaunt es nicht, daß nach erfolgreichem Abschluß des Krieges, der zumeist auch für die führenden Generale finanzielle Belohnungen brachte, in Est- und Livland wieder eine neue Bauphase von Herrenhäusern einsetzte und die Knorring 1792 ein neues Herrenhaus in Kaltenborn aufführen ließen.

Schon die bekannte Journalistin und Historikerin Marion Gräfin Dönhoff, deren Familie in früher Neuzeit auch im Baltikum beheimatet war, vermerkt in ihrem Buch „Namen, die keiner mehr nennt", das interessante Anmerkungen zu ihrer Familiengeschichte enthält, daß auch die imposanten barocken Herrenhäuser Ostpreußens vom Ende des 17. und 18. Jahrhunderts nicht mit dem Geld bezahlt worden war, das aus der Landwirtschaft kam, sondern aus dem Dienst als Diplomaten und Soldaten herrührte.

Kaltenbrunn/estn. Roosna-Alliku

Kaltenbrunn/Roosna-Alliku im Distrikt Jerwen, nördlich von Weissenstein/Paide gelegen, hieß während der Ordenszeit Jegelecht und bestand aus einem Dorf mit einer Mühle, die zur sogenannten Wacke Wallast des Weissensteinschen Schloßgutes Mexhof/Mäo gehört hat.
Nach dem livländischen Krieg in der zweiten Hälfte des 16. Jahrhunderts wurde das Dorf 1548 an Hans v. Bielefeld verpfändet. Ihm folgte dann Peter Plagmann im Pfandbesitz. Im Jahre 1620 löste der schwedische Statthalter von Kaporje, Bogislaus Rosen (gest. 1654), das Pfanddorf ein und ließ sich von König Gustav Adolf mit dem Gut belehnen.
Der estnische Name Roosna-Alliku verweist etymologisch auf diese bekannte ritterschaftliche Familie v. Rosen. Es ist ein Tatbestand, der mehrfach bezeugt ist, daß der estnische Gutsname auf alte deutsche ritterschaftliche Familien verweist, hingegen der im Deutschen gebräuchlich gewesene Name oft estnischen Ursprungs ist und auf landschaftliche Gegebenheiten hindeutet. So geht etwa der estnische Name des Gutes Kattentack/estn. Aaspere auf die Familie von Hastfer zurück.
Auch das Geschlecht von Rosen wurde von der schwedischen Güterreduktionspolitik betroffen, die im Rahmen des Absolutismus zahlreichen ritterschaftlichen Gutsbesitz konfiszierte. Das Gut Kaltenbrunn wurde im Jahre 1688 der Familie Rosen genommen. Doch bei der Güterrestitution am Beginn des 18. Jahrhunderts, zu russischer Zeit, gelangte der Hof zunächst wieder an den alten Besitzer, den Landrat Bengt Gustav v. Rosen (gest. 1725). Durch die 1721 geschlossene Ehe von Margareta Elisabeth Baronesse von Rosen mit Jürgen Johann Baron v. Stackelberg gelangte Kaltenbrunn dann an dieses alte baltische Geschlecht.
Die Stackelberg haben den Hof bis zum Jahre 1919, also fast 200 Jahre, besessen, bis auch sie im Zuge der allgemeinen Agrarreform enteignet wurden. Das Gut wurde gesiedelt. Der letzte Besitzer des ganzen Gutes war der Landrat Georg Baron Stackelberg. Doch die Barone Stackelberg verblieben auf dem Besitz auch in der Zeit der freien Republik Estland und wirtschafteten auf einem von ihrem alten Besitz abgespalteten Siedlungshof, der in den 1930er Jahren ungefähr 30 Hektar betrug.
Das Herrenhaus von Kaltenbrunn ist in den Jahren von 1780 bis 1786 aufgeführt worden. Im Hause gibt es Stuckarbeiten des aus Böhmen stammenden Stukkateurs Karl Kolopka. Der Baumeister des Herrenhauses, Johann Schultz, stammt aus Reval. Heinz Pirang hat 1928

über den Bau geurteilt: „Ein baltisches Herrenhaus spätklassizistischen Stils, das unter russischem Einfluß steht, ist das grosse Kaltenbrunn. Der fünfachsige Mittelrisalit und die zweiachsigen Endrisalite schließen mit flacher Attika ab. Die Wandarchitektur ist schmucklos, aber auch reizlos. Mangelndes Stilgefühl zeigt die Veranda, die nicht original ist. Ein klassizistisch empfindender Architekt hätte eine derartige Verbindung von Flachbögen und Säulen nie gewagt." Was hätte Pirang wohl zu den spätklassizistischen „Herrenhäusern" der 1950er Jahre aus der Stalinzeit, wie etwa in Oresa, erst Vernichtendes gesagt!

Im Herrenhaus von Kaltenbrunn befindet sich heute, 1992, eine Schule, das Herrenhaus ist in keinem guten Zustand, hingegen der Baumbestand des Parkes ist gut erhalten.

Kardis/estn. Kärde

Kardis, im einstigen Nordlivland gelegen, wird zuerst im Jahre 1411 urkundlich als ein Dorf genannt, das zusammen mit anderen Ländereien des Ordens durch Austausch gegen die in Allentaken belegenen Klostergüter in Besitz des Zisterzienser-Klosters Falkenau/Kärkna kamen.

Seit Beginn des 16. Jahrhunderts wechselten die Besitzer von Kardis/Kärde häufig – noch mehr vielleicht als auf anderen Gütern Liv- und Estlands, deren Besitzverhältnisse durch die polnischen und schwedischen Enteignungen, Donationen, Reduktionen ohnehin äußerst unsicher waren.

Seit dem Jahre 1527 wurden als Besitzer von Kardis die Familien Poll, Rebuck, Schultz, Witingk, Friedrich und Ackerbaum genannt. Von 1639 bis 1734 gehörte das Gut dem Geschlecht Zwillings und schließlich den Zwillingschen und Fersenschen Erben, dann der Familie v. Rosen.

Von 1782 bis 1796 gehörte das Gut der Familie v. Baranoff, von 1796 bis 1813 Peter Baron Rosen, 1813 bis 1819 Konrad Siegmund v. Brasch. Dann trat eine längere Besitzperiode ein.

Von 1819 bis 1890 war die Familie v. Pistohlkors mit den gekreuzten Pistolen im Wappen im Besitz des Gutes. Dann gelangte es nochmals in andere Hände. Der letzte Besitzer von Kardis war seit 1890 bis zur Enteignung und Aufsiedlung aller Güter in Estland durch den Estnischen Staat Viktor Baron Stackelberg.

In dem Gartenhäuschen des Parkes, das allgemein als „Friedenshäuschen" bekannt ist, wurde am 21. Juni 1661 der Friede zu Kardis zwischen Rußland und Schweden unterzeichnet.

Katharinental/estn. Kadriorg

Katharinenthal war kein Gut. Das östlich im Randbereich der Stadt Reval/Tallinn gelegene Schloß Katharinental war im Jahre 1718, noch während des Nordischen Krieges (1700–1721) von Peter dem Großen für seine Frau, die spätere Kaiserin Katharina I., in Auftrag gegeben worden. Zugleich wurde eine wundervolle, großzügige Parkanlage geschaffen, die noch heute Zeugnis von weit vorausdenkender Art ablegt. Mit in den Park einbezogen waren Blicke aufs Meer und auf die Stadt. Die Anlage erinnert an Peterhof bei St. Petersburg.

Katharinental/estn. Kadriorg (Vorderfront)

Nach den Plänen des St. Petersburger Hofarchitekten, des aus Italien stammenden Nicolo Michetti, wurde das Schloß in der Zeit von 1718 bis 1723 geschaffen, begonnen also noch während des Nordischen Krieges (1700–1721).

Im Juli des Jahres 1746 besuchte die Zarin Elisabeth in Begleitung des Großfürstenpaares, des schleswig-holsteinischen Herzogs Peter und seiner Frau Katharina, der späteren Kaiserin, Estland. Sie machten auch Quartier in Katharinental – so berichtet es der russische Diplomat Jakob Stählin.

Katharinental/estn. Kadriorg (Rückfront)

Viel Zeit verbrachte die Zarin Elisabeth mit ihren Begleitern beim Kartenspiel. An Feiern, die in Katharinental veranstaltet wurden, nahm der Adel Estlands teil. So berichtet Katharina II. in ihren Memoiren von einem Fest der Kaiserin Elisabeth, das sie auf dieser Reise 1746 veranstalten ließ. „Sie hatte im Park von Katharinental eine große Tafel decken lassen, an der der ganze Adel Estlands, Herren und Damen, die Ehre haben sollten, mit ihrer Majestät und dem ganzen Hof zu speisen. Gegen Ende des Mahls löschte ein gewaltiger Regenguß die Kerzen aus und verjagte uns vom Tische."

Elisabeth besichtigte damals im übrigen die von ihrem Vater, Peter dem Großen, angelegte Festung Rogerwyk, die von Katharina später in Baltischport/ Paldiski umbenannt wurde. Diese Festung hat die Gemüter schon im 18. Jahrhundert beschäftigt, insbesondere der aus Oldenburg stammende russische große General Christoph Graf Münnich widmete sich dem Festungsbau. Auch heute zieht der Ort, der die letzten 50 Jahre militärisches Sperrgebiet war, durch seinen russischen Atomreaktor die Aufmerksamkeit auf sich.

Für die wohlwollende Haltung Elisabeths gegenüber dem estländischen Adel, dokumentiert auf dieser Reise, mag eine Familienanekdote

Wilhelm v. Kügelgens kennzeichnend sein. Er erzählt von seinem Großvater Manteuffel in Estland. „Als dieser ein Kind war, besuchte Elisabeth die Ostseeprovinzen und übernachtete auch in Waiküll (estn. Vaeküla), dem Gute da seine Eltern lebten. Elisabeth fand an dem kleinen „Teufelskerl" so viel Wohlgefallen, daß sie ihm einen herzhaften Kuß auf sein derbes Hinterteil versetzte, eine Auszeichnung, auf die er stolz war, und deren sich sonst wahrscheinlich niemand im ganzen Russischen Reich rühmen durfte."

Im Schloß von Katharinental residierten später die Gouverneure von Estland, im 20. Jahrhundert nach Entstehen des estnischen Staates im Jahre 1918 wurde das Schloß Sitz des estnischen Staatspräsidenten. Im Schloß von Katharinenthal wurde Konstantin Päts 1940 zur Abdankung durch die sowjetische Regierung gezwungen, die Estland damals annektierte.

In Katharinental befindet sich heute das Staatliche Kunstmuseum, in der Nähe auch der Sitz des Präsidenten.

Karritz/estn. Karitsa

In den Jahren von 1659 bis 1853 befand sich das im Kreis Harrien im Kirchspiel Johannis gelegene Gut Karritz in der Hand der Familie von Rosenbach. Die Rosenbach dienten als schwedische Offiziere. Aus dem Jahre 1723 stammt ein Zeugnis des schwedischen Kapitäns Ewald Johann von Rosenbach über seine Entlassung aus russischer Kriegsgefangenschaft – nach erfolgtem Frieden mit Schweden.

Die Rosenbachs blieben weiterhin Offiziere, nun in russischen, aber auch in polnischen Diensten. Im Jahre 1773 etwa wird Berndt Woldemar v. Rosenbach a. d. H. Karritz vom russischen Fürsten Massalski ein Patent ausgestellt über seinen Dienst als Kapitän im polnischen Heer. Im Jahre 1814 war Fromhold von Rosenbach im Besitz des Gutes Karritz.

Im Jahre 1673 war eine erbgüterliche Transaktion geschlossen worden, betreffs von Gütern, die im schwedischen Vorpommern, vor allem auf Rügen lagen, und zwar zwischen Bernhard von Rosenbach und dem Obristleutnant Hermann von Rosenbach.

In diesem Zusammenhang wurde das in Livland gelegene Gut Pergell dem Letztgenannten überlassen.

Dieses Gut Pergell gelangte in den 1730er Jahren an die Familie von Rosenthal.

Das Gut Woibifer betreffend, gibt es Dokumente aus den Jahren 1781 bis 1795, die sich in der Akte über das Gut Karritz finden. Alle diese Akten gibt es im Archiv des historischen Museums in Reval/Tallinn. Es handelt sich dabei um eine Resolution des Reichsjustizkollegiums über das Näherrecht an dem Gute Karritz.

Das für das Baltikum so benannte Näherrecht war eine Art Vorkaufsrecht im Rahmen des Lehnrechtes.

Kasseritz/estn. Kasaritsa

Kasseritz ist geteilt in Alt-Kasseritz/estn. Vana-Kasaritsa und Neu-Kasseritz/est. Vaste-Kasaritsa.

Kasseritz, im einstigen Nordlivland gelegen, bildete einen Teil des Schloßgebietes des bischöflich Dörptschen Schlosses Neuhausen, wurde danach polnische Domäne und als solche 1592 dem Vizehauptmann von Neuhausen, Theophil Mirzwinsky, verliehen. In schwedischer Zeit wurde es dann aber eingezogen und 1628 von König Gustav Adolf dem Oberst Ernst Kreutz verliehen, dessen Erben es 1691 wieder reduziert, d.h. vom Staat einkassiert wurde.

Kasseritz verblieb staatliche Domäne. Auch nach Gründung des estnischen Staates 1918 verblieb Kasseritz beim Staat.

Kattentack/estn. Aaspere

Zwei Güter mit Namen Kattentack gab es in Estland, im Estnischen Aaspere und Päri.

Nach dem Liber census Daniae aus dem 13. Jahrhundert gehörte Kattentack/Aaspere, einst Katkantagus geheißen, im Nordosten Estlands gelegen, einem gewissen Lydbrecht. Dieser besaß in jener Gegend ausgedehnte Besitzungen. Es war dann im Besitz des Bartholomäus Hastfer, dessen Enkel Diedrich Treyden den Besitz Kattentack im Jahre 1498 dem Hans Hastfer übertrug. Im Besitz dieser Familie v. Hastfer, nach der Kattentack in lautsprachlicher Anlehnung seinen estnischen Namen Aaspere erhielt, blieb das Gut bis zum Jahre 1720.

Der estländische Landrat Otto Jürgen v. Hastfer setzte sich im 18. Jahrhundert in besonderer Weise für die Gründung von Dorfschulen ein, wie es zu jener Zeit gleichermaßen die estländischen Landräte B. H. v. Tiesenhausen und Georg Ludwig v. Wrangell taten.

Die nachfolgenden Besitzer von Kattentack waren die Familien von der Pahlen bis 1760 und Stackelberg bis 1780.

Im Jahre 1796 kam das Gut an die Barone Dellingshausen und verblieb bei ihnen bis zur Enteignung aller Güter im Jahre 1919. Der letzte

Besitzer war zugleich der letzte Ritterschaftshauptmann von Estland, Eduard Baron Dellingshausen.

Im Jahre 1898 wurde er Ehrenmitglied der 1792 gegründeten Livländischen Gemeinnützigen und Ökonomischen Sozietät, jener für das Baltikum so bedeutsamen landwirtschaftlichen Gesellschaft.

Im Dezember 1902 hatte Eduard Baron Dellingshausen auf Kattentack dem estländischen Gouvernementskommitee wegen der Notlage der Landwirtschaft ein Memorandum übergeben, das folgendermaßen überschrieben war:

„Zur Frage der Ausdehnung der Tätigkeit der Baueragrarbank auf die Ostseeprovinzen." Dellingshausen hatte im Jahre 1906 in der Baltischen Monatschrift eine Denkschrift der Ritterschaft herausgegeben. Er plädierte damals für eine Aufnahme der Esten in die Landesverwaltung.

1930 erschienen seine Memoiren mit dem Titel „Im Dienste der Heimat". Wie war damals das Landproblem zu regeln? Das war eine der bedeutsamen Fragen. Vor allem ging es darum, das Verhältnis zwischen Groß- und Kleingrundbesitz zu lösen, d.h. die Schaffung weiterer gesunder bäuerlicher Betriebe zu gewährleisten. Es waren schon in den

Kattentack/estn. Aaspere (Vorderfront)

Kattentack/estn. Aaspere (Rückfront)

1840er Jahren von den Ritterschaften Maßnahmen getroffen worden, die dahin abzielten, solche bäuerlichen Betriebe lebensfähig zu machen. Vergessen wird, daß schließlich bei der großen Agrarreform 1919/1920, als alle Güter enteignet und aufgesiedelt wurden, ungefähr 75 % der landwirtschaftlichen Nutzfläche in bäuerlicher Hand war.

Der Sekretär der Livländischen Gemeinnützigen und Ökonomischen Sozietät Gustav v. Stryk hat sich 1922 grundlegend zu dieser Agrarreform geäußert, diese scharf kritisiert. Heute, auch nach 90 Jahren, sind diese Gedanken sehr bemerkenswert.

Das zweigeschossige Herrenhaus von Kattentack ist nicht verfallen, wenn auch freilich renovierungsbedürftig.

Heinz Pirang hat 1928 über das „grossangelegte und vornehme" Herrenhaus folgendes gesagt: „Das breitgelagerte Haus mit flachem Dach hat einen schönen sechssäuligen Portikus mit gleichen Abständen. Auf den durch zwei Geschosse hindurchgehenden Säulen ruht statt des sonst üblichen Frontispiz eine abgetreppte Attika. Ein Lieblingsmotiv des russischen Empire-Landhauses. Bei richtiger Proportionierung ist es sehr wirkungsvoll. Die horizontal liegende Attika bildet einen stark betonten Kontrast zum energischen Vertikalismus der sechs nebeneinander aufstrebenden Säulen."

Kattentack liegt nicht weit entfernt von der Hauptstraße Reval–Narwa. Man erreicht den Hof durch eine ungefähr 100 Jahre alte Lindenallee. Das Herrenhaus und die den Hof säumenden Kleten-Gebäude sowie ein Löschteich sind noch vorhanden.

In der Kirche von Haljal/Haljala befindet sich ein Familienfriedhof der Dellingshausen-Kattentack. Auf dem Friedhof ist auch das Grab des letzten estländischen Ritterschaftshauptmanns, Eduard Baron v. Dellingshausen. Gleichfalls gibt es Gräber der Familien v. Brevern, v. Schubert und v. Fock a.d.H. Saggad – dort findet sich der Satz „Die Liebe höret nimmer auf".

Kellamäggi/estn. Kellamäe

Kellamäggi auf Ösel/Saaremaa war Domänenbesitz, bis es im Jahre 1678 dem Arensburger Ratsherrn Hans Rubusch im Austausch gegen Ländereien im Kirchspiel Kergel verliehen wurde.

Das Gut vererbte sich in seiner Nachkommenschaft, bis es 1787 der Leutnant Georg Heinrich v. Rubusch dem Legationsrat Mattias Christoph v. Buxhoevden verkaufte, der es 1816 auf seinen Sohn, den Major Balthasar v. Buxhoevden, vererbte.

Die Buxhoeveden, die gleichsam mit dem Bischof Albert am Beginn des 13. Jahrhunderts nach Alt-Livland kamen, haben auf verschiedenen Besitzen bis in das 20. Jahrhundert gesessen, insbesondere waren sie auch auf den Inseln besitzlich vertreten. So spielte etwa der auf der Insel Moon/Muhu geborene Friedrich Wilhelm Baron v. Buxhoeveden (1750–1811) eine Rolle als führender General im Russischen Reich. 1783 war er Flügeladjutant der Kaiserin Katharina II. Im übrigen heiratete Buxhoevenden 1777 die „natürliche" Tochter des Fürsten Grigorij Orlov, „als deren Vater ein Oberst Alexander Alexeev figurierte". Als Gouverneur von Warschau führte Buxhoeveden ein mildes Regiment. Die Verbindungen ins Russische Reich waren vielfältig, auch familiär.

Balthasar v. Buxhoeveden veräußerte Kellamäggi 1831 der Etatsrätin Marie Elisabeth v. Strukoff geb. v. Buxhoeveden, die es 1855 ihrem Sohn, dem Staatsrat Ljubim Strukoff, vererbte. Von diesem erwarb das Gut 1885 Georg Rehsche.

Kerjel/estn. Kärgula

Kerjel, im einstigen Livland gelegen, hieß früher Pillepal und gehörte 1547 dem Dörptschen Stiftsvogt Georg Kursell, darauf seinem Sohne Heinrich und dann dessen Sohne Claus Kursell, dem der schwedische König Gustav Adolf 1629 den Besitz bestätigte.

Dessen Witwe übergab 1642 das Gut ihrer Tochter Anna Maria, die den Major Tausass heiratete.
   Den Söhnen Reinhold und Georg Friedrich Tausass wurde Kerjel als „adliges Erbgut" 1683 von der Reduktionskommission gelassen. So verblieb der Besitz auch beim Wechsel der Provinzen Liv- und Estland von schwedischer Herrschaft zu russischer im Jahre 1721 bei der Familie. Doch Heinrich Johann v. Tausass verkaufte das Gut 1725 dem Hofgerichtsassessor Kaspar v. Wilcken; von diesem erbte es sein Sohn Kaspar Harald v. Wilcken. Dieser hinterließ das Gut 1778 seinem Sohne Gustav Ludwig, der es aber 1791 dem Kreisrichter Ludwig Eberhard v. Freymann verkaufte.
   Nach dessen Tode übernahm das Gut 1814 die Tochter Eva Luise Briesemann v. Nettig geb. v. Freymann. Doch bereits nach 20 Jahren verkaufte sie wiederum, 1834, Karl Michael v. Golejewsky Kerjel.
   Drei Jahre später verpfändete Kerjel 1837 den Besitz an Wilhelm Gustav v. Wahl, dem es 1846 als Eigentum überschrieben wurde. Wahl verpfändete 1865 Kerjel dem August Gregor v. Sivers, der 1865 Eigentümer wurde. Dessen Sohn Richard war von 1900 bis zur Enteignung und Aufsiedlung aller Güter in Estland 1919 der letzte Besitzer des Gutes.

Kerro/estn. Käru

Im 18. Jahrhundert befand sich der Besitz Kerro im Besitz des Joachim Johann von Stauden. Er vererbte Kerro an seine beiden Söhne, Gustav Wilhelm und Reinhold Johann von Stauden. Die beiden Brüder machten aber Konkurs. Und so wurde am Ende des 18. Jahrhunderts, 1785, das Gut im Meistgebot für 18 000 Rubel veräußert. Der Rittmeister August Friedrich von Baumgarten erstand Kerro.
   Doch durch das sogenannte Näherrecht, eine Art Vorkaufsrecht, konnte Reinhold Johann von Stauden das Gut wiedererwerben. Es folgte dann unter den Kindern eine Erbengemeinschaft, die sich im Jahre 1816 dahingehend einigte, daß Peter Friedrich Ferdinand von Stauden das Gut für 46 947 Rubel und 93 Kopeken erhielt.
   Doch Peter von Stauden veräußerte das Gut im Jahre 1840 an den Gardeleutnant Adolf Woldemar Pilar von Pilchau, der den im Jahre 1842 dann bestätigt bekam. Doch auch Pilar blieb nicht lange im Besitz. Ein Jahrzehnt später, im Jahre 1850, veräußerte er das Gut mit einem großen Gewinn für 90 000 Rubel an Charlotte von Ditmar geb. Baronesse Stackelberg.
   So verblieb der Besitz zunächst in dieser Familie.

Kerro/estn. Käru

Kersel/estn. Kärsa

Kersel kommt als Dorf Kaersaelae von nur zwei Haken unter den Besitzungen des Hermann Fraetaeland im Liber census Daniae vor. 1456 übertrug Hans Metztacken den von seinem Bruder Claus erhaltenen Hof Kersel dem Otto Wrangell. Hans Wrangell verkaufte Kersel 1513 dem Claus Kuddelen. 1581 war es noch im Besitz der Erben des Otto Kuddelen, zu denen wohl auch Otto Taube gehörte, dessen Erben 1586 und 1589 Kersel besaßen.

Barbara Taube brachte das Gut ihrem Mann Hinrich Paykull mit in die Ehe, und Kersel blieb bei diesem Geschlecht, bis Bengt Johann Paykull es 1698 seinem Schwager Berend Stackelberg veräußerte.

Kersel war noch 1782 im Besitz der Familie v. Stackelberg, gehörte dann dem Grafen Karl Gustav Mellin und ging 1840 in den Besitz des Geschlechtes v. Brevern über. Der letzte Besitzer seit 1890 war Ernst v. Brevern.

Als im Jahre 1919/1920 sämtliche Rittergüter enteignet, „nationalisiert" wurden, wie es hieß, wurden sie aufgeteilt und an zahlreiche Neusiedler vergeben. Den alten Besitzern war es möglich, sich an der Aufsiedlung zu beteiligen und einen Siedlungshof zu bekommen.

Auch die Brevern auf Kersel verblieben auf einem solchen Resthof, der in den 1930er Jahren 35 Hektar groß war. Freilich entstanden nun zumeist die Nöte mit dem großen Herrenhaus, das in keiner Relation mehr zum Landbesitz stand. Bereits vor der Umsiedlung der Deutschbalten 1939 wurden schon zahlreiche Herrenhäuser einer neuen, öffentlichen Bestimmung übergeben, etwa Schulen eingerichtet.

Kersel/estn. Loodi

Kersel, im einstigen Nordlivland gelegen, gehörte seit der Mitte des 16. Jahrhunderts dem Wilhelm v. Tödwen, der 1559 starb und den Besitz seinem Sohn Heinrich v. Tödwen hinterließ. Ihn beerbte seine Tochter Maria, verheiratet mit Anton v. Klot, die das Gut ihrem Sohn Wolmar v. Klot vermachte.

Von diesem erbte Kersel sein Sohn, der Major Otto Wilhelm v. Klot. Er verkaufte das Gut 1679 den Brüdern Oberstleutnant Berend v. Bock und Oberst Wilhelm v. Bock.

Die Familie hat seit dem 18. Jahrhundert im Rahmen des Russischen Reiches als Soldaten und im Lande als Verwaltungsbeamte der ritterschaftlichen Selbstverwaltung und als Gutsbesitzer gewirkt. Dazu gehörte auch die Verantwortung im sozialen Bereich. Geprägt von den Erscheinungen der Pest, wie sie noch am Beginn des 18. Jahrhunderts in Estland gewütet hatte, versuchte man mit der aus England kommenden Blatternimpfung, Krankheiten zuvorzukommen. Beispielgebend dabei war der Pastor Johann Georg Eisen. Seit 1769 soll er sich erfolgreich für die Pockenimpfung in Liv- und Estland eingesetzt haben, nachdem 1768 der englische Arzt Dimsdale (1712–1800) von Katharina II. nach Rußland berufen worden war. Die Kaiserin selbst ließ sich von Dimsdale impfen. Und der Geschichtsschreiber Konrad Gadebusch hebt hervor: „Die Frau Oberstin von Bock, geb. von Stackelberg, fropfte ihren eigenen Kindern von 7 Wochen die Blattern ein."

Kersel hat sich ununterbrochen bis zur Enteignung der Güter 1919 im Besitz der Familie v. Bock befunden und gehörte zuletzt, seit 1903, Bernhard v. Bock.

Kida/estn. Kiiu

Nicht weit von Reval/Tallinn in Harrien befindet sich das an der Straße nach Narwa gelegene ehemalige ritterschaftliche Gut Kida/Kiiu.

Ein Herrenhaus, gebaut im 18. Jahrhundert, ist bis heute vorhanden. Nicht weit von diesem Herrenhaus entfernt befindet sich der Rest einer alten Vasallenburg, die am Beginn des 16. Jahrhunderts aufgeführt worden ist. Erhalten ist ein Wehrturm.

Der estnische Wissenschaftler Ants Hein hat dazu folgendes gesagt: „Die beiden unteren Stockwerke sind gewölbt, die oberen hatten offensichtlich Holzdecken. Das Fehlen umfangreicher Wirtschaftsräume und das zwergenhafte Ausmaß des Turmes gestatten die Annahme, daß es nicht als ständige Wohnstätte, sondern als zeitweiliger befestigter Zufluchtsort Verwendung fand. Der Turm wurde vermutlich in den ersten Jahrzehnten des 16. Jahrhunderts zur Zeit Fabians von Tiesenhausen fertig. Diesem Geschlecht gehörte ausgedehnter Grundbesitz in ganz Livland und bekanntlich waren seine Angehörigen Erbauer von Vasallenburgen seit dem 14. Jahrhundert, wie in Kavilda/Kawelecht, Suure-Konguta/Groß Kongota und Vabina/Uelzen in Südestland."

Die Barone Tiesenhausen gehörten zu den ältesten Vasallengeschlechtern im Baltikum, die im 18. Jahrhundert enge Beziehungen zum Zarenhof hatten. 1773 heiratete der Estländer Hans-Heinrich v.

Kida/estn. Kiiu (Herrenhaus)

Kida/estn. Kiiu
(Wehrturm)

Tiesenhausen (1741–1815) das Hoffräulein Katharina v. Stackelberg. Tiesenhausen selbst war Kammerherr und seit 1796 Hofmeister beim Zaren Paul. Ein Sohn Tiesenhausens wurde auch nach dem Zaren Paul genannt. Hans-Heinrich v. Tiesenhausen war eng befreundet mit dem Fürsten Grigorij Orlov, der, nachdem er die Gunst der Zarin Katharina II. verloren hatte, für einige Monate nach Reval zog und auch in Kida war. Im Jahre 1762 war im übrigen der General Fabian Georg v. Tiesenhausen (1725–1769) von der soeben gekrönten Katharina II. zum Oberkommandanten von Reval ernannt worden. 1764 besuchte Katharina II. auf ihrer baltischen Inspektionsreise auch Tiesenhausens.

Kirna/estn. Kirna

Kirna gehörte um 1250 dem Peter Tolk. Herzog Karl von Södermanland verlieh 1602 dem Obrist-Quartiermeister Johann Neukirch, Repräsentant einer Familie, die vor allem in Mecklenburg und Vorpommern vertreten war, das Gut Kohhat, von welchem Kirna bei der Teilung zwischen dessen Witwe Catharina v. Bremen und der Tochter Magdalena, verheiratet mit Johann v. Ulrich, 1637 abgeteilt wurde.

Kirna/estn. Kirna (Vorderfront)

Magdalena Neukirchs Anteil, in Urkunden lange noch „halb Kohhat oder Kirna" genannt, verpfändete der Kapitänleutnant Ewert v. Ulrich dem Regiments-Quartiermeister Diedrich Hasenkrug, geadelt v. Hirschberg.
Diesem wurde in der Reduktionszeit durch die schwedische Regierung der Besitz weggenommen, das Gut wurde reduziert, wie man sagte. Nach dem Nordischen Krieg (1700–1721), zur russischen Zeit, wurde das Gut aber seiner Witwe Maria Elisabeth geborene de Rodes verarrendiert, d. h. verpachtet. Da sie in zweiter Ehe Röttger Johann v. Wrangell a. d. H. Saage und Waschel heiratete, gelangte Kirna in diese alte Familie. Letzerem wurde Kirna zurückgegeben und gelangte schließlich durch Erbschaft an seinen Schwiegersohn, Berend Johann v. Wartmann.

Dessen Sohn verkaufte Kirna an die Familie v. Tiesenhausen. Durch Einheirat kam Kirna schließlich an die Freiherrn v. Ungern-Sternberg. Nach dem Tode von Theodor Frh. v. Ungern-Sternberg kam Kirna 1863 durch Kauf an das Geschlecht v. Rosenthal, 1880 an die Familie v. Kotzebue, 1911 an Edgar Schmidt und unmittelbar vor der Enteignung im Jahre 1919 noch an den Generalmajor Nikolai Baron Wrangell. Die Wrangell blieben auf Kirna auch nach der Enteignung im Jahre 1919. Sie haben auf ihrem Besitz auf einer zugeteilten Siedlungsstelle versucht, weiterzuwirtschaften. In den 1930er Jahren betrug diese Neusiedlerstelle auf Kirna, d.h. ein Resthof schließlich knapp 75 Hektar.

Kirna liegt zwischen Turgel/Türi und Weissenstein/Paide im Distrikt Südjerwen, nicht weit von der alten livländischen Grenze entfernt. Das Herrenhaus liegt an der Straße, befindet sich in einigermaßen gutem Zustand. 1991 war es unbewohnt, ein Schild am Portal verweist auf das Kulturdenkmal. Es ist ein Bau aus dem 19. Jahrhundert. Pirang hat in seinem Werk über das baltische Herrenhaus zwei ältere Bilder von Kirna abgedruckt. Er stellt fest: „Die zwei Ansichten des estländischen Herrenhauses Kirna – Baron Wrangel – muten ausge-

Kirna/estn. Kirna (Rückfront)

sprochenermaßen russisch an. Die glattwandige Fassade wirkt frostig und steht in einem gewissen Gegensatz zu der sehr bewegten Kontur des ganzen Gebäudes. Störend wirkt die Kombination des halbrunden Säulenvorbaus mit dem flachen Dach einerseits und der darüberliegenden Attika andererseits."

Ants Hein beschreibt ein Herrenhaus von Kerna, im Deutschen Kirna, das in Eesti ala moisate nimestik nicht aufgeführt ist – dort gibt es nur zwei Güter mit Namen Kirna, im Estnischen und im Deutschen. Das von Hein beschriebene Herrenhaus könnte das hier dargestellte sein. „Das Herrenhaus ist in den Jahren 1810 bis 1813 erbaut; Autor des Projekts ist offensichtlich Carl Ludwig Engel, der spätere berühmte Erbauer von Helsinki."

Klosterhof/estn. Kloostri

Klosterhof, im Distrikt Wiek gelegen, war im Mittelalter der Gutshof des Lealschen Zisterzienser-Nonnenklosters, das um die Mitte des 13. Jahrhunderts gegründet worden ist. Es hieß Löwenberg (Lewenberch). Zum Hof gehörte ein recht bedeutender Landbesitz, der in fünf sogenannte „Wacken" eingeteilt war.

Als das Kloster zu Beginn der schwedischen Periode aufgelöst wurde, fiel das Gut an die schwedische Krone, wurde aber schon 1591 an Caspar v. Tiesenhausen verpfändet. Nach Einlösung des Pfandes verlieh der schwedische König Karl IX. den Hof im Jahre 1611 an den Hapsalschen Statthalter Johann v. Derfelden, dessen Nachkommen das Gut über 200 Jahre besaßen – bis weit in die russische Zeit Estlands hinein.

Die Familie stellte in der Zeit Katharinas II. besonders befähigte Offiziere. Otto Wilhelm von Derfelden (1739–1819) zeichnete sich als Kommandeur einer Division im Türkenkrieg 1789 aus. 1794 nahm er an der Niederschlagung des polnischen Aufstandes unter Suvorov teil. Derfelden ersetzte in Polen den verstorbenen General Krecetnikov (1729–1793). Jakob Johann Graf von Sievers schrieb an Katharina II.: „Ich werde an Derfelden alle Ratschläge mitteilen, die ich ihm liefern zu können glaube." Detlov Johann von Derfelden (1721–1794), ein Bruder des vorherigen, gehörte ebenfalls zu den führenden Offizieren im Heer Katharinas II. Er war 1769 Kommandeur der finnländischen Division und seit 1771 Generalleutnant.

In den 1830er Jahren gelangte das Gut Klosterhof an die Familie der Barone v. Fersen, die das Gut bis in das 20. Jahrhundert besessen haben. Die Fersen, aus Niedersachsen ursprünglich stammend, waren im ganzen Ostseeraum besitzlich weit verbreitet. Unvergeßlich ist auch der in der Bundesrepublik Deutschland 1978 verstorbene Maler Alexander Baron v. Fersen, der zahlreiche Landschafts- und Tierbilder des Baltikums hinterlassen hat. Letzter Eigentümer auf Klosterhof bis zur großen Agrarreform und Aufsiedlung der Güter 1919 war Axel Baron Fersen.

Pirang sagt 1925 zur Baugeschichte von Klosterhof: „Die achsiale Anordnung von Hauseingang und Einfahrt mit dazwischen gelagertem Freiplatz zeigt Klosterhof in der Wiek. Im Mittelalter war es ein befestigter, klösterlicher Gutshof. Das Haus ist später umgebaut worden, doch hat es noch mittelalterliche Bauteile aufzuweisen." Eine alte Klete, d.h. eine Scheune aus dem 17. Jahrhundert, ist ebenfalls bis heute erhalten.

Kockora/estn. Kokora

Kockora, im einstigen Nordlivland gelegen, wird bereits im Jahre 1443 unter dem Namen Kockenarve als Ellistfersches Dorf genannt und bildete in der Folge eine Pertinenz, d.h. rechtliches Zubehör von Allatzkiwwi am Peipussee, dessen Schicksal es teilte, bis es im Jahre 1734 als selbständiges Gut dem Landrat Claus Gustav v. Essen verkauft wurde.

Dieser veräußerte das Gut 1735 dem Otto Magnus v. Rehbinder, dessen Nachkommen das Gut 1806 dem Ordnungsrichter Reinhold Gustav v. Kirchner verpfändeten.

Das Gut wechselte nun mehrfach den Besitzer, bis es 1846 der Hofrat Dr. Carl v. Schultz erwarb und es im Jahre 1862 auf seinen Sohn Maximilian v. Schultz übertrug.

Ein für die Landwirtschaft des Baltikums bedeutendes Mitglied der Familie war Philipp v. Schultz. Er war Landrat und von 1841 bis 1860 Direktor der Livländischen Adeligen Güterkreditsozietät. Auch war er Mitglied der Livländischen Gemeinnützigen und Ökonomischen Sozietät und hatte die Führung der livländischen Ritterschaftsgüter Trikaten und Lipskaln inne. 1847 schlug Schultz vor, ein Kreis-Comitee zu bilden, das die landwirtschaftlichen Voraussetzungen der Abschaffung der Frone einleiten sollte. Ministerieum, Ritterschaft und Sozietät sollten sich die Kosten teilen. Infolge setzte sich schließlich auch die sogenannte „Knechtwirtschaft" durch.

Von 1900 bis zur Enteignung im Zuge der Agrarreform im Jahre 1919 gehörte das Gut Kockora Martha v. Rathlef geb. v. Schultz.

Kölljall/estn. Köljala

Kölljall, etwa im Zentrum der Insel Ösel/Saaremaa gelegen, soll bereits im Jahre 1250 dem Henricus de Beckeshofwede (Buxhoeveden) verliehen worden sein und befand sich jedenfalls 1319 im Besitz seines Sohnes, des Ritters Johannes de Bixehovede.

Es verblieb im Besitze dieses Geschlechtes, bis Johann v. Buxhoeveden es 1509 seiner Schwester Barbara, verheiratet mit Johann Bevermann, verkaufte. Diese veräußerte das Gut 1524 an Johann Nynegall, der das Gut seiner Tochter Anna, verheiratet mit Johann v. Lüdinghausen gen. Wolff, vererbte.

Die Lüdinghausen waren zu damaliger Zeit auch noch unter den Patriziern der „Königin der Hanse", nämlich Lübeck zu finden. Beispielsweise war für einige Jahre, bis zu seinem Tode 1589, der Bürgermeister Johann Lüdinghausen im Besitz des Lübecker Gutes Strecknitz. Er hatte den Nießbrauch jenes Gutes auf Lebenszeit. Er war seit 1573 Lübecker Ratsherr und als bekannter hanseatischer Diplomat im Ostseeraum tätig.

Kölljall/estn. Köljala

Kölljall/estn. Köljala

Das Öselsche Gut Kölljal verblieb in kommender Zeit in den Händen der Familie Lüdinghausen, bis es im Jahre 1609, nach dem Tode des Landrates Johann v. Lüdinghausen gen. Wolff, für eine Schuldsumme in den Besitz des Friedrich v. Budde überging.

Dieser vererbte das Gut 1651 seiner mit dem Major Odert v. Poll vermählten Tochter – Repräsentant einer Familie, die auf Ösel besitzlich verbreitet war. Nach dem Tod der Frau von Poll fiel nach langwierigen Prozessen im Jahre 1677 das Gut an den nachmaligen Gouverneur Jürgen v. d. Osten gen. Sacken. Das Gut erhielt sich nun im Besitze dieses Geschlechtes, das in Kurland, im heutigen Lettland gelegen, das größte Gut des ganzen Baltikums besaß, nämlich Dondangen. Doch im Jahre 1840 verkaufte der Kammerherr Johann Gustav Graf v. d. Osten-Sacken dem Landrat Friedrich v. Buxhoeveden den Besitz auf Ösel. Seit jener Zeit blieb Kölljall wieder in Buxhoevedenschem Besitz und gehörte seit 1903 bis zur Aufsiedlung im Jahre 1919 Konstantin Baron Buxhoeveden, dem das Gut enteignet wurde.

Das Herrenhaus von Kölljall befindet sich heute in einigermaßen gutem Zustand. Das eingeschossige, elfachsige Haus mit seinem zweigeschossigen, viersäuligen überdimensionalem Mittelrisalit ist typisch auch für andere Herrenhäuser Estlands.

Köln/estn. Lööne

Das Gut und die Grundherrschaft Köln auf Ösel/Saaremaa wurden im Jahre 1480 vom Bischof von Ösel, Peter Wedberg, dem Hans Scheer verliehen, der den Hof 1498 dem Hans Poll verkaufte. Im Besitz der Nachkommenschaft der Familie v. Poll verblieb das Gut für längere Zeit, bis es der Major Berend Diedrich v. Poll im Jahre 1698 dem Rittmeister Reinhold v. Vietinghoff verkaufte.

Aus dessen Nachlaß erwarb Köln im Jahre 1731 der Oberstleutnant Christian Berend v. Berg, der es 1744 wieder veräußerte, worauf es dann mehrfach die Besitzer wechselte, bis es 1759 der Landrat Hermann Gustav v. Weymarn erwarb.

Von ihm erbte das Gut 1783 sein Sohn Friedrich Matthias von Weymarn. Dieser verkaufte den Besitz 1789 dem Etatsrat Carl Gustav v. Güldenstubbe, der es 1814 seinem Sohn, dem nachmaligen Landmarschall Johann Gustav v. Güldenstubbe vererbte.

Nach dessen Tod brachte seine Witwe Elisabeth geb. Baronesse Sass Köln ihrem zweiten Ehemann Eugen Baron Buxhoeveden mit in die Ehe und vererbte es 1880 auf den Sohn Reinhold Buxhoeveden.

Dessen Sohn, Heinrich Baron Buxhoeveden war bis zur großen Agrarreform 1919, der Enteignung und Aufsiedlung der Güter, der letzte Besitzer auf Köln.

Das aus dem 18. Jahrhundert stammende Herrenhaus von Köln wurde in der zweiten Hälfte des 19. Jahrhunderts gotisiert – nicht zum Vorteil des Hauses.

Koik/estn. Koigi

Koik war 1564 ein Dorf des Hofes Meyhof in der Kardenay-Wacke im Schloßgebiet Weissenstein/Paide. 1616 verlieh der schwedische König Gustav Adolf dem Jürgen Kruedener von Rosenbeck das Dorf, der dort eine Hofstelle anlegte. Nach seinem Tode fiel das Gut an die Krone zurück und wurde von der Königin Christine 1647 dem Grafen Lennart Torstensson verliehen.

Auf diese Weise wurde der Hof mit Mexhof/Mäo vereinigt. So teilte das Gut lange Zeit dessen Geschichte. 1669 kam Koik in die Hände von Hans v. Fersen auf Sipp u. Abia, doch bald wurde es reduziert, von der schwedischen Krone im Rahmen der Güterreduktionspolitik eingezogen.

Nach dem Nordischen Krieg (1700–1721), dem Machtwechsel von Schweden nach Rußland, wurde das Gut der Familie zurückgegeben, die es aber sogleich, 1727, an die Barone v. Stackelberg verkaufte. Adam Friedrich Baron Stackelberg zu Mexhof/Mäo verkaufte das Nebengut Koik 1758 seinem Schwiegersohn Johann Adam v. Gruenewaldt.

Immer wieder wurden Erbkontrakte, Erbverträge geschlossen, so etwa am 14. September 1794 zwischen Katharina Elisabeth v. Gruenewaldt geb. Baronesse Stackelberg und ihrem Sohn Major Johann Georg v. Gruenewaldt. Zu seiner Zeit wurde auch das Herrenhaus umgebaut, wie aus Rechnungen über den Umbau des Koikschen Wohnhauses und „Meublement", ausgestellt in den Jahren von 1798 bis 1813 an den Major Johann Georg v. Gruenewaldt, hervorgeht.

1815 wurde das Gut wieder an den Sohn gleichen Namens übergeben, dabei eine Beschreibung des Gutes vorgenommen, die sich in einer Akte im Archiv des historischen Museums in Reval befindet. In diesem Archiv gibt es auch eine Akte über das Gut Koik/Koigi, die Jahre 1700 bis 1899 umfassend.

Otto v. Gruenewaldt (1801–1890) führte als namhafter Landwirt im Baltikum auf seinen Gütern die „Knechtwirtschaft" ein, hielt zahlreiche Vorträge über die Notwendigkeit des Übergangs zu rationeller, intensiver Landwirtschaft. Sein Beispiel hat zahlreiche Landwirte vermocht, ähnliche Wirtschaften einzurichten und auf diesem Wege sich auf die bevorstehende Aufhebung der bisher als unentbehrlich geltenden Frohne vorzubereiten, ferner sich über die zweckmäßige Art der Beschaffung von Arbeitskräften zu informieren. Bereits aus dem Jahre 1827 liegt im genannten Archiv eine „Revisorische Beschreibung und Berechnung der Ländereien des im Jerwenschen Kreises und Peterschen Kirchspiels gelegenen privaten Gutes Koik" vor.

Die Nachkommen Gruenewaldt haben Koik bis zur Enteignung im Jahre 1919 besessen. Der letzte Besitzer bei der Enteignung und Aufsiedlung aller Güter in Estland 1919 war Werner v. Gruenewaldt.

Das gelbe Herrenhaus von Koik, vorn eingeschossig, zur Parkseite zweigeschossig, beherbergt heute ein Schule. Das Herrenhaus hat einen modernen Anbau erhalten.

Koil/estn. Kohila

Koil, im Distrikt Harrien im Kirchspiel Haggers/Hageri gelegen, gehörte nach dem Liber census Daniae aus dem 13. Jahrhundert zu dem Besitz des Dänen, der Dominus Haelf genannt wird, dem eine ganze Reihe von Vorbesitzern hatte Platz machen müssen.

Im Jahre 1438 gehörte Koil dem Helmold Tödwen. Anna Tödwen brachte im Jahre 1550 das Gut Koil dem Mortiz Wrangell a. d. H. Ittfer mit in die Ehe. In Wrangellschem Besitz verblieb Koil über 200 Jahre und kam dann, im Jahre 1757, an Berend Johann v. Kursell, dessen Schwiegersohn Peter v. Brevern es 1771 bei einer Erbteilung übernahm.

Im Jahre 1864 erbte Koil Natalie v. Brevern verheiratete v. Lueder. Sie ließ den Besitz für 60 000 Silberrubel als Fideikommiß einschreiben. Der Sohn Karl v. Brevern erbte das Gut. Nachdem das Gutshaus im Revolutionsjahre 1905 niedergebrannt worden war, wurde es von der Familie v. Brevern im Jahre 1906 an die „Aktiengesellschaft der Papierfabrik Koil" verkauft.

Im Baltikum, auch in Estland wurden im Revolutionsjahre 1905 zahlreiche, nahezu 200 Herrenhäuser abgebrannt, wie etwa auch Jerwakant. Bemerkenswert ist, was der russische Ministerpräsident Graf Sergej Witte, der trotz seines deutschen Namens Russe war, in seinen Erinnerungen dazu vermerkt: „Besonders stark äußerten sich die Agrarunruhen im Jahre 1905 während der russischen Revolution, die auch auf das Baltikum übergriff, in den baltischen Gouvernements. Hierzu gab es viele Gründe, und wohl der hauptsächlichste war die Tatsache, daß die Regierung in den letzten Jahrzehnten mit dem Ziel der Russifizierung des Gebiets diejenigen zur Seite schob und geradezu verfolgte, die dort die Kultur repräsentierten, die gebildeten Klassen der baltischen Deutschen, besonders den Adel, indem man nichts anstelle der alten und entwickelten Kultur setzte. Die Bevölkerung dieses Gebiets besteht, wie bekannt aus einer niederen Bauernschicht, und einer oberen, den Deutschen; so begann unsere Regierung, die niedere Schicht zu russifizieren, indem ihr dasjenige ausgetrieben wurde, was die Deutschen ihr anerzogen haben, aber da die russische Schule und die russische Literatur einen Befreiungscharakter atmete (gemeint ist ein revolutionärer Geist), so hetzte die Russifizierung damit auch die Letten (und Esten) auf den deutschen Adel, welcher, wie man weiß, in mancher Beziehung in mittelalterlicher Tradition lebte. Dann der zweite Grund, daß die zurückkehrenden Emigranten, die 1905/06 aus dem Baltikum nach benachbarten Ländern, auch Deutschland, entwichen waren, eine Propaganda in sozialistischem und anarchistischem Sinn entwickelten."

Kolk/estn. Kolga

Kolk, im Distrikt Harrien im Kirchspiel Kusal gelegen, gehörte einst, zusammen mit den umliegenden Dörfern, dem Herzog Kanut (Knud), dem natürlichen Sohn des dänischen Königs Waldemar des Siegers. Der Liber census Daniae, der um 1219/20 entstandenen ältesten Landrolle der Provinzen Harrien und Wierland, nennt als Besitzer bereits die „Mönche von Gotland", Zisterzienser. König Erich Glipping bestätigte den Zisterziensern des Klosters Ruma auf Gotland 1259 die Dörfer, die als Mark zusammengefaßt waren und die sie von Herzog Kanut und anderen gekauft hatten.

Die Mönche von Ruma, an die die späteren deutschen Namen Monkwiek und Papenwiek erinnern, vertauschten 1519 Kolk gegen in Dänemark belegene Ländereien an den König Christian II. von Dänemark.

Kolk/estn. Kolga

Der dänische König Friedrich I. belehnte 1528 seinen Höfling Hans Natzmer, Erbherrn a. d. H. Ristow in Pommern, mit Kolk. Zuvor war Henning Passow, ebenfalls ein dänischer Vasall, schon kurz im Besitz von Kolk gewesen. Von den Natzmerschen Erben erwarb dann Kolk, das dem Andreas Deken verpfändet war, der Revaler Bürger Gottschalk Remelingkrade (Remlingrode), der das verschuldete Gut aber nicht halten konnte und es 1551 dem König Christian III. zurückgab. Der König belehnte den Bruder des Bischofs Johann von Oesel, Christoph v. Münchhausen, mit Kolk.

Estland gelangte dann unter schwedische Herrschaft. Die schwedische Regierung zog Kolk schließlich im Rahmen der absolutistischen Reduktionspolitik ein und verlieh es 1581 dem Feldmarschall Pontus de la Gardie.

Pontus de la Gardie (1520–1585) stammte aus der Languedoc, diente zunächst in Frankreich, dann in Dänemark, schließlich in Schweden. Er holte französische Soldaten nach Schweden, 3000 Reiter und 3000 Infanteristen. Pontus de la Gardie wurde im Jahre 1571 Freiherr von Eckholm, benannt nach einem schwedischen Besitz, besaß aber noch andere Güter in Schweden und eben Kolk in Estland. 1574 wurde er Kreisoberst in Livland, 1575 Statthalter in Reval und über ganz Livland, 1576 Gesandter in Deutschland und Italien, 1580 Feldoberst in Finnland, 1582 General-Feldherr der Königlichen Kriegsmacht, 1585 Reichsrat. Er ertrank bei Narva in der Narova am 5. 11. 1585, weil das Schiff, das er bestiegen hatte, beim Salutschießen barst. Pontus de la Gardie war durch seine vielen glänzenden Siege der eigentliche Begründer der schwedischen Großmachtstellung.

Durch die Heirat der Gräfin Christine Catharina de la Gardie, Enkelin des Pontus und Tochter des Grafen Jakob de la Gardie, Generalgouverneurs von Livland, mit dem Grafen Gustav Otto Stenbock kam Kolk an dessen Nachkommen und blieb bis zur Enteignung 1919 Majorat der Grafen Stenbock.

Als die Kaiserin Katharina II. im Jahre 1764 eine Inspektionsreise in die Ostseeprovinzen machte, Estland besuchte, machte sie Station beim Grafen Karl Magnus Stenbock (1725–1798), der mit Anna von Blome aus Schleswig-Holstein verheiratet war und die Katharina aus dortiger Kindheit her kannte. Es kam zu regen Verbindungen zwischen den Stenbock in Estland und Blome in Schleswig-Holstein. Magnus Stenbock schrieb launig an seinen Schwager Christoph Blome auf Doberstorf in Holstein: Er lebe zwar in Estland in „Sibirien", aber es ginge ihm in Kolk gut, denn das, was man zum Leben brauche, habe er, nämlich eine gute Jagd, eine gute Bibliothek und eine Kapelle für seine Töchter.

Magnus Graf Stenbock setzte sich 1768 für die Gründung von estnischen Schulen ein. 1780 erklärte er die schwedischen Bauern seines Gutes Hohenholm/Körgessaare auf Dagö/Läänemaa für freie Leute und vereinbarte ein Kündigungsrecht, von dem er selber 1781 Gebrauch machte. Auf Befehl Katharinas II. wurden die Hohenholmer Bauern in Südrußland bei Cherson angesiedelt; die Kolonie „Staroschwedskaja" entstand.

Im Jahre 1883 wurde auf Kolk ein Fideikommiß gegründet, das aus den Gütern Kolk, Kida, Könda und Neuenhof bestand. Im Jahre 1900 umfaßte der Gesamtbesitz nahezu 50 000 Hektar.

Die Verhältnisse bei der allgemeinen Enteignung 1919 waren auf Kolk insofern besondere, da der Besitzer von Kolk, Peter Stenbock, 1917 mit seinem schwedischen Vetter Gerhard Stenbock vereinbart hatte, daß bei einer möglichen Enteignung des Besitzes dieser als schwedischer Staatsbürger das Fideikommiß übernehmen sollte. Trotz eines Einspruchs des schwedischen Staates erkannte der neue estnische Staat diese Regelung nicht an, und so wurde auch Kolk enteignet. Ungefähr 100 Hektar konnten die Stenbock als Resthof retten. Zunächst wirtschaftete Peter Stenbock, dann erhielt als Erbe Gerhard Stenbock den Hof. Nach dessen Tod 1931 focht dessen Bruder Arvid Stenbock das Erbe der Witwe seines Bruders an und erhielt schließlich Recht. Weil Anna Gräfin Stenbock bis zur Umsiedlung 1939 auf dem Resthof lebte, kam es nicht zur Übernahme des Gutes durch Arvid Stenbock, der 1943 in Finland starb. Bereits im Jahre 1940 wurde Kolk „nationalisiert."

Die Geschichte von Kolk ist von Henning von Wistinghausen 1959 („Kolk. Ein Beitrag zur Gütergeschichte Estlands") in einem Aufsatz dargestellt worden.

Kolk besitzt ein aus dem örtlichen Sandstein aufgeführtes Herrenhaus mit einem überdimensional großen Säulenportikus – gleichfalls sehr typisch für baltische Herrenhäuser bis hin nach Kurland. Das Herrenhaus erfuhr im Laufe der Zeit Umbauten. Heinz Pirang sagt 1928:

„Das etwa um 1765 errichtete Haus wurde erst um 1820 mit Seitenflügeln versehen. Ein weiterer Umbau erfolgte um die Jahrhundertmitte. Die beiden Verbindungsflügel mit dem steilen, tiefsitzenden Dach erscheinen zu niedrig. Sie beinträchtigen die Monumentalität des mächtigen Baukörpers recht erheblich. Die zweigeschossige Kolonade, die schöne Eingangshalle und die hohen Räume im reichgeschmückten Innern geben dem Haus etwas Palaisartiges".

Über dem baufälligen (1991), aber doch noch zu reparierendem Haus, prangt immer noch das gräflich Stenbocksche Wappen. Im Archiv des historischen Museums in Reval/Tallinn gibt es Material über Kolk, das als Fideikommiß seinerzeit über 40 000 Hektar mit seinen Nebengütern umfaßte.

Kono/estn. Koonu

Hartwich Seckwolde stellte im Jahre 1447 dem Bischof Heinrich von Reval einen Pfandbrief über 200 Mk. aus. Claus Metztacken verpfändete 1469 das Dorf Poha für 1000 Mk. dem Bischof Everhard Kalle und 3 Gesinde im Dorfe Koen im Jahre 1476 dem Kloster St. Brigitten. Den Hof und das Dorf Kono verpfändete er 1479 dem Bischof Simon v. der Borch für 4200 Mk.

Auf Grund der drei erstgenannten Briefe hatten die Bischöfe diese Güter an sich gebracht und zu ihrem Schloß Borckholm geschlagen. Bischof Arnold mußte sie aber 1549 dem Fabian Tiesenhausen, „dem Reichen", der den letzten Pfandbrief an sich gebracht hatte, nach Spruch des Manngerichts abtreten. Dessen Söhne Caspar, Elert und Fromhold Tiesenhausen hatten das Gut Kono 1581 im Besitz, haben es aber vor 1586 der mit Winrich Delwig verheirateten Tochter ihres Bruders Reinhold zu Faehna überlassen.

Mit Faehna zusammen kam Kono an Bernd Taube a. d. H. Etz. Von Fromhold Taubes Frau Margarethe geb. v. Löwen erbte Kono der Sohn ihres Bruders F. v. Löwen. Dieser besaß das Gut bis 1720.

Durch Helena v. Löwen kam das Gut an ihren Mann, den schwedischen Kapitän Hinrich Hermann Wrangell, von dessen Söhnen Gustav Reinhold 1750 Kono übernahm.

Das Gut kam dann an einen anderen Zweig der Wrangell, an den Kapitän Berend Jakob, dessen Sohn Jakob Johann v. Wrangell, russischer Kapitän, also Hauptmann, und Manngerichtsassessor, Kono verkaufte.

Kono erwarb nun der Generalleutnant und Generaladjutant Karl Heinrich v. Dehn (gest. 1878), dessen Enkel Heinrich v. Dehn der letzte Besitzer vor der Enteignung und Aufsiedlung aller Güter in Estland im Jahre 1919 war.

Korps/estn. Einmanni

Korps wird in früher Neuzeit als ein altes Allodialgut benannt. Im Jahre 1432 hat der livländische Ordensmeister Hans Korps mit mehreren grundbesitzlichen Dörfern belehnt, die später zu einem Hof zusammengefaßt wurden, den schließlich Jürgen Korps im Jahre 1448 dem Heinrich Tuve, d.h. Taube, verkaufte.

Schließlich gelangte der Besitz noch im 15. Jahrhundert an die Familie von Gilsen. Von den Gilsen ging dann der Besitz an die Familie Fircks, in deren Hand sich Korps über 120 Jahre befand und schließlich auch zwischenzeitlich den Namen Firckshof oder Fircksengut führte.

Im Erbgang ging dann der Besitz an die Familie Heydemann. Und zwar besaß im Jahre 1650 der schwedische Obrist Georg Heydemann das Gut. Es folgten dann weitere Besitzer, so etwa die Eccard, dann Friesell und schließlich Claus von Nottbeck aus dem Hause Muddis.

Lange nach dem Nordischen Krieg (1700–1721) gelangte 1745 das Gut in die Hand des Revalenser Bürgermeisters Heinrich von zur Mühlen. Doch auch bei diesem verblieb es nicht, schließlich gelangte das Gut noch in die Familien Knorring und Mellin.

Im Jahre 1815 wurde es von den Grafen Mellin an den Landrat Karl Gustav von Baggehuffwudt verpfändet.

Unter den Baggehuffwudt wurde um 1820 ein klassizistisches Herrenhaus auf Korps errichtet, wie es so typisch für den baltischen Bereich war.

Der Kreisdeputierte Theodor von Baggehuffwudt verkaufte das Gut an Alexander Eggas. Schließlich gelangte es durch Erbschaft im Jahre 1879 an Jakob Kurberg. Letzte Besitzerin des Gutes im Jahre 1919 und auch darüber hinaus noch auf einem Siedlungshof war Martha Thomson geb. Kurberg. Deren Sohn Erik Thomson, Verfasser zahlreicher Aufsätze und Bücher über das Baltikum, auch über die Herrenhäuser des Landes, lebte als bekannter und verdienstvoller Schriftsteller nach dem Zweiten Weltkrieg in Deutschland.

Kotzum/estn. Kodasoo

Kotzum, im Distrikt Harrien gelegen, bestand ursprünglich aus zwei zum Hofe Hannijöggi oder Annia gehörigen sogenannten Streugesinden, die im Jahre 1467 durch Hermann Zoege vom Revaler Domkapitel gekauft und im Jahre 1586 von Hermann Zoege dem Jüngeren zur Hoflage gemacht wurden.

Das geschah in der allgemeinen damaligen Entwicklung von der Grundherrschaft in die Gutswirtschaft.

Der Umfang des zugehörigen Landes war gering, so daß Kotzum in der nachfolgenden Zeit meist mit den benachbarten Gütern Känick und Rumm sich in einer Besitzerhand befand. Der Hof verblieb im Besitze der Familie Zoege bis gegen Ende der schwedischen Zeit Estlands, kam dann 1694 von Otto Zoege an den Obersten Karl Magnus v. Rehbinder, dem das Gut bis in die Zeit des Nordischen Krieges (1700–1721), bis zum Jahre 1703 gehört hat.

Nachfolger im Besitze waren dann die Rosenbach, schließlich die Familie v. Lilienfeld. Aus dieser Familie trat im 18. Jahrhundert ein Schriftsteller hervor. Dieser livländische Schriftsteller und ehemalige herzoglich holsteinische Etatsrat, Jakob Heinrich von Lilienfeld (1716–1785) stand in enger Verbindung zu den livländischen Schriftstellern August Wilhelm Hupel, Konrad Gadebusch sowie zu dem Pastor Christian David Lenz, dem Vater des Dichters J. M. R. Lenz.

J. H. v. Lilienfelds Buch „Neues Staatsgebäude, Leipzig 1767" fand unter den Staatsrechtlern Europas lebhaften Widerhall. Seine Tochter, Aurora Marie von Lilienfeld, die später den Generalleutnant Karl Gustav von Roenne heiratete, war Staatsdame Katharinas II. Friedrich Wilhelm von Sivers auf Euseküll war gleichfalls mit einer Tochter von Lilienfeld verheiratet. Er wurde der Kaiserin 1795 als bekannter Agrarreformer empfohlen. „Jener Sivers ist ein rechtschaffener und uneigennütziger Mann, wenn Eure Kaiserliche Majestät ihm einen Augenblick der Unterredung zu gestatten geruhen, wird er Ihnen durch seine biedere Offenheit gefallen." So hieß es in einem Empfehlungsschreiben. Der Familienkreis um die Lilienfeld spielte weiterhin eine bedeutende Rolle innerhalb der Ritterschaft und in der Landespolitik des ganzen Baltikums.

Nach den Lilienfeld übernahm Adam Johann v. Tiesenhausen den Besitz Kotzum, der das Gut 1769 an Fabian Ernst Stael v. Holstein veräußerte.

Im Jahre 1857 ging Kotzum durch Kauf an den Grafen Ferdinand v. Rehbinder über, dessen Nachkomme Alexander Graf Rehbinder das Gut bis zur großen Agrarreform, bis zur Enteignung 1919 besaß.

Das Herrenhaus von Kotzum beschreibt Heinz Pirang 1926 folgendermaßen: „Kotzum in Estland – ein Besitz der Grafen Rehbinder, hat ein architektonisch besonders beachtenswertes Herrenhaus. Der Hauptbau trägt ein holländisches Dach, die Seitenflügel einfache Satteldächer. Ein hohes Mass an Takt und Bescheidenheit verbunden mit selbstbewußter Würde spricht aus den schlichten, ruhigen Formen. Bei aller Beschränkung in den Dimensionen ist ein gewisser Zug zum Grossen, Monumentalen zu bemerken."

Kreuzhof/estn. Risti

Kreuzhof im Distrikt Harrien entstand im Jahre 1582 durch Verleihung einiger ehemals zum Kloster Padis gehöriger Dörfer bei der Kirche St. Crucis an den russischen „Knesen" (Fürsten) Jürgen, der sich auf die Seite der Schweden geschlagen hatte.

Nach seinem Tode fiel es heim, an die schwedische Krone, wurde aber dann im Jahre 1622 an den Revalschen Bürgermeister Heinrich v. Lohn durch König Gustav Adolf verliehen.

Durch Einheirat in die Familie v. Lohn gelangte Kreuzhof zunächst an Gotthard und Nikolaus v. Höveln, Repräsentanten einer auch in Lübeck heimischen Patrizierfamilie, wurde aber schließlich von der schwedischen Regierung eingezogen, reduziert. Nach dem Nordischen Krieg (1700–1721), als die Russen Livland und Estland von den Schweden erhalten hatten, wurden zahlreiche Besitze wieder an die alten Familien zurückgegeben.

Von den ungefähr 50 % von den Schweden reduzierten Gütern wurden zahlreiche Besitze durch eine russische Restitutionskommission wieder zurückerstattet, doch gab es zahlreiche Prozesse, die sich bis weit in das 18. Jahrhundert hineinzogen.

Kreuzhof fiel bei dieser sogenannten Restitution zu Anfang der russischen Herrschaft in den 1720er Jahren an den Kapitän Berend Johann v. Mohrenschildt, dessen Mutter der Familie v. Lohn entstammte. Den Mohrenschildt wurde das Gut zugesprochen, die Kreuzhof über mehrere Generationen innehatten. Die Familie Mohrenschildt besaß das Gut bis zum Jahre 1887. In jenem Jahre wurde das Gut von Hermann Johann Baron Stackelberg gekauft, der es bis zur Enteignung in der Agrarreform von 1919 besessen hat.

Kunda/estn. Kunda

Kunda im Distrikt Wierland, an der Nordküste Estlands gelegen, gehörte nach dem Liber census Daniae um 1250 dem Ritter Heinrich v. Buxhoeveden (Bexhovede). Er hatte seinen Vetter Albert, der in den Jahren von 1227 bis 1237 die Grundherrschaft innehatte, vertrieben, und zwar zu jenem Zeitpunkt, als die Dänen erneut in den Besitz Estlands gelangt waren.

Die Familie v. Buxhoeveden besaß Kunda, das damals noch ein Dorf war, das ganze 13. Jahrhundert hindurch.

Interessant ist, daß das an Aftervasallen, innerhalb der Familie, weiterverliehen wurde. Im Jahre 1287 war der Ritter Luderus de Becheshovede Aftervasall auf Kunda. Dieser zeitweilige Besitzer nannte sich Nicolaus de Cundis. Sein Nachkomme ist wohl der 1325 in Wierland genannte Hennekinus de Cundis, doch wird diese Linie des Geschlechtes im Jahre 1343 durch einen Bauernaufstand ausgelöscht.

Im späteren Mittelalter war das Gut im Besitze der Familie v. Tödwen, die es bis in den Anfang der schwedischen Zeit besaß. Im 17. Jahrhundert wurde das Gut Kunda an den Revalenser Ratsherrn Johann Müller verliehen.

Auf Kunda kehrte im Jahre 1635 der aus Schleswig-Holstein kommende Reisende Adam Olearius ein, der durch einen Sturm an die wierländische Küste verschlagen worden war. Er wurde Johann Müllers Schwiegersohn und brachte in seinem bekannten Werke aus dem Jahre 1647 über die Reise nach Persien „Offt begehrte Beschreibung der Neuen Orientalischen Reise. Schleswig 1647" auch eine Zeichnung vom Hofe Kunda. Es ist das älteste bekannte Bild eines baltischen Gutshofes.

Auf dem Bild sieht man eine von einem Holzzaun umgebene Hofanlage mit mehreren Holzhäusern an den Seiten und freiem Hofplatz, auf dem reges Leben herrscht. Das im Hintergrund liegende Herrenhaus ist vermutlich in Stein aufgeführt, auffallend sind drei Schornsteine. Pirang sagt dazu: „Das zweistöckige Gutshaus mit dem hohen Walmdach, wie es in der Schwedenzeit vielfach vorkommt, zeigt als Remiszenz an das Mittelalter den seitlich angeordneten Turm – das Treppenhaus mit dem „Wendelstein", wie die Treppe damals genannt wurde. Die Rechtecksform des kleinen, eigentlichen Hofes im Hintergrunde ist unverkennbar. Ein größerer Freiplatz im Vordergrunde ist ebenfalls rechteckig. Die Hauptpforte in der Mitte der Schmalseite erscheint durch die naive Perspektive stark verkleinert. Ein Bretterzaun ersetzt die mittelalterliche Wehrmauer."

Die Nachkommen Müllers besaßen das Gut bis in den Anfang der russischen Zeit, bis in die 1720er Jahre. Dann gelangte der Besitz an die Familie v. Schwengelm, die ihn bis 1816 besaß. Nachfolger im Besitz waren die Familien Schnackenburg und seit 1851 die Familie der Barone Girard de Soucanton. Nicht weit vom alten Gut Kunda befindet sich die Ruine der Tolsburg.

Kunda ist heute eine Stadt, die von der einstigen Sowjetmacht zu einem Schwerindustriezentrum ausgebaut wurde. Der Ort ist heute von einem grauen Dunstschleier überzogen, wirkt im Hochsommer wie an einem Rauhreifmorgen im Dezember.

Kurküll/estn. Küti

Zwei Güter mit den Namen Kurküll gab es in Estland, die im estnischen unterschiedliche Namen haben, Küti und Kurge, das im alten Distrikt Jerwen lag.

Kurküll im Distrikt Wierland gehörte im Jahre 1345 zum grundherrschaftlichen Besitz der Familie v. Rosen, kam aber später durch Heimfall oder Kauf an den Deutschen Orden, der hier im 15. Jahrhundert einen Hof anlegte.

Dieser gehörte als Wirtschaftshof zur Vogtei Wesenberg/Rakvere und verblieb als solcher zu Anfang der schwedischen Zeit im Kronsbesitz. Im Jahre 1639, oder kurz vorher, wurde er jedoch dem Gerd Schütte verliehen, dessen Nachkommen das Gut bis in die ersten Jahre der russischen Zeit nach 1721 besaßen. Nach dieser Familie erhielt das Gut in sprachlicher Anlehnung seinen estnischen Namen, keineswegs ein untypischer Fall. Zahlreiche estnische Gutsnamen gehen auf alte ritterschaftliche Familiennamen zurück, wie etwa auch das im deutschen genannte Kattentack im estnischen Aaspere heißt und auf die Familie Hastfer verweist, die das Gut im Mittelalter besaß. Hingegen der deutsche Name des Gutes war zumeist estnischen Ursprungs und verweist auf landschaftliche Gegebenheiten des Ortes.

Im 18. Jahrhundert gehörte das Gut der Familie v. Friderici, seit 1781 dem Major Heinrich Otto Zoege v. Manteuffel (gest. 1812) und seinen Nachkommen, dann seit 1833 dem Obersten Carl v. Essen, von dem es 1859 von der Familie v. Stackelberg erworben wurde. Letzter Besitzer bis zur Enteignung und Aufsiedlung des Gutes im Jahre 1919 war Georg Baron Stackelberg.

Auf Kurküll wurde im Jahre 1760 ein neues, neunachsiges Herrenhaus aufgeführt.

Ladigfer/estn. Laekvere

Im Jahre 1594 befand sich nachweislich das Gut Ladigfer in Wierland im Besitz der Familie von Dücker. In den Jahren 1642 und 1696 wurden Verträge abgeschlossen bezüglich des nunmehrigen Pfandgutes Ladigfer, und zwar zwischen Reinhold Breyher und Hans Riesenkamp sowie zwischen Hans Riesenkamp und Jürgen Sparguta.

Im Jahre 1653 hatten bereits die Dücker das Gut Ladigfer an Georg von Stahl verkauft.

Im 18. Jahrhundert kam der Besitz an die Familie von Hahn. So befand sich das Gut im Jahre 1780 in der Hand des Ingenieurkapitäns Hans von Hahn. Es gab in Kurland die Barone Hahn, in Mecklenburg zwei unterschiedliche besitzliche Familien gleichen Namens, auch in Reval gab es eine Kaufherrnfamilie Hahn, die verwandt mit den Mühlen war. Ob die Hahn auf Ladigfer mit der Revalenser oder der kurländischen Familie Hahn verwandt ist, bleibt ungewiß. Die bekannte verwandtschaftliche Verbindung der Familie Oldekop und der Hahn auf Ladigfer spricht für die Annahme der Kaufherrnfamilie aus Reval.

Aus dem Jahre 1810 existiert ein Verpachtungskontrakt über das Gut Ladigfer, geschlossen zwischen der verwitweten Majorin von Hahn geb. Oldekopp und dem Rittmeister Alexander von Rüttener. Und 1873 wurde ein Mietkontrakt über eine Wohnung, einen Gartenplatz im Gut

Ladigfer abgeschlossen zwischen Sophie von Hahn geb. Baronin Uexküll-Güldenbandt und dem Herrn Gustav Ehrlich. Diese Familie v. Hahn besaß auch noch Güter in anderen russischen Gouvernements, so etwa Ostrowa, Petrovski und Powost.

Ladjall/estn. Laadjala

Königin Christine von Schweden verlieh im Jahre 1648 dem Grafen Magnus de la Gardie die Grafschaft Arensburg, zu der sämtliche Kronsgüter im Westen der Insel gehörten, u.a. auch Ladjall.
Magnus de la Gardie (1622–1686) war der Sohn des Jakob de la Gardie (1583–1652), der als schwedischer Reichsverweser während der Minderjährigkeit der Königin Christine die Regierungsgeschäfte geführt hatte. Magnus de la Gardie war ein Günstling der Königin Christine. Als die Königin 1654 dem Throne entsagte, behielt sie sich die Einkünfte der drei Inseln Öland, Gotland und Ösel als Leibrente vor und entschädigte den Grafen Magnus mit der Grafschaft Pernau. So gelangte auch Lajdall wieder in königlichen Besitz. Magnus de la Gardie hatte unter Karl X. den Oberbefehl in den Ostseeprovinzen.
Bis zum Tode der ehemaligen Königin im Jahre 1689 residierten in Arensburg Statthalter und nachher ein Landshöfding als oberste schwedische Regierungsbeamte. Diesen unterstand auch die Verwaltung der königlichen Ämter auf Ösel.
Unmittelbar nach dem Nordischen Kriege (1700–1721), als die Ostseeprovinzen Estland und Livland russisch geworden waren, gelangte Lajdall in russische Regierungshände.
Am Ende des 18. Jahrhunderts wurde Ladjall von Kaiser Paul I. der Öselschen Ritterschaft verliehen. Bereits der Großfürst, spätere Zar Paul, hatte im übrigen zu den baltischen Ritterschaften enge Beziehungen, so war etwa Karl Christoph von Benckendorff in den Jahren von 1776–1781 Adjutant des Großfürsten. Im Jahre 1780 heiratete dieser dann Anna Freiin Schilling von Cannstadt, eine ehemalige Hofdame der Großfürstin, die jene aus Württemberg mitgebracht hatte.
Der Estländer Hans-Heinrich von Tiesenhausen (1741–1815) war 1782–1796 Hofmeister des Großfürsten Paul.
In Oesel war der prozentuale Anteil der Kronsbesitzungen erheblich größer als in Livland und in Estland, so daß auf Oesel der Staat auf den Kronsgütern verwaltungsmäßige Reformen durchführen konnte und dies bereits auch im 18. Jahrhundert getan hat. Diese Reformen bezogen sich nicht nur auf die Kronsgüter, sondern auch auf die Staatsfor-

sten. Freilich standen diese Reformen keineswegs im Gegensatz zu den privaten Reformen und auch Reformen auf den Rittergütern, denn die oberen Verwaltungsbeamten der Krone kamen aus der Ritterschaft und besaßen gleichfalls Güter. So begegnen uns auf Oesel Repräsentanten der Familien Stackelberg, Poll und Campenhausen, die die ersten land- und forstwirtschaftlichen Reformen sowohl auf Staatsgütern als auch auf eigenen Besitzen durchführten.

Die Öselsche Ritterschaft hat Ladjall mit anderen ritterschaftlichen Gütern bis zur großen Agrarreform 1919 besessen. Die ritterschaftlichen Güter wurden wie die privaten Rittergüter im Oktober 1919 vom estnischen Staat eingezogen und aufgesiedelt. „Die Agrarreform wurde 1919/20 auf Oesel besonders radikal durchgeführt. In deutschem Besitz verblieben von 60 Rittergütern nur 6 sehr bescheidene Restparzellen. Nur 3 Gutshäuser verblieben ihren Besitzern."

Lauenhof/estn. Löve

Lauenhof im einstigen Nordlivland gehörte mit Schloß Helmet zu der Donation des Grafen Jakob de la Gardie (1583–1652) und wurde von dessen Sohn, dem Grafen Magnus Gabriel de la Gardie (1622–1686) im Jahre 1666 dem Ältesten der Großen Gilde zu Riga, Franz v. Dreiling verkauft.

Bei der Erbauseinandersetzung der Dreilingschen Erben noch während des Nordischen Krieges (1700–1721) im Jahre 1718 gelangte Lauenhof an den Ratsherrn Caspar v. Dreiling.

Unmittelbar nach dem Kauf wurde sogleich ein neues Herrenhaus aufgeführt, über das Heinz Pirang 1926 festgestellt hat:

„Das Haus entfaltet eine ungewöhnliche Weiträumigkeit und zeichnet sich durch eine architektonisch fein behandelte Pilasterteilung im Barockstil aus. Von dem Reichtum der inneren Ausstattung zeugen die höchst originellen Türen und die Treppenbrüstung."

Von Caspar v. Dreiling, der 1724 verstarb, erbte das Gut im Jahre 1750 dessen Schwiegersohn Caspar Heinrich v. Anrep. Seitdem blieb Lauenhof im Besitz seiner Nachkommen. Der letzte Besitzer bei der großen Agrarreform 1919 und damaligen Aufsiedlung des Gutes war Rolf v. Anrep.

Der baltische Maler Alexander Baron von Fersen, der 1978 gestorben ist, hat in einem kleinen Aufsatz „Jägergestalten" folgendes festgehalten:

„Da waren die beiden Brüder von Anrep, Rolf, der ältere, und Kurt, der jüngere, beides sehr passionierte, gute Jäger und über dem Durchschnitt gute Schützen. Rolf besaß das Gut Lauenhof, auf dem er neben einer sehr guten Hasenjagd eine hervorragend gute wilde Fasanerie unterhielt, so daß die Tagesstrecken auf seinen Jagden oft 200–300 Kreaturen betrugen – für baltische Verhältnisse eine sehr hohe Strecke."

Ralf von Anrep-Lauenhof war nach der Enteignung und der vollkommen veränderten Situation für die Deutschbalten in den neuen Staaten Estland und Lettland Präsident der im Jahre 1792 gegründeten und segensreich wirkenden Livländischen Gemeinnützigen und Ökonomischen Societät. In den Jahren von 1927–1931 hatte er das Präsidentenamt inne. Bemerkenswert ist, daß es unmittelbar nach dem Kriege eine lange Vakanz gegeben hatte. Der letzte beständige Sekretär, Hans Dieter von Engelhardt, schreibt sehr treffend: „Die Betreuung der in Nordlivland verbliebenen deutschen Landwirte (Restgut, Landstellenbesitzer und Pächter) durch die Ökonomische Sozietät lief nach dem Ersten Weltkrieg um einige Jahre später an, als dies beim estländischen Landwirtschaftlichen Verein zu Reval der Fall war. Der Grund hierfür ist meines Erachtens darin zu suchen, daß die maßgebenden Persönlichkeiten der livländischen Ritterschaft, der Ökonomischen Sozietät und überhaupt die meisten Gutsbesitzer und deutschen Landwirte Nordlivland im Spätherbst 1918 mit den deutschen Truppen verlassen hatten, bevor Dorpat und weite Teile des Landes von den Bolschewiken besetzt wurden. Demgegenüber war der entsprechende Personenkreis im alten Estland nicht in dem Maße gezwungen gewesen, die Heimat zu verlassen, da estnische Truppen, finnische Einheiten und nicht zuletzt das Baltenregiment die roten Invasoren daran hinderten, Reval, die Hauptstadt des neugegründeten Freistaates Estland, einzunehmen."

Laupa/estn. Laupa

Laupa, im Distrikt Jerwen gelegen, war 1564 ein Dorf der Serreferschen Wacke des Hofes Turgel, also ehemals unmittelbarer Besitz des Ordens. Dem Claus Trälle, später Strellan geschrieben, bestätigte der schwedische König Gustav Adolf das Lehnsgut Laupa im Jahre 1614 für seinen Soldrest, doch war er 1620 nur noch Arrendator.

Im Jahre 1630 verlieh König Gustav Adolf Laupa dem Reinhold Fabian Fersen, der Strellan abfand, indem er ihm seine Forderungen an die Krone, 586 Reichstaler, auszahlte und auch noch 852 Reichstaler Schulden beglich. Doch hatte Strellan das Gut noch 1641 inne.

Laupa wurde schließlich nach Besitzübernahme durch die Fersen diesen im Rahmen der allgemeinen Güterreduktionspolitik abgenommen, reduziert.

Nach dem Nordischen Krieg (1700–1721), als die Russen Liv- und Estland gewonnen hatten, setzten sie eine Kommission ein, eine so benannte Restitutionskommission, die eine große Anzahl der etwa in Estland 50 % eingezogenen Güter den einstigen Besitzern zurückgab. Auch dem in Schweden lebenden Grafen Hans Fersen wurde Laupa zurückgegeben, restituiert, der es aber bereits im Jahre 1725, da er nicht russischer Untertan werden wollte, einem Verwandten, Hans Heinrich v. Fersen, verkaufte.

Freilich spielten die Fersen auch in Livland und Estland eine große Rolle, etwa unter Katharina II. im militärischen Dienst. Im April 1794 wurde der General von Igelström in Polen abgelöst. Er wurde von Katharina II. verabschiedet und durch den General Hans-Heinrich von Fersen (1743–1800) ersetzt. Wie Igelström handelte Fersen ganz im Sinne Katharinas II. Er hatte sich als Artillerieoffizier im Schwedisch-Russischen Krieg 1780 ausgezeichnet. 1792 stand er mit einem Heer in Litauen und war an der Vorbereitung der zweiten Teilung Polens maßgeblich beteiligt. Fersen nahm im Oktober 1794 den polnischen Freiheitskämpfer Tadeusz Kosciuszko gefangen. Zusammen mit dem General Suvorov hat er der polnischen Republik mit militärischen Mitteln das Ende bereitet. Die Fersen waren weiterhin eine im ganzen Ostseeraum besitzlich weit verbreitete Familie.

Eine 1909 in Altona zusammengestellte Güterbesitzkarte der Familie Fersen (Versen), die sich im Archiv des historischen Museums in Reval/Tallinn befindet, zeigt sehr gut, in wie starkem Maße die Familie nicht nur in Estland und Pommern, sondern auch gerade in Schweden besitzlich verbreitet war.

Magnus Georg v. Fersen veräußerte Laupa 1853 an Gustav Baron Taube, dessen Sohn Otto Baron Taube Laupa bis zur Enteignung und Aufsiedlung aller Güter im Jahre 1919 besaß.

Ein aufgeführtes Herrenhaus stammt aus dem Jahre 1906, ist also kurz nach der ersten Revolution aufgeführt worden. Vermutet wird, daß der bekannte Berliner Architekt Schultze-Naumburg, der zahlreiche Herrenhäuser im Ostseeraum aufgeführt oder umgebaut hat, das Herrenhaus von Laupa geplant hat.

Schloß Leal/estn. Lihula

In den Akten des Archivs des historischen Museums in Reval/Tallinn befindet sich eine Akte über das sich im Distrikt Wiek im Kirchspiel Kirrefer befindliche Schloß Leal, die Jahre 1560 bis 1911 umfassend. Dort befindet sich ein kurzgefaßter Abriß zur Geschichte des Schlosses und des Gutes bis zum Jahre 1858. Es existiert dort ebenfalls ein Plan mit Fassadenzeichnungen des Gebäudekomplexes, der im Jahre 1628 angefertigt worden ist – von einem Mann namens Kuhn. Weiterhin gibt es Urkunden, die sich auf die Natur und Besitzrechte des Gutes beziehen.

Im Jahre 1560 wurde in einem Donationsbrief von Herzog Magnus von Holstein, dem zeitweiligen König von Livland von russischen Gnaden, dem Bürgermeister Gerdt Bellingshausen das Gut übereignet.

Ein knappes Jahrhundert später, 1631, wurde, wiederum durch eine Schenkungsurkunde bezeugt, das Gut und Schloß Leal vom schwedischen König Gustav II. Adolf, dessen Denkmal jüngst wieder an der von ihm gegründeten Universität Dorpat/Tartu aufgestellt wurde, an den schwedischen General der Kavallerie Ake Tott übereignet. In den Jahren von 1664 bis 1684 gab es Erbauseinandersetzungen zwischen den Tottschen Erben und Steen Bielcke, der Ansprüche auf den Besitz Leal anmeldete.

Nach dem Nordischen Krieg (1700–1721), im Jahre 1726, wurde die Anfrage an die eingerichtete estländische Restitutionskommission gestellt, um die Anerkennung der Bielckes als Erben der Totts zu errei-

Schloß Leal/estn. Lihula

chen. Doch noch 1726 gelangte Leal zusammen mit dem Gut Matzal/Matsalu an die Generalmajorin von Hahn. Und 1731 gab es einen Prozeß der Bielckes, nun mit den neuen Besitzern, mit den Douglas, den die Bielckes gewannen.

Das Gut verblieb aber dennoch nicht bei den Bielckes.

Im Jahre 1735 wurde in einer Donationsurkunde von der Kaiserin Anna das Gut an Johann von Manderstierna vergeben.

Im Jahre 1783 wurde ein Pfandkontrakt zwischen Jürgen von Manderstierna und Wilhelm Gustav von Wrangell betreffend die Güter Leal und Sippa abgeschlossen. Schließlich folgte, wie so oft in der Gütergeschichte nachzuweisen, die Verpfändung, hier von Steen Johann von Manderstierna als Verpfänder an den Oberlandgerichtsassessor Karl Friedrich von Stackelberg als Pfänder.

Im Jahre 1794 wurden Entsagungsdokumente der Kinder Steen Johann von Mandelstiernas und seiner Gemahlin auf die Güter Leal und Sippa anläßlich der Verpfändung und des Verkaufs derselben an Karl Friedrich von Stackelberg ausgestellt.

Über Leal und Sippa wurde dann zwischen Karl Friedrich von Stackelberg und Gustav von Strandmann verhandelt. Ein Kaufvertrag erfolgte im Jahre 1802 zwischen Stackelberg und Strandmann. Gustav von Strandmann, dessen Frau eine Stackelberg war, wurde Eigentümer. Doch bereits 1810 wurde in einem Protokoll des Oberlandgerichts über die öffentliche Versteigerung der Güter Leal und Sippa festgehalten, daß diese Güter an Karl Wistinghausen als Pfandnehmer fielen. 1812 entstand ein Kaufvertrag.

Die Wistinghausen, eine ursprünglich Revalenser Kaufherrenfamilie, die schließlich wie andere Revaler Geschlechter in die estländische Ritterschaft Eingang fand, ließen als Bauherren zwischen 1830 und 1840 ein neues Herrenhaus aufführen. Im Jahre 1874 ging das Gut in Erbschaft über an die Barone Buxhoeveden.

Groß-Lechtigall/estn. Suure-Lähtru

Neben Klein-Lechtigall/Väike-Lähtru war Groß-Lechtigall/Suure-Lähtru eine Domherrenpräbende des Stifts Ösel-Wiek, deren Inhaber im Jahre 1560 Eggert von Alen war. Im 17. Jahrhundert verpfändete der schwedische König Karl IX. Groß-Lechtigall an Hans Richter und Berendt Scharenberg, von denen der zu den Schweden übergegangene russische Bojar Menschok Baranoff es einlöste und im Jahre 1624 vom schwedischen König belehnt wurde.

Die Baranoffs blieben Besitzer des Gutes, bis der Mannrichter und Landrat Dettloff Christoph von Baranoff es im Jahre 1836 an Heinrich von Stryk a. d. H. Tignitz verkaufte. Doch im Jahre 1856 veräußerte er das Gut an Thomas von Ramm weiter.

Groß-Lechtigall hat dann noch mehrfach den Besitzer gewechselt und gehörte im Jahre 1919 bei Aufsiedlung aller Güter in Estland Theodor Boustedt.

In Lechtigall wurde Mitte des 19. Jahrhunderts noch ein klassizistisches Herrenhaus aufgeführt. Pirang sagt 1930:

„Das 1832 erbaute Boustedtsche Lechtigall in Estland nimmt ein frühklassizistisches Fassadenmotiv auf und wandelt es teilweise ab. Die Loggia im Mittelrisalit ist eine Renaissance-Entlehnung."

Lechts/estn. Lehte

Über 10 000 Hektar war Lechts groß und damit das größte Gut im Norden von Estland. Im 18. Jahrhundert gehörte es dem Hakenrichter von Derfelden, im Jahre 1744 ist dies bezeugt. Doch zwanzig Jahre später, im Jahre 1767, ist die Familie von Rosen im Besitz von Lechts. Und weiter wechselten die Besitzer auf dem Gut, so im Jahre 1783, d. h. im Jahre der Statthalterschaftsverfassung in Estland, die so viele Änderungen in der Verwaltung und den rechtlichen Verhältnissen in den Ostseeprovinzen brachte, so etwa die, daß die Pfandbesitze nur noch zehn Jahre dauern durften.

Im Jahre 1783 gelangte das Gut Lechts in die Hand der Familie der Barone von Hoyningen-Huene. Bei ihnen verblieb das Gut in kommender Zeit. Friedrich Baron Huene war letzter Besitzer des Gutes, das wie alle estländischen Güter im Jahre 1919/20 enteignet und aufgesiedelt wurde.

Friedrich Baron Hoyningen-Huene war ein bekannter Naturwissenschaftler, der sich auf dem Gebiete der Schmetterlingskunde einen Namen gemacht hat. Es gibt verschiedene Sorten und Arten von Schmetterlingen, die seinen Namen tragen. Seine Tochter, die mit einem Herrn von Baranoff verheiratet war, Agnes von Baranoff, ist als Schriftstellerin bekannt geworden. Sie hat Erinnerungen verfaßt, die unter dem Titel „Mein Baltenland" 1941 erschienen sind.

Das Herrenhaus von Lechts war im 19. Jahrhundert im neugotischen Stil aufgeführt worden und war ein wesentliches Wahrzeichen der Gegend.

Loal/estn. Lohu

Loal im Distrikt Harrien war nach dem Liber census Daniae um 1250 ein dänisch königliches Dorf, von dem aber Teile verlehnt waren. Der

Ritter Helmold v. Sagha stiftete im Jahre 1342 eine Vikarie in der St.-Nikolai-Kirche in Reval zu Ehren der Jungfrau Maria und der Heiligen Barbara und schrieb diese Vikarie auf das Dorf Loal ein.

Der Komtur von Reval löste 1376 das Dorf ein, und seitdem erscheint Loal als ein Dorf des Komturs von Reval. Später, im 17. Jahrhundert, gelangte Loal mit einer Pertinenz, dem rechtlichen Zubehör eines Hofes Ruil/ Ruila an die Krone Schweden. Bibliotheksbestände des einstigen Gutes Ruil/Roela in Wierland, später einem Wrangellschen Besitz, befinden sich heute im Archiv des historischen Museums in Reval/Tallinn.

Der schwedische König Gustav Adolf verlieh Ruil/Ruila und Loal dem Rigenser Syndikus Johann Ulrich, in dessen Familie Loal, von Ruil durch Erbteilung abgetrennt, bis ins letzte Viertel des 18. Jahrhunderts verblieb.

Die Ulrich hatten für Katharina II. eine besondere Bedeutung. Der Modellcharakter der Ostseeprovinzen für das russische Reich wurde besonders in der russischen Gouvernementsreform von 1775 offensichtlich. Bei den Vorbereitungen waren vor allem der Livländer Jakob Johann Graf v. Sievers und der estländische Landrat Gustav Reinhold v. Ulrich beteiligt. „Die Verfassung war aus den deutschen Provinzen geschöpft", äußerte Blum, der Biograph von Sievers im 19. Jahrhundert. Sievers selbst hat gesagt:

„Katharina II. geruhte mich zu berufen und ließ einen Landrath aus Ehstland kommen, um die Verfassung dieser Provinz darzulegen wie ichs mit Livland that, wo sie einige Aufklärung fand."

Das Ulrichsche Gut war schließlich im Besitz der russischen Familie Baranoff, die in schwedischer Zeit schon Fuß im Baltikum gefaßt hatte, und kam im Jahre 1840 an Gotthard August v. Helffreich. Von dessen Sohn Alexander erbte es 1909 der Neffe, der Generalmajor Konstantin von Baranoff. 1919 wurde er in der allgemeinen Agrarreform enteignet. Das Gut wurde wie in allen anderen neu entstandenen Staaten Est- und Lettland aufgesiedelt.

Arthur v. Baranoff war 1931 bis 1937 Assistent und Versuchschemiker bei der 1792 gegründeten Livländischen Gemeinnützigen und Ökonomischen Sozietät, die bis zur Umsiedlung der Deutschbalten 1939 bestanden hat.

Lodensee/estn. Kloga

Nicht weit von Reval/Tallinn, ungefähr 40 km entfernt, liegt an einem See Lodensee. Am Beginn des 16. Jahrhunderts, im Jahre 1505, wird das Gut dem Ritter Ewert von Langen verliehen.

Doch das Gut wurde zu einem Walzengut und gehörte zahlreichen Geschlechtern, so den Familien Brackel, Treyden, Heydemann und Wachtmann.

Während der schwedischen Periode, im Jahre 1665, gelangte die Familie von Klugen in den Besitz.

Erster Besitzer aus diesem Geschlecht war Hans Heinrich von Klugen. Lodensee wurde nicht reduziert, nicht von der schwedischen Krone eingezogen, so daß dieses Geschlecht, auch über den Wechsel von schwedischer zu russischer Herrschaft, seit 1721 bis in das 20. Jahrhundert im Besitz von Lodensee war.

Schloß Lohde/estn. Koluvere

Es ist vermutet worden, daß das Schloß Lohde, das neben den baltischen Gütern Dondangen, Neuenburg und Ass zu den wenigen erhaltenen Wasserburgen im ganzen Baltikum gehört, seinen Namen von dem im 13. Jahrhundert in der Wieck mächtigen Vasallengeschlecht von Lode hat; zu beweisen ist es nicht.

Schloß Lohde/estn. Koluvere

Urkundlich erscheint der Name des Besitzes zuerst als bischöflich öselsches Schloß und als Mittelpunkt eines der vier landesherrlichen Ämter in der Wiek.

Im großen Russenkrieg in der zweiten Hälfte des 16. Jahrhunderts wurde das Schloß einer der wichtigsten Waffenplätze Estlands und ging mehrfach aus einer Hand in die andere über.

Länger als die meisten anderen Güter blieb dann das Schloß Lohde im Besitz der Krone Schwedens; erst im Jahre 1637 wurde das Gut dem Generalleutnant und Landrat Friedrich v. Löwen verliehen. Die Lehensurkunde wurde von der Königin Christine 1646 bestätigt und das Besitzrecht 1652 auf harrisch-wierisches Recht verbessert.

Doch auch das Schloß Lohde wurde schließlich von der schwedischen Krone im Rahmen der allgemeinen Güter-Reduktionspolitik eingezogen, vereinnahmt, wurde reduziert, wie man sagte. Doch nach dem Nordischen Krieg (1700–1721), zur russischen Zeit, wurde es den Baronen Löwen zurückgegeben.

Gustav Reinhold Baron v. Löwen (1690–1766), Generalleutnant und Chef der holsteinischen Truppen Kaiser Peters III., sah sich nach dem 1762 erfolgten Sturz des Zaren aus dem holsteinischen Hause drückender Schulden wegen genötigt, die Lohdeschen Güter, nämlich Schloß Lohde, Groß- und Klein-Goldenbeck und Roop, für 140 000 Rubel dem Grafen, späteren Fürsten Grigorij Orlow, dem Günstling der Zarin Katharina II., zu verkaufen. Nach dem Tode des Fürsten Orlow (1783) kaufte die Kaiserin Katharina II. die Güter von den Erben für 150 000 Rubel.

So gelangte Schloß Lohde an die russische Krone. Immerhin ist bemerkenswert, daß Löwen, der einstige Kommandeur des holsteinischen Kürassierregiments, nach 1762 Kammerherr des Fürsten G. Orlow war.

Schloß Lohde kam dann ins Gerede; Gerüchte breiteten sich aus, die mit dem Namen Pohlmann verbunden waren. Reinhold Wilhelm v. Pohlmann (1727–1795) stand in engen Beziehungen zum russischen Hof. Als Generalleutnant war er von 1775 bis 1778 Chef der kaiserlichen Jagd, und als Verwalter des kaiserlichen Schlosses Lohde in Estland machte er sich einen Namen in der berüchtigten Geschichte um den Tod der Prinzessin Auguste von Württemberg, die auf Schloß Lohde gefangengehalten wurde und dort auch den Tod fand. Über diesen Fall hat noch Ernst Baron Ungern-Sternberg in den Baltischen Heften (1958) unter dem Titel „Prinzessin Auguste von Württemberg und ihr Tod in Schloß Lohde in Estland" berichtet. Erik Thomson stellt darüber hinaus fest: „Schloß Lohde ist durch den Roman Der Weg nach Lohde von Ilse Reicke weiteren Kreisen bekannt geworden; in ihm wird das Schicksal der Prinzessin August Caroline von Braunschweig-Wolfenbüttel erzählt, die auf Schloß Lohde am 16.9.1788, vierundzwanzig Jahre alt, unter Umständen, die niemals aufgeklärt worden sind, eines frühen Todes gestorben ist."

Nach dem Tode der Zarin Katharina II. im Jahre 1796 verlieh Zar Paul das Schloß Lohde schließlich am 27. Januar 1797 dem nachmaligen Generalgouverneur der Ostseeprovinzen und Eroberer Finnlands, Friedrich Wilhelm v. Buxhoeveden, den er einige Wochen später zum Grafen erhob. Friedrich Wilhelm Graf v. Buxhoeveden war mit einer „natürlichen" Tochter des Fürsten Grigorij Orlow verheiratet, die nach Gerüchten eine Tochter Katharinas II. war. Buxhoeveden war 1772 Adjutant Orlows geworden und hatte diesen 1774 und 1775 auf Reisen durch Deutschland und Italien begleitet. 1783 wurde Buxhoeveden Oberst und Flügeladjutant der Kaiserin – die vielleicht seine Schwiegermutter war. Buxhoevedens Mutter war im übrigen eine Schwester der bei Katharina II. sehr geschätzten Frau v. Weymarn. Die Kaiserin hatte ihm schon das Kronsgut Magnusdahl geschenkt. Dessen Nachkomme Leon Graf v. Buxhoeveden war der letzte Besitzer von Schloß Lohde, als auch dieser Besitz 1919/1920 enteignet und aufgesiedelt wurde.

Ludenhof/estn. Luuamois

Im 1984 herausgegebenen estnischsprachigen Güterverzeichnis „eesti ala moisate nimestik" gibt es ein Gut namens Ludenhof/Luuamois nicht.

Ludenhof hieß ursprünglich Radifer und gehörte in der bischöflichen Zeit einem Wilhelm Drolshagen, der das Gut im Jahre 1519 zusammen mit anderen Ländereien seinem Schwager Jürgen v. d. Lude verkaufte.

Die Familie v. d. Lude, nach der das Gut später den Namen Ludenhof erhalten hatte, besaß es bis zur polnischen Zeit. Damals war ein Pole namens Watrinsky und nach ihm Martin Unverfehrt und dessen Erben im Besitz oder Pfandbesitz des Gutes. Im Jahre 1600 gelangte das Gut an die Familie v. Nieroth.

Schließlich verlieh der schwedische König Gustav Adolf die Grundherrschaft im Jahre 1626 seinem Sekretär Johann Fegräus, der später unter dem Namen v. Strömfeld geadelt wurde. Dessen Erben wurde 1682 der Besitz entzogen, wie man sagte reduziert. Doch unmittelbar nach dem Ende der schwedischen Zeit, nach dem Nordischen Krieg (1700–1721), im Jahre 1722 wurde der Besitz zurückgegeben, restituiert.

Das Gut gelangte in die Hand der Familie v. Schulmann. Von 1745 bis 1782 waren hintereinander der Assessor Karl Gustav v. Schulmann, der Staatsrat Friedrich v. Schwebs und der Landrat Reinhold Johann v. Rosenkampff im Besitz von Ludenhof. Darauf kaufte Graf Ernst v. Münnich, der Sohn des bekannten russischen, aus dem Oldenburgschen stammenden Staatsmannes, das Gut, dessen Erben es bis in das 19. Jahrhundert hinein besaßen. Von 1825 bis 1831 gehörte das Gut dem Landrat Reinhold Johann Ludwig Samson v. Himmelstjerna und darauf in 3 Generationen der Familie v. Oettingen: erst dem Landrat Alexander (1831-1846), dann dem Landrat Nikolai (1853–1876) und zuletzt bis zur Enteignung 1919 dem Landrat Arved v. Oettingen (1889–1919).

Lunia/estn. Luunja

Lunia, im einstigen Nordlivland gelegen, wurde als Tafelgut des Dompropstes von Dorpat auch Propsthof genannt. Im Jahre 1503 wurde vom Bischof von Dorpat, Johannes III. von der Ropp, dem Dorpatenser Bügermeister Lorenz Hogenstern das Gut Lunia verliehen. In der polnischen Zeit übergab König Stephan von Polen das Gut zunächst dem Schlachtizen Wasinsky und wies es dann der Marienkirche in Dorpat zum Unterhalt des Propstes an.

Der schwedische König Gustav Adolf donierte Lunia im Jahre 1626 dem Kriegskommissar und Statthalter Adam Schrapffer. Dessen Sohn und Enkel besaßen das Gut bis 1674. Dann ging es durch Kauf an den Obersten Otto Reinhold Taube über, der es noch 1682 im Besitz hatte. Dessen Tochter war verheiratet mit dem schwedischen Statthalter Gustav Adam Strömfeld. Das hat wohl dazu den Ausschlag gegeben, daß dem Sohn das Gut während der Reduktionspolitik nicht enteignet wurde, sondern der Besitz im Jahre 1683 von der Reduktionskommission für allodial, d. h. als frei verfügbares Eigentum erklärt wurde.

Während des Nordischen Krieges (1700–1721) war das Gut zunächst in den Besitz des russischen Feldmarschalls Graf Scheremetjew gelangt, wurde dann aber nach dem Friedensschluß (1721) 1722 dem schwedischen Hofgerichtspräsidenten Otto Reinhold Baron Strömfeld wiedergegeben. Dieser verkaufte das Gut dem Geheimrat Graf Ernst v. Münnich.

Da dieser aber zu Beginn der Regierung der Zarin Elisabeth 1740 in die Verbannung geschickt und sein Vermögen konfisziert worden war, schenkte die Kaiserin 1744 Lunia seinem Onkel, dem Oberhofmeister Christian Wilhelm Baron Münnich.

Kaiser Peter III. gab 1762 das Gut dem Grafen Ernst Münnich zurück und entschädigte den Onkel mit den Gütern Sternhof und Drostenhof. Die Zarin Katharina II. übernahm einige Hofbeamte aus der Regierungszeit Elisabeths und Peters. Dazu gehörten Carl Graf v. Sievers, Reinhold v. Delwig und der Oberhofmarschall Christian Wilhelm v. Münnich.

Nach dem Tode des Grafen Ernst Münnich übernahm dessen Sohn, der Etatsrat Johann Gottlieb Graf Münnich, neben anderen Gütern auch Lunia und vermachte es 1810 testamentarisch seiner dem schwedischen Kapitän Axel Gustav Friedrich Baron Nolcken vermählten Tochter Marie Ernestine.

Von ihr erbte im Jahre 1817 das Gut der Sohn Georg Baron v. Nolcken und von diesem 1854 dessen Sohn, der Kreisdeputierte Ernst Baron v. Nolcken. Dessen Schwester Lucie, verheiratete Frfr. v. Stael-Holstein (1857–1929) war Schriftstellerin, schrieb auch unter dem Pseudonym Sylva Testa – ein Name, der auf den estländischen Besitz ihres Mannes verweist: Testama bei Pernau. Ein 1894 erschienener Roman lautet „Der Freiherr v. Erbach."

Sohn Arvid Baron Nolcken (gest. 1909) hinterließ Lunia seinem Sohne Heinrich Baron v. Nolcken, dem das Gut 1919 im Zuge der Agrarreform enteignet wurde.

Lustifer/estn. Lustivere

Lustifer, im einstigen Nordlivland gelegen, bildete einen Teil des Oberpahlenschen Schloßgebietes, dessen Schicksal es teilte, bis es 1725 – obgleich damals im Besitz des Kammerrates Heinrich v. Fick befindlich – dem Vizepräsidenten des russischen Justizkollegiums Sigismund Adam v. Wolff verliehen wurde.

Das Gut Lustifer erbte von Adam v. Wolff der Sohn, der Generalmajor Karl Baron Wolff. Und dieser vererbte es auf seinen Sohn, den Ingenieurleutnant Jakob Johann Baron Wolff.

Diese Familie war im Baltikum verbreitet und brachte einige hervorragende Persönlichkeiten im 18. Jahrhundert hervor. Beispielsweise der in Liv-, Est- und Ingermanland besitzliche Gutsbesitzer Friedrich Freiherr von Wolff (1720–1779) war im Jahre 1765 Mitglied der Freien Ökonomischen Gesellschaft zu St. Petersburg. Er schrieb Werke über russische und deutsche Landwirtschaft; Friedrich von Wolff beteiligte sich auch an Preisfragen der Gesellschaft, „die man zum Teil in deren Abhandlungen findet. Eine davon erhielt den ausgesetzten Preis, welchen sich aber der Verfasser, wo ich nicht irre, verbat" – so berichtet es August Wilhelm Hupel im 18. Jahrhundert in seinen topographischen Nachrichten von Livland.

Die Barone Wolff verkauften im Jahre 1818 Lustifer der Frau Marie Margarethe v. Samson-Himmelstierna geb. Baronesse Taube v. d. Issen. Diese vererbte den Besitz ihrem Sohn, dem Kreisgerichtsassessor Reinhold Friedrich Eugen v. Samson-Himmelstierna.

Lustifer/estn. Lustivere

Von ihm gelangte Lustifer 1856 an seine Schwester Angelique verheiratete v. Wahl, die es 1889 ihrem Sohn Reinhold v. Wahl vermachte, der es 1899 seinem Sohn Leo hinterließ.
Leo v. Wahl war 1919 bei der Enteignung und Aufsiedlung des Gutes der letzte Besitzer von Lustifer.
Das noch stehende Herrenhaus im neugotischen Stil ist um 1890 aufgeführt worden.

Matzal/estn. Matsalu

Matzal war der Haupthof der Ordenskomturei Leal. König Johann III. von Schweden verlieh Matzal im Jahre 1573 dem Obristen Claes Akeson Tott zu Byestad, Ritter und Statthalter über Estland. Dem Schwiegersohn, Statthalter zu Kalmar, Hans Erichsson (Ulfsparre) zu Broxvik, wurde vom König Karl IX. das Gut Matzal im Jahre 1608 als Besitz und Lehen bestätigt, nachdem es zuvor einige Jahre in den Händen des Ewolt v. Medem gewesen war.

Matzal wurde schließlich unter der Bedingung verpfändet, daß das Gut immer bei dem Geschlecht Tott bleiben solle. Dieser Vertrag spielte sich zu jener Zeit ab, als Henrik Totts Witwe Sigrid, die eine natürliche Tochter von König Erich XIV. und der Karin Mansdotter war, im Besitz von Matzal war. Sie vererbte den Besitz an ihren Sohn, den Feldmarschall Ake Tott. Von dessen Sohn Claes Tott, mit dem im Jahre 1674 die Grafen Tott ausstarben, erbte Matzal der schwedische Reichsschatzmeister Sten Bielcke (gest. 1684).

Zusammen mit der Tottschen Grafschaft Leal und Wattel wurde aber auch Matzal reduziert, vom schwedischen Staat im Rahmen der Absolutismuspolitik einkassiert.

Während des Nordischen Krieges (1700–1721) vergab die in den Ostseeprovinzen inzwischen die Macht innehabende russische Regierung den Besitz Matzal im Jahre 1715 an den General Weyde. Und die nach dem Kriege eingerichtete russische Restitutionskommission wies 1726 die Ansprüche der Bielckeschen Erben auf das damals zu den Apanagengütern gezogene Matzal zunächst zurück, dennoch erhielt im Jahre 1733 Sigrid Christine Bielcke die Güter für die Familie zurück. Sie war verheiratet mit dem Obristleutnant Johann Manderstierna. Die Söhne teilten sich den Besitz, indem Thure Jaan Manderstierna das Gut Wattel, Sten Göran die Güter Matzal und Leal erhielt. Letzerer hat Matzal im Jahre 1782 verkauft.

Matzal gelangte dann in den Besitz der Familie v. Nassacken und wurde schließlich dem Berend Baron Uexküll zu Fickel verkauft. Bei den Uexküll verblieb der Besitz bis in die 1860er Jahre. Friedrich August Baron Uexküll verkaufte Matzal 1867 an Nikolai Baron Hoyningen-Huene (gest. 1914), dessen Erben das Gut 1919 enteignet wurde.

Im Jahre 1875 war auf Matzal Alfred Frhr. v. Hoyningen-Huene geboren, gestorben 1946 auf der westfriesischen Insel Langeoog. Von 1893 bis 1897 hat er in Argentinien gelebt, kam zurück nach Estland und gab kleine Erzählungen heraus, so etwa „Ein Opfer der Sklavenhändler".

Meks/estn. Ravila

Das einstige ritterschaftliche Gut Meks/Ravila liegt im Distrikt Harrien, im Kirchspiel Kosch/Kosa.

Der Kirchspielsort hat eine alte, sehr schöne Kirche. Der Besitz Meks befand sich bis fast zur Mitte des 19. Jahrhunderts in der Hand der Familie v. Uexküll-Güldenbandt. Im Jahre 1843 war Louise Gräfin Manteuffel geb. v. Uexküll-Güldenbandt im Besitz von Meks.

Bei den Manteuffel verblieb der Besitz bis zur Enteignung und Aufsiedlung der Güter im Jahre 1919.

Einer der bekanntesten Besitzer von Meks/Ravila war Peter v. Manteuffel, der sich als baltischer Dichter und Schriftsteller einen Namen gemacht hat.

Peter Baron Zoege von Manteuffel (1866–1947), in Wechmuth/Vohmuta geboren, zeitweilig Besitzer von Meks, hat ebenso und entsprechend wie der bekannte russische Dichter Turgenev in seinem Buch „Aufzeichnungen eines Jägers" als Realist die Natur und die Menschen seiner Heimat beschrieben.

Manteuffel hatte in Dorpat studiert, dann in Leipzig und München. Er lebte nach der großen Agrarreform 1919 zunächst in Deutschland, kehrte dann nach Estland zurück und lebte von 1929 bis 1939 in Nömme bei Reval. Nach dem Zweiten Weltkriege lebte er wieder in Deutschland und starb im schwäbischen Biberach an der Riß. Er gilt als „Begründer der estnischen Bauernnovelle". 1925 erschien von ihm „Das estnische Bauernbuch. Nordische Dorfgeschichten". Und im selben Jahre noch „Die Brandung. Eine estnische Novelle". 1926 erschien sein Roman „Könige der Scholle. Ein baltischer Roman". Weitere Novellen und Romane befassen sich auch mit den Esten, weniger mit den Deutschbalten.

Meks/estn. Ravila (Kirche)

Meks/estn. Ravila

Aus den in den Beständen der Universitätsbibliothek Dorpat liegenden Akten der Livländischen Gemeinnützigen und Ökonomischen Sozietät geht hervor, daß Meks 1934, d. h. ein kleiner Resthof, Gräfin Pilar-Kotzebue gehört hat.

Meks/Ravila ist heute, 1992, ein Altersheim und beherbergt ungefähr 150 Menschen. Das Herrenhaus ist ein schlichter zweigeschossiger Bau aus dem 18. Jahrhundert, neunachsig mit einem dreiachsigen Mittelrisalit, der dreiecksüberkrönt ist und ein „Eulenloch" besitzt. Das Haus hat an der Parkseite eine kleine Veranda. Das Haus ist rot angemalt, weiß abgesetzt.

Menzen/estn. Moniste

Menzen, im einstigen Nordlivland gelegen, ist der älteste Besitz der Familie Uexküll im Bistum Dorpat und gehörte wohl bereits in der ersten Hälfte des 14. Jahrhunderts dem Nikolaus v. Ixkulle. Im Jahre 1387 gehörte Menzen, das damals ein Dorf des Gutes namens Mendis war, während der Gutshof sich 3 km nordwestlich des Menzenschen Dorfes Ahhilla befand, der Witwe des Henneke v. Uexküll.

Als selbständiger Gutshof wird Menzen 1529 erstmalig erwähnt. Das Gut, das zu dem großen Gesamthandbesitz des Geschlechts der Uexküll im Erzstift, Stift Dorpat und Stift Ösel gehörte, verblieb bis 1765 in der Hand der Familie.

In jenem Jahre verkaufte der Hofjunker Hans Georg Baron Uexküll Menzen dem Hofgerichtsassessor Georg Heinrich v. Koskull. Dessen Enkel Theodor Heinrich von Koskull veräußerte das Gut im Jahre 1826 an den Kreisdeputierten Bernhard v. Wulf.

Seitdem blieb Menzen im Besitz der Deszendenz dieses Mannes. Im Jahre 1919 wurde der Besitz während der großen Agrarreform Eduard v. Wulf enteignet.

Merjama/estn. Märjamaa

Im Archiv des historischen Museums in Reval/Tallinn befindet sich auch eine Akte über die ritterschaftlichen Güter Merjama und Addila/Adila, die die Zeit von 1650 bis 1807 behandelt.

Im Jahre 1650 befanden sich beide Güter im Besitz von Georg Wrangell, der mit dem Kriegsrat Hinrich Flemming prozessierte. Es ging dabei u.a. um das Gut Waddemois/Vaimoisa.

Am Beginn des 18. Jahrhunderts gelangten die Güter Merjama und Addila in die Hand der Familie der Barone Hoyningen v. Huene.

Mexhof/estn. Mäo

Das ritterschaftliche Gut Mexhof/Mäo liegt im Distrikt Jerven im Kreis Weissenstein/Paide. Der Landrat von Löwenstern befand sich am Ende des 18. Jahrhunderts im Besitz von Mexhof. Dieser gehörte in den Jahren von 1792 bis 1829 mit zu den ersten Mitgliedern der für die landwirtschaftliche Entwicklung so bedeutsamen Livländischen Gemeinnützigen und Ökonomischen Sozietät.

Mexhof war dann längere Zeit im Besitz der Familie von Stackelberg, gelangte dann an die Familie v. Essen. Im Jahre 1860 wurde unter der Familie von Essen auf Mexhof, auch Meckshof, ein Fideikommiß eingerichtet.

In jüngster Zeit ist begonnen worden, das Herrenhaus, von dem nur noch eine Ruine existierte, wiederaufzubauen. Das Dach hat man schon weitgehend in den Jahren von 1991 bis 1992 konstruiert. Freilich ist das erst ein sehr bescheidener Anfang.

Mexhof/Mäo liegt von Reval/Tallinn kommend direkt am Wege nach Dorpat/Tartu.

Mexhof, auch Meckshof genannt, gehörte ursprünglich der Familie von Mecks. Zunächst hieß der Grundbesitz Pepefer. Noch im Jahre 1541 ist Johann Mecks als Besitzer des Gutes genannt. Auch noch in der zweiten Hälfte des 16. Jahrhunderts ist bekannt, daß Reinhold Mecks von den Russen gefangengesetzt wurde. Während der weiteren russischen Besetzung in der zweiten Hälfte des 16. Jahrhunderts unter Iwan dem Schrecklichen war dann Elert Kruse Besitzer des Gutes. Noch 1561, in der polnischen Zeit, als König Stefan das Stift Dorpat erobert hatte, wurde Meckshof eingezogen. Es wurde einem Mann na-

Mexhof/estn. Mäo

mens Melchert verliehen. Im Jahre 1604 veräußerte er das Gut an Heinrich von Gilsen. Dessen Tochter war verheiratet mit Bernhard Scharenberg, dem der Besitz schließlich unter den Schweden vom König Gustav Adolf bestätigt wurde. Dann wurde auch Mexhof wie etwa Aya dem Grafen Oxenstierna verliehen. Am Ende des 17. Jahrhunderts war es dann von der Reduktionskommission eingezogen worden, wurde aber nach dem Nordischen Krieg (1700–1721) im Jahre 1726 von der russischen Restitutionskommission den Erben Oxenstierna wieder zuerkannt. Diese in Stockholm lebenden Erben verkauften Mexhof im Jahre 1726 für 3800 Reichstaler an Heinrich Schlüter. Aus dem Konkurs der Erben des Heinrich Schlüter kaufte zunächst der aus Holstein stammende Notar Mylius, der ein Waisenhaus in Kiel gebaut hat, den Besitz. Doch dann trat er sein Recht ab an den Landrat Carl Diedrich von Loewenstern. Im Jahre 1756 wurde er gerichtlich in den Besitz eingewiesen.

Moisekatz/estn. Mooste

In Moisekatz gibt es ein Herrenhaus, das im Jahre 1904 aufgeführt worden ist. Der Architekt ist August Reinberg.

Der Besitz war lange in der Hand der Familie der Barone Nolcken. Das Gut Moisekatz bestand einst aus zwei Gütern, nämlich Moisekatz und Kugositz. Während der polnischen Zeit nach 1561 war es dem Landrichter Wilhelm Sturz verliehen worden. Die Sturz besaßen den Besitz bis in die schwedische Zeit am Beginn des 17. Jahrhunderts. Im Jahre 1625 hatte König Gustav Adolf den Besitz eingezogen und verlieh

Moisekatz/estn. Mooste

ihn sofort dem schwedischen Oberst Joachim Nikolaus von Güntersberg. 1653 fiel dann der Besitz wieder an die Krone zurück, wurde 1660 neu verliehen an den Bürgermeister von Narwa, Lorenz von Nummers. Doch 1682 wurde es wieder vom Staate eingezogen.

Während des Nordischen Krieges (1700–1721) kassierte Moisekatz der russische Staat ein, und der russische Zar Peter I. schenkte die Güter im Jahre 1717 dem Generalleutnant und Generalprokurator und Reichsrat Paul Graf Jagusinsky. Dieser verkaufte Moisekatz dem Oberstallmeister Carl Gustav Graf von Löwenwolde.

Von den Löwenwolde wurde es dann an die Barone Strömfeld veräußert, die es im Jahre 1741 zusammen mit Lunia dem Geheimrat Ernst Graf Münnich übereigneten.

Doch Münnich wurde bald darauf nach Sibirien verbannt, und seine Güter wurden vom Staat eingezogen. So schenkte bereits im Jahre 1744 die Kaiserin Elisabeth Moisekatz dem Onkel des verbannten Ernst Münnich, dem Oberhofmeister Christian Wilhelm Freiherrn von Münnich, der das Gut bis zum Ende der Regierungszeit der Zarin Elisabeth besaß. Ihr Nachfolger und Neffe, der Herzog von Schleswig-Holstein, Kaiser Peter III., hatte noch unmittelbar vor seinem Tode im Jahre 1762 das Gut Moisekatz dem Geheimrat Ernst Graf Münnich wiedergegeben, den er aus der Verbannung zurückgerufen hatte.

Eine Erbengemeinschaft der Kinder Münnichs kam überein, daß der Etatsrat Johann Gottlieb Graf Münnich die Fideikommißgüter Neuenhuntorff und Münchenau in der Grafschaft Oldenburg in Deutschland und die Güter Lunia und Moisekatz in Livland für 75 000 Rubel als Gesamtbesitz übernahm. Johann Gottlieb Graf Münnich hatte Töchter. Die eine, Marie, war mit einem Baron Nolcken verheiratet, die andere mit einem Baron Mengden. Die Barone Nolcken erhielten aus der Erbschaft im Jahre 1815 die Güter Moisekatz und Kavershof und Pertinenzen, so auch Lunia. So gelangte Moisekatz in den Besitz der Barone Nolcken.

Muddis/estn. Moe

Muddis war zur Ordenszeit ein Gut der Familie Rothase. Als erster Besitzer wird im Jahre 1500 Hermann Rothase urkundlich erwähnt. Sein Nachkomme Peter Rothase kämpfte gegen Schweden und ging daher im Jahre 1566 seines Gutes verlustig.

Es wurde dann 1585 dem schwedischen Befehlshaber Lars Hinrichson Hordeel verliehen, dessen Frau es noch 1592 besaß.

Zu Anfang des 17. Jahrhunderts kam Muddis an Reinhold Lode, dessen Erben das Gut noch zur Zeit der Reduktion (1688) besaßen. In der

Güterreduktion enteignete der schwedische Staat im Rahmen der Absolutismuspolitik zahlreichen Besitz.

Nach dem Nordischen Krieg (1700–1721), am Beginn der russischen Zeit, im Jahre 1726, gehörte Muddis dem Revalenser Ratsherrn Claus Johann Nottbeck (gest. 1735) und ging 1739 durch Kauf an die Frau Kapitänin Gosler über.

Im Jahre 1765 war Major v. Lambsdorff, 1744 Fähnrich Otto Reinhold v. Yhrmann Besitzer des Gutes.

Im 19. Jahrhundert gehörte Muddis in den Jahren von 1816 bis 1840 Frau v. Wenndrich geb. v. Friesell, wurde dann später an Jakob Kurberg veräußert. Arved und Ewald Kurberg waren die letzten Besitzer, als das Gut im Jahre 1919 enteignet und aufgesiedelt wurde.

Die Kurberg haben in Muddis bis zur Umsiedlung der Deutschbalten im Jahre 1939 auf einem Siedlungshof gewirtschaftet.

Das schlichte Herrenhaus von Muddis gehörte zu den typischen altertümlichen Gebäuden. Bei Pirang heißt es 1926 im Zusammenhang auch mit Muddis:

„Als langgestreckte, einstöckige Gebäude mit geringer Deckenhöhe und einfachem Satteldach sind sie, jedes in seiner Art, typisch für eine grosse Reihe der ältesten baltischen Gutshäuser. Aber nicht nur das Architektonische allein ist typisch, es ist außerdem noch ein Umstand maßgebend, der die drei Bilder als echt baltische erscheinen läßt. Das ist das enge Verbundensein mit der Natur, mit der Umgebung, das innige Verhältnis zwischen Haus und Baum."

Neuenhof/estn. Kose-Uuemoisa

In Estland gibt es fünf ehemalige ritterschaftliche Güter, die den deutschen Namen Neuenhof tragen, zwei mit den estnischen Namen Uuemoisa, dann Kose-Uuemoisa und schließlich Loo und Paju. Auf Neuenhof/est. Kose-Uuemoisa wurde der zu Unrecht weitgehende baltische Dichter und Schriftsteller Woldemar Frhr. v. Uexküll (1860–1952) geboren.

Uexküll hat vor allem Novellen und Romane über den Kaukasus geschrieben, die an die Arbeiten Puschkins, Lermontows und Tolstojs errinnern. Eine seiner schönsten Erzählungen, „Die Schwurbrüder", erschien im Jahre 1911.

Uexküll besuchte die Domschule zu Reval, war russischer Offizier, Gutsbesitzer in Estland und schloß sich schließlich der Sekte des großen russischen Dichters Leo Tolstoj an.

Er war dann 1905 Vertreter der russischen Baptistenunion bei einer

Neuenhof/estn. Kose-Uuemoisa

Konferenz in London. Dann befand er sich auf Reisen in Amerika und im Kaukasus. Nach 1918 lebte er in der Schweiz.
Uexküll hat in autobiographischen Aufzeichnungen, die im maschinenschriftlichen Manuskript im Archiv des historischen Museums in Reval/Tallinn liegen, ein äußerst düsteres Bild von der deutschbaltischen Gesellschaft seiner Zeit hinterlasssen. Zweifelsohne war Uexküll ein hochsensibler suchender Mensch, der sehr unter sich selbst gelitten hat und den es aber gerade heute mit seinen kenntnisreichen Schriften über die Menschen der unterschiedlichen Völker im Kaukasus mit ihren unterschiedlichen Mentalitäten wiederzuentdecken gilt.

Nurms/estn. Nurme

In Estland gibt es sieben einstige Güter mit Namen Nurms, die bis auf eines (Nurtu) im estnischen alle Nurme heißen.
Eines dieser Güter Nurms/Nurme liegt auf der Insel Moon/Muhu. Ösel/Saaremaa und Moon/Muhu wurden im Jahre 1227 unter persön-

licher Anführung des Bischofs Albert aus dem Geschlecht der Buxhoeveden und des livländischen Ordensmeisters Volquin unterworfen. Seitdem gehörte die ganze Insel Moon zu den Besitzungen des Ordens. Die Erbfolge traten dann die jeweiligen Regierungen der neuen Machthaber an.

Noch lange nach Ende der Ordenszeit verblieb der Besitz bei der staatlichen Obrigkeit. Noch im Jahre 1691 war fast die ganze Insel Moon, mit Ausnahme des seit 1566 von der Knorringschen Familie erblich besessenen Gutes Peddast/Pädaste und einiger zur dänischen Zeit verliehener Streuländereien, eine schwedische Domäne.

Später war Margaretha Glück, die Tochter des Propstes Glück, nach dem Tode ihres Mannes, des Gardekapitäns Wilhelm v. Vietinghoff, Nutznießerin der staatlichen Güter Grossenhof, Magnushof, Nurms und Ganzenhof.

Vor dem Ersten Weltkriege gehörten von den neun Gütern der Insel Moon sechs der russischen Krone.

Schloß Oberpahlen/estn. Vana-Põltsamaa

Schloß Oberpahlen, im einstigen Nordlivland gelegen, ist im 13. Jahrhundert als Ordensburg erbaut worden und liegt an dem Flüßchen Pala, das später Oberpahlenscher Bach benannt worden ist.

Schloß Oberpahlen liegt in einer sehr fruchtbaren Gegend des ehemaligen Livlands, heute in Estland, und ist schon seit älteren Zeiten unter dem Namen „Moche und Nurmegunde" bekannt.

Es gab einst auch eine „Heidenburg" an der Pala, die im Jahre 1223 vom livländischen Schwertbrüderorden erobert wurde. Schloß Oberpahlen wurde um 1480 als Ordensvogtei der Komturei Fellin/Viljandi unterstellt.

Zu Beginn des russischen Einfalls in Livland unter Ivan dem Schrecklichen im Jahre 1558 wurde das Schloß von der Besatzung im Stich gelassen und nach Einnahme durch die Russen das Schloß schließlich im Jahre 1573 vom Zaren Ivan IV. Herzog Magnus v. Holstein, dem zeitweilig sogenannten König von Livland, als Residenz angewiesen.

Nachdem sich Herzog Magnus von Holstein im Jahre 1570 den Titel eines Königs von Livland angeeignet, sich 1773 mit einer Nichte des Zaren verheiratet hatte, wurde Oberpahlen seine „Königsresidenz" – freilich nur bis zum Jahre 1578.

Nachdem sich Herzog Magnus unter polnische Schutzherrschaft begeben hatte, war Oberpahlen zunächst belagert worden, dann eingenommen und war in den Jahren von 1578 bis 1582 noch einmal in russischen Händen, um schließlich, wieder polnisch geworden, eine Starostei zu werden.

Doch die polnische Herrschaft wurde durch die schwedische eingetauscht.

Der schwedische König Gustav Adolf verlieh nach seiner Herrschaftsübernahme des Landes die Oberpahlenschen Güter seinem Feldmarschall Hermann Wrangell. Nach dem Tode dessen kinderlosen Sohnes, des Generalmajors Frhr. Woldemar v. Wrangell, blieben die Güter „Lebtagsbesitz" der Witwe Christina Wrangell geb. Gräfin Wasaborg.

Die schließlich durch die schwedische Reduktion an den Staat gefallenen Güter schenkte der russische Zar Peter I. nach dem Nordischen Krieg (1700–1721) dem aus Schleswig-Holstein stammenden, russischen Kammerrat Heinrich v. Fick, der aber ein Jahrzehnt später von der Kaiserin Anna, die von 1730 bis 1740 regierte, seiner Güter beraubt und nach Sibirien verbannt wurde.

Im Jahre 1741 wurde Fick von der neuen Kaiserin Elisabeth, der Tochter Peters des Großen, die von 1740 bis 1761 regiert hat, begnadigt und in seinen Besitz restituiert. So bekam Fick auch das Schloß Oberpahlen zurück. Nach seinem Tode wurde der Besitz unter seinen Erben geteilt. Die eine Tochter erhielt Neu-Oberpahlen/Uue-Põltsamaa. Sie war verheiratet mit dem Schriftsteller Jakob Heinrich von Lilienfeld (1716–1785), der 1767 mit einem bemerkenswerten „Friedens- und Europaplan" bekannt geworden ist.

Ein anderer Schwiegersohn von Heinrich v. Fick, der Major Woldemar Johann v. Lauw, dem Schloß Oberpahlen testamentarisch vermacht worden war, begann im Jahre 1760 den Wiederaufbau des im Nordischen Kriege 1705 eingeäscherten und seitdem dachlos dastehenden Schlosses. Im Innern des Schlosses wurden Stuckarbeiten im Rokokostil ausgeführt, der Berliner Künstler Johann Michael Graff aus Berlin wurde engagiert

Auf dem Gut entstand nun eine blühende Industrie, mit einer Druckerei, der ersten in Nordlivland, und einem Hospital. Doch Lauw übernahm sich mit seinen Aktivitäten, und er ging 1785 konkurs. Aus der Konkursmasse des Majors v. Lauw, der ein Jahr später starb, kaufte die Kaiserin Katharina II. Schloß Oberpahlen und schenkte es dem General Alexej Bobrinsky, einem natürlichen Sohn des Fürsten Grigorij Orlow und vielleicht auch ein Sohn Katharinas selbst. Von dessen Witwe Anna Bobrinsky, geb. Baronesse Ungern-Sternberg erbte es ihre Tochter Marie, die mit dem Hofmarschall Fürsten Nikolai Gagarin verheiratet war. Bei den Fürsten Gagarin verblieb das Gut bis zur Enteignung aller Güter in Estland im Jahre 1919.

Das während des Zweiten Weltkrieges weitgehend zerstörte Schloß steht als Ruine, wird wieder in Teilen aufgebaut. Die Schloßkirche steht, unmittelbar daneben das gepflegte Pastorat. In einem erhaltenen Querflügel des alten Schlosses befindet sich heute ein Restaurant.

Das alte Pastorat im Ort steht nicht mehr, es erlangte im 18. Jahrhundert große Bedeutung durch den seit 1763 dort wirkenden Pastor August Wilhelm Hupel, der mit seinen Werken zur Landeskunde von sich Reden gemacht hat.

Ocht/estn. Ohtu

Ocht war ursprünglich ein Dorf in der Wacke Gulden des Ordenshofes Kegel, wurde von der schwedischen Krone dem Kämmerer Nils Jonson Krämer (gest. 1628) verkauft. Das Gut gehörte dann seinen Nachkommen, u. a. dem Revalenser Ratsherrn Gottschalk Krämer (gest. 1682).

Die Witwe seines Sohnes heiratete in zweiter Ehe den Leutnant Röttger Johann v. Wrangell, der das Gut bis etwa 1725 besaß. Nach ihm gehörte es der Familie Harpe, die 1785 geadelt und in die estländische Ritterschaft rezipiert wurde.

Der Besitz Ocht gelangte allerdings bereits im Jahre 1770 in die Hand des Generalleutnants v. Kursell.

Am Anfang des 19. Jahrhunderts erwarb Friedrich Frhr. v. Meyendorff (gest. 1836) das Gut, das sein Sohn Konrad und dann dessen Sohn Gottlieb erbten.

Die Meyendorff spielten im Baltikum wie auch im gesamten Russischen Reich als Landwirte, als Verwaltungsbeamte, Diplomaten, Politiker und Soldaten eine bedeutende Rolle. Konrad K. Freiherr v. Meyendorff (1749–1813) war von 1795–1797 Gouverneur von Livland, einen Posten, den zeitweilig schon dessen Vater, der Generalleutnant Reinhold Johann Freiherr v. Meyendorff (1706–1776) innegehabt hat. Neben Vertretern der baltischen Völker haben am Beginn des 20. Jahrhunderts sich auch deutschbaltische Repräsentanten in der russischen Regierung, in der Duma, hervorgetan, so etwa Baron Alexander von Meyendorff, der langjährige Präsident der Duma, Mitglied der Oktobristenpartei.

Gottlieb Frhr. v. Meyendorff war bis zur Enteignung 1919 der letzte Besitzer von Ocht.

Oehrten/estn. Ulvi

Das Herrenhaus von Oehrten wurde wunderhübsch an einem kleinen See angelegt. Mitte des 18. Jahrhunderts befand es sich in der Hand der Familie de Cologne.
Im Jahre 1803 wurde es veräußert an den Propst Winkler. Bei dieser Familie blieb das Gut bis zur allgemeinen Enteignung der estländischen Güter im Jahre 1919. Die Familie wirtschaftete auf einem erhaltenen kleinen Siedlungshof bis zur Umsiedlung der Deutschbalten im Jahre 1939 in Oehrten weiter. Alexander v. Winkler war 1919 der letzte Besitzer von Oehrten.

Oidenorm/estn. Oidrema

Im Jahre 1686 hatte die schwedische Güterreduktionskommission das Gut Oidenorm als ein sogenanntes „publikes" benannt, d.h. damit war es einzugsfähig. Zuvor befand sich das Gut in der Hand der Familie v. Vietinghoff, dann von Derfelden. Zur russischen Zeit im Jahre 1764, lange nach dem Nordischen Krieg (1700–1721), verkaufte Karl von Helmersen den Besitz an Heinrich Otto von Lilienfeld. Das im Distrikt Wiek im Kirchspiel Michaelis gelegene Gut Oidenorm gelangte im Jahre 1795 an Frommhold Friedrich von Lilienfeld. Die Familie blieb bis in die zweite Hälfte des 19. Jahrhunderts im Besitz des Gutes. 1879 kam es nach einem Jahrhundert an die Familie von Kursell, dann ein knappes Jahrzehnt später, 1885, an die Barone Uexküll.
Doch noch einmal wechselte es den Besitzer. Im Jahre 1888 wurde es verkauft an Roman Baron Maydell. Auch Oidenorm war damit ein Walzengut, wechselte nur allzu häufig die Besitzer, befand sich auf der Walz, auf der Wanderschaft, wie so viele andere baltische Güter.
Im Archiv des historischen Museums in Reval/Tallinn befindet sich eine Akte über Oidenorm, die die Zeit von 1620 bis 1838 umfaßt. Darin gibt es u.a. Quittungen über eine Entrichtung öffentlicher Abgaben, z.B. für die Kreisrente, gelieferte Postfourage, Beiträge zur Stellung der Postknechte, dann Predigerabgaben, Rekruten-Stellungsgeld, Geld für Proviantlieferungen, dann Militärgeld, dann Korn für die Polizeidiener, und aus dem Jahre 1801 existieren Quittungen über die von dem Gut Oidenorm entrichteten Beiträge zur ersten Einrichtung der Landesuniversität Dorpat/Tartu und zur Ritter- und Domschule. Auch Beiträge zur Pflanzung der Alleen an der Poststraße müssen allenthalben geliefert werden, Abgaben für Kopf-, Weg-, Kanal- und Getränkesteuer.

Es ist eine bemerkenswerte Auflistung von Abgaben, die auf allen Gütern des Landes lasteten und noch einmal deutlich werden lassen, in wie großem Maße die Güter nicht nur als Gutsbetriebe eine Rolle spielten, sondern Mittelpunkt großer Verwaltungsbereiche waren, gleichsam für das ganze Land verantwortlich. So haben sich auch die vier baltischen Ritterschaften Estlands, Livlands, Kurlands und Ösels als das Land schlechthin in altständischer Tradition betrachtet, nicht nur im Sinne der Privilegieneinnahmen, sondern auch in Übernahme zahlreicher Verantwortungen mit Ehrenämtern in der Landesverwaltung.

Nach der Enteignung und Aufsiedlung aller Güter im Jahre 1919 befanden sich noch 63 Hektar als Resthof bei der Familie von Rosenthal, die als letzte deutschbaltische Familie im Besitz von Oidenorm war.

Ottenküll/estn. Triigi

In den „Lebenserinnerungen des alten Mannes" von Wilhelm v. Kügelgen schreibt dieser aus Deutschland an seinen Bruder Gerhard – den er in seinen Briefen bisweilen mit „Mein geliebter Wanna" anredet, auf estn. Alter -, im Jahre 1842 nach Estland:

„Bei Deiner Beschreibung Deines winterlichen Rittes von Ottenküll durch den beschneiten Wald ward mir das Herze ganz wehe. Dein Leben ist einfach und schön, weil naturgemäß. Mein Leben ist zweifach und zerrissen."

Aus einer Anmerkung geht hervor, daß Ottenküll damals ein Stackelbergsches Gut war, das Gerhard v. Kügelgen wohl verwaltete oder gepachtet hatte. 1847 schreibt Wilhelm v. Kügelgen an seinen Bruder:

„Für meine Person wünsche ich wieder, daß Wilhelm Stackelberg mich zu sich nach Ottenküll nähme, um dort die ganze Welt zu vergessen. Ottenküll hat für mich einen tiefen zauberischen Reiz wie eine stille Kammer, wo man des Tages Jammer vergessen und verschlafen kann. Ich würde dort alle Wände vollmalen, und zwar den Grund himmelblau, und darauf, aneinandergereiht, aber ohne Absätze, lauter Szenen aus Goethes dramatischen Werken, mit warmen, sonnigen Farben, so warm und glühend, daß Wilhelm im Winter gar nicht zu heizen brauchte. Ein anderes Zimmer könnte man dem Shakespeare widmen. In diesem Zimmer würde Wilhelm mit seiner Pfeife behaglich träumend auf und nieder wandeln."

In eindrucksvoller Weise hat ein anderer Repräsentant der Familie Stackelberg, Traugott Frhr. v. Stackelberg, in seinem 1952 erschienenen Roman auch die Welt auf einem estländischen Gut geschildert: Manon de Carmignac. Roman aus dem alten Europa.

Paatz/estn. Paatsa

Paatz/Paatza auf Ösel/Saaremaa gehörte mit anderen Gütern des Kirchspiels Kielkond – zu dem später die nördliche Hälfte des Kirchspiels Kielkond und das Kirchspiel Mustil gehörten –, seit der ersten Teilung Ösels zwischen dem Orden und dem Bischof von Ösel-Wieck zu den Domänen des Ordens. Dieser überließ sie jedoch später dem Bischof. Nach der Säkularisation des Bistums im 16. Jahrhundert wurde Paatz erst eine dänische, dann schwedische und seit 1725 russische Kronsdomäne.

Paddas/estn. Pada

Paddas liegt in Wierland, im Nordosten von Estland. In der zweiten Hälfte des 18. Jahrhunderts gelangte es an den russischen Botschafter in Polen, Graf Otto Magnus v. Stackelberg (1736–1800), über den der deutschbaltische Historiker Georg v. Rauch gesagt hat „... ein Grandseigneur von politischem Format, dessen Meinung Katharina II. viel bedeutete. Seine Amtstätigkeit in Warschau zwischen der ersten und zweiten Teilung Polens hat in starkem Maße zum weiteren Ansteigen des russischen Einflusses beigetragen."

Im Juli des Jahres 1746 reiste die russische Zarin Elisabeth nach Estland, begleitet von dem jungen Großfürstenpaar Peter, der zugleich schleswig-holsteinischer Herzog war, und seiner Frau Katharina, der späteren Kaiserin. Ein Empfang auf Paddas bei den Stackelberg wird geschildert, wo es Ersatzpferde gab. Paddas gehörte damals dem holsteinischen Generalmajor Otto Magnus v. Stackelberg (1704–1765), dem Vater des gleichnamigen Diplomaten zur Zeit Katharians II. Katharina schrieb in ihren Memoiren über diese Reise:„Nie in meinem Leben habe ich soviel Strapazen und Unbequemlichkeiten ertragen müssen, wie auf dieser Reise im Gefolge der Kaiserin." Es war heiß und ein langsames Vorwärtskommen, vor allen Dingen mußte die Reisegesellschaft mit schlechten Quartieren vorliebnehmen. Katharina berichtet, daß die Kaiserin Elisabeth die Posthäuser für sich in Anspruch nahm, das Großfürstenpaar aber in überhitzten Räumen schlafen mußte, „wo das Brot gebacken wurde". Eine Ausnahme bedeuteten die Empfänge auf Paddas bei den Stackelberg und bei den Stenbock auf Kolk.

Der Diplomat Otto Magnus Stackelberg ließ in Paddas nach Plänen des bekannten russischen, aus Italien stammenden Baumeisters Conte Bartolomeo F. Rastrelli (1700–1771) ein Herrenhaus bauen. Rastrelli hatte 1735 Ruhental/Rundale südlich von Riga, das heute zu den großen Kunstdenkmälern Lettlands gehört, und von 1736 bis 1740 das heute noch stehende Schloß in Mitau/Jelgava aufgeführt. In St. Petersburg stammen viele Palais von ihm, so auch das Winterpalais. Nach Aussage des baltischen Aufklärers August Wilhelm Hupel stammt aber der Bau des Herrenhauses von Paddas von dem Petersburger Architekten J. B. M. Vallin de la Mothe.

Von den Stackelberg ging Paddas an die Grafen Manteuffel, dann an den Grafen Kotzebue, der mit einer Manteuffel verheiratet war. Er ist der Sohn des bekannten Schriftstellers, Politikers August Kotzebue, der vor allem zunächst als Theaterdirektor in Reval von sich reden machte.

Im weiteren Erbgang ging das Gut Paddas an die Barone Schilling, denen es 1919 enteignet wurde.

Das Herrenhaus war bereits während des Ersten Weltkrieges zerstört worden.

Padenorm/estn. Paadrema

Padenorm, im Distrikt Wieck gelegen, war im 14. und am Anfang des 15. Jahrhunderts ein Lehngut der Familie v. Buxhoeveden. Im Jahre 1446 kaufte Conrad v. Uexküll den Hof von den Brüdern Buxhoeveden und erwarb dadurch seinen Nachkommen einen Besitz, der jahrhundertelang dieser Familie erhalten blieb.

Das Herrenhaus wurde nach der Zerstörung des Gutes Werder, mit dem Padenorm „einherrig", d. h. in selber Besitzerhand war, erbaut.

Im 18. Jahrhundert war Padenorm dann etwa 50 Jahre lang im Pfandbesitz der Familie Eberhard und kam schließlich an die Familie v. Helwig, u.a. an den Landrat Thure v. Helwig (gest. um 1840).

Seit 1866 war das Gut wieder in der Hand des Geschlechtes v. Uexküll.

Auch Padenorm wurde 1919/1920 wie alle Ritterschaftsgüter in der neuen Republik Estland enteignet und aufgesiedelt, an sogenannte Neusiedler verteilt. Auf einem Resthof, d. h. einer gleichfalls gebildeten Neusiedlerstelle, die auch die ehemaligen Besitzer erwerben konnten, wirtschaftete in den 1930er Jahren Herr Thielmann. Dieser Neusiedler- oder Resthof betrug 25 Hektar.

Heinz Pirang sagt über das Herrenhaus von Padenorm in seinem 1928 erschienenen Band über die Herrenhäuser des Baltikums: „Auch das uralte estländische Gut Padenorm in der Wiek hat die mittelalterliche Hofgestaltung unverändert beibehalten. Ein befestigter Hof im eigentlichen Sinne ist es nicht gewesen. Im Nordischen Kriege (1700– 1721) wurde das Wohnhaus teilweise zerstört und ist dann ohne Obergeschoß einstöckig aufgebaut worden. Die altertümliche Bauart blieb gewahrt. Die Decke ist niedrig, die Fenster sind klein. Dem ursprünglich einzigen, alten Mantelschornstein in der Mittelachse sind späterhin zwei andere Schornsteine zur Seite gesetzt worden. Links vom Wohnhaus sieht man die zweistöckige Klete."

Auf Padenorm wurde in den 1970er Jahren „ein Haustein mit der Darstellung einer sogenannten Rose des Schweigens" entdeckt, einem typischen Freimaurersymbol. Das ist insofern nicht verwunderlich, da auch zahlreiche Besitzer estländischer Güter im 18. und beginnenden 19. Jahrhundert Mitglieder bekannter baltischer Freimaurerlogen waren.

Padis-Kloster/estn. Kloostri

Padis-Kloster trägt seinen Namen nach dem benachbarten Dorfe Paeküla, das wohl schon während der ersten dänischen Zeit in Estland (1219–1227) in den Besitz des Zisterzienserklosters Dünamünde gelangte.

Padis-Kloster/estn. Kloostri (Klosterruine)

Im Jahre 1281 bestand hier schon eine Kapelle, doch erst 1305, nach dem Verkauf Dünamündes an den Deutschen Orden, begann die Übersiedlung der Dünamünder Zisterziensermönche nach Padis. Im Jahre 1317 wurden steinerne Klostergebäude errichtet, die allerdings bald darauf, 1343, von den aufständischen Esten zerstört wurden. Dabei fanden 28 Mönche den Tod. Doch wurde das Kloster wiederaufgebaut und stärker befestigt, so auch 1448.

Der Landbesitz war allmählich soweit gewachsen, daß das Kloster wirtschaftlich sehr günstig dastand. Es hatte Besitzungen nicht nur in Estland, sondern auch in Finnland und gehörte zu den bedeutendsten Klöstern Alt-Livlands.

Die Reformation drang in das Land ein, ohne daß das Kloster zunächst dadurch zur Auflösung gezwungen wurde. Erst im Jahre 1558, als die Gefahr vorlag, daß das Kloster von den Schweden eingenommen werden könnte, ließ es der livländische Ordensmeister militärisch besetzen. Jedoch wurde es 1561 von den Schweden, die unterdessen Reval gewonnnen hatten, belagert und vom Ordenshauptmann Engelbrecht v. d. Lippe übergeben.

Im Winter 1564 wohnte in Padis-Kloster Christopher Markgraf von Baden mit seiner Frau Cäcilia, der Schwester des schwedischen Königs.

In den Jahren 1574 und 1575 fanden hier ergebnislose Verhandlungen zwischen den Dänen und Schweden statt, da Herzog Magnus von Holstein Padis für sich beanspruchte.

1576 wurde das Kloster von den Russen eingenommen, dann aber von den Schweden mehrfach belagert und endlich 1580 nach dreiviertel jähriger Belagerung zurückerobert.

In der Folgezeit verblieb das Kloster im Besitz der schwedischen Krone, doch wurden die umliegenden Dörfer an die Gefolgsleute der Schweden verlehnt; Padis selbst gelangte erst 1622 in Privatbesitz, indem es von König Gustav Adolf dem Rigenser Bürgermeister Thomas Ramm verliehen wurde.

Das Kloster verfiel und wurde im 17. Jahrhundert zur Ruine, da es, von einem Blitzstrahl entzündet, völlig niederbrannte. Reste der imponierenden Ruine des Klosters bestehen bis heute.

Ein Teil der sogenannten Schloßruine wurde noch bis in das 19. Jahrhundert hinein bewohnt.

Im neu entstandenen Gutshofe folgte eine Generation des Geschlechts v. Ramm nach der anderen, trotz Krieg, Herrschaftswechsel, Hungersnot und Pest bis in das 20. Jahrhundert hinein.

Ein hoher Gast, Zar Peter der Große, weilte während des Nordischen Krieges (1700–1721) im Gutshause, das gegenüber der alten Klosterruine entstanden war.

Padis-Kloster/estn. Kloostri (Herrenhaus)

Im Jahre 1837 wurde in Padis-Kloster Elisabeth v. Ramm geboren. Sie heiratete M. v. Guzkowski. Im Geiste des Pietismus stammen von ihr Dichtungen, so u. a. „Gedichte. Hg. zum Besten der notleidenden Esten", die im Jahre 1869 erschienen.

Der letzte Besitzer des Gutes bis zur Aufsiedlung und Enteignung aller Güter in Estland 1919 war Clas v. Ramm.

Auch nach der Enteignung verblieben die Ramm auf einem kleinen Siedlungshof. Dieser umfaßte in den 1930er Jahren 37 Hektar.

Paggar/estn. Pagari

Paggar gehörte im Jahre 1550 als Dorf zum Ordensamt Kurtna der Vogtei Neuschloß. Die schwedische Vormundschaftsregierung vergab 1633 die Dörfer Kuniga und Permesküla an der Narowa als Kompensation für das Gut Wargell dem Johann v. Delwig. 1635 wurde ihm auch die Anwartschaft auf das Dorf Paggar, das Hans Feldthusen auf Lebenszeit doniert war, zugesprochen. Im Jahre 1640 kam die Familie von Delwig in den Besitz von Paggar.

In der zweiten Hälfte des 17. Jahrhunderts fand in Estland die schwedische Güterreduktionspolitik statt, d.h. Güter wurden vom Staat konfisziert. Auch Paggar wurde reduziert, wie man sagte. Dem Leutnant Otto Delwig wurde schließlich Paggar als Arrendegut belassen, d.h. er konnte gleichsam als Pächter des Gutes auf demselben verbleiben.

Nach dem Nordischen Krieg (1700–1721) wechselten die schwedischen Provinzen Liv- und Estland in russische Hände.

Otto Heinrich v. Delwig verpfändete im Jahre 1747 die drei Krüge „Permisküll, Kunnigküll und Gorodinka" für 2000 Rubel. Das Hauptgut Paggar sowie die Güter Jöentack und Klein-Pungern verpfändete er im Jahre 1748 an den Ritterschaftshauptmann Otto Magnus v. Stackelberg. Bereits im folgenden Jahre wurde das Pfand in Erbkauf verwandelt. Paggar war seitdem mit ganz kurzer Unterbrechung in der Hand ein und desselben Besitzers, d. h. zusammen mit Isenhof. Dennoch blieb Paggar im Rahmen des gräflich Stackelbergschen Majorats frei verfügbarer Besitz und fiel nach dem Tode des Grafen Otto v. Stackelberg im Jahre 1885 an dessen jüngeren Sohn, Reinhold Graf v. Stackelberg. Dessen Sohn Ernst Graf Stackelberg war der letzte Besitzer bis zur Enteignung im Jahre 1919.

Das Gut wurde konfisziert, „nationalisiert" und aufgesiedelt. Neusiedler erhielten kleine Höfe. Die Grafen Stackelberg verblieben auf dem Besitz bis zur Umsiedlung 1939, und in den 1930er Jahren werden sie mit 76 Hektar Land auf Paggar genannt.

Pajusby/estn. Paenasti

Das Gut ist in dem wichtigen Quellenwerk Henning von Wistinghausens, des derzeitigen deutschen Botschafters in Estland, „Quellen zur Geschichte der Rittergüter Estlands im 18. und 19. Jahrhundert (1772–1889)" nicht aufgenommen. Im Archiv des historischen Museums befindet sich eine Akte, die die Geschichte des Gutes in der Zeit von 1405 bis 1861 behandelt.

Im Jahre 1405 beglaubigt der Vogt auf Wesenberg, Hartmann Ullner, daß das im einstigen livländischen Dorpater Kreis gelegene Gut Pajusby von Otto von Rosen an Hermeken Asserie übertragen sei.

Im weiteren Verlauf der Geschichte sind die Wrangell im Besitz von Pajusby. Im Jahre 1654 gibt es eine Klage der Familie Ritter gegen den Feldmarschall Hermann Wrangell wegen Angelegenheiten auf Pajus. Im Jahre 1691 ist das Gut dann im Besitz des Ludwig Ritter, dem von der schwedischen Güterreduktionskommission zur Konfiskation der Rittergüter bestätigt wird, daß er von der Reduktion ausgenommen sei.

Nach dem Nordischen Krieg (1700–1721), seit Beginn der russischen Zeit der Provinzen Liv- und Estland, scheint sich dann das Gut wieder in der Hand der Wrangell befunden zu haben, da im Jahre 1729 ein Verpachtungsvertrag über ein Dorf zwischen Georg Johann Wrangell und Heinrich Johann Kunzelmann bezeugt ist. Aus dem Jahre 1744 existiert ein Buch über das private Gut Pajusby. Ein Jahrhundert später, im Jahre 1839, befindet sich das Gut im Pfandbesitz des Pastors Karl Johann Schubbe, Eigentümerin war die Familie von Buxhoeveden, die das Gut 1855 schließlich an Gustav von Seck veräußerte.

Pallo/estn. Palu

Pallo hieß bis zum Jahre 1840 Suurpallo und kam im Wackenbuch von Weissenstein/Paide aus dem Jahre 1564 zugehörig zum Hof Meeks als Dorf Suriszpallo mit 18,5 Haken vor. In jener Zeit entwickelte sich auch ein selbständiges Gut.

König Sigismund von Polen vergab das Gut im Jahre 1594 seinem Sekretär Hans Kranck als Lebtagsgut. Im Jahre 1614 erhielt es der „Reiter", wohl Kavallerieoffizier, Jost Taube für seinen Soldrest. Doch bald fiel das Gut wieder heim, und die schwedische Regierung trat 1639 Suurpallo dem Revalenser Bürgermeister Thomas Luhren für eine Schuld von 500 Tonnen Korn ab.

Im Jahre 1680 erlangten die Erben des Georg Bevermann, eines Schwiegersohnes des Bürgermeisters, eine Eintragung in einen Teil des Gutes. Ihre Ansprüche waren 1720 an die Brüder Georg und Christian Schwartz abgetreten worden, während Medea v. Luhren den anderen Teil ihrem Mann Hinrich v. Völckersahm zu Welkenhof und Hohenbergen mitbrachte und auf ihren Schwiegersohn Thomas Enwald vererbte.

Die Zeiten waren damals mehr als wirr. Pallo war während Ende des 17. Jahrhunderts reduziert, vom Staate eingezogen worden, dann aber nach dem Nordischen Krieg (1700–1721) restituiert, den Alteigentümern wiedergegeben worden, nachdem die Russen von Estland und Livland Besitz ergriffen hatten.

Pallo wechselte seitdem seine Besitzer noch häufig, war im Besitz der Kaulbars, Roemer, Meyendorff, Brevern und Kursell.

Dann kehrte Ruhe ein. Im Jahre 1836 kam das Gut an die Barone Stackelberg und verblieb bis in das 20. Jahrhundert bei dieser Familie.

Die letzte Besitzerin bei der Aufsiedlung und Enteignung im Jahre 1919 war die Witwe des Leo Baron Stackelberg wiederverheiratete Baronin Schilling.

Die Barone Schilling haben als deutschbaltische Familie auch in der Zwischenkriegszeit für Estland gewirkt. Georg von Rauch hält in seiner Geschichte der baltischen Staaten (1970) fest:

„Der Abgeordnete Baron Karl Schilling, dessen Meinung ebenso wie die von Baron Wilhelm Wrangell bei Päts Geltung besaß, hatte am 26. Januar 1934 im Revaler Schwarzhäupterhause eine Rede vor der Ortsgruppe der deutschbaltischen Partei gehalten, in der er Loyalität gegenüber dem Staat im Sinne einer gemeinsamen Pflicht zur Verteidigung der Heimat und Wiedergewinnung des Vertrauens der Esten nahelegte. Das war ganz im Sinne der offiziellen Führung der Volksgruppe gesprochen."

Palms/estn. Palmse

Palms wurde wahrscheinlich gleich nach Gründung des Zisterzienser-Nonnenklosters zu St. Michael in Reval/Tallinn im Jahre 1249 diesem als Landbesitz zugewiesen. Es wird jedenfalls schon 1287 im Besitze des Klosters erwähnt.

Palms/estn. Palmse

Palms/estn. Palmse
Rückfront des
Herrenhauses

Auch Palms war zunächst bloß ein grundherrschaftliches Dorf, das den Namen Palkemas führte, doch wird ein Gutshof im Laufe des 14. Jahrhunderts entstanden sein. Der Hof lag zu weit von Reval entfernt, um dem Kloster genügende Einkünfte zu geben. Daher tauschten die Nonnen Palms im Jahre 1510 gegen Nappel von Bertram Junge ein.

Bertram Junge gehörte zu einer Familie, die uns zu damaliger Zeit auch als Patrizier in Lübeck begegnet. Von Bertram Junge erbte Dietrich Metztacken das Gut, in dessen Familie es bis zum Jahre 1673 verblieb.

Dann gelangte das Gut in den Besitz des schwedischen Majors Gustav Christian von der Pahlen (gest. 1736), der Margareta Dorothea Metztacken geheiratet hatte. Damit begann für das ganze Gutsgebiet eine jahrhundertelange Zeit gedeihlicher Entwicklung unter der Herrschaft dieses baltischen Geschlechts, das mehrere bedeutende Glieder hervorbrachte. Wie andere baltische Familien findet man die Pahlen als Gutsbesitzer, Verwaltungsbeamte im Lande selbst, im weiteren Russischen Reich, dem es auch loyal als Soldaten und Diplomaten diente. Berühmt war der General und Diplomat Peter Ludwig von der Pahlen, der Sohn Friedrich Alexander von der Pahlen (1780–1863) war gleichfalls russischer Offizier. Hans von der Pahlen (1740–1817) war zunächst ebenfalls Offizier, dann Regierungsrat in Estland, schließlich Präsident des „Gerichtshofes peinlicher Sachen" in Estland.

Bereits im 19. Jahrhundert sprachen der Reichtum der Bauern von Palms, ihre Fortgeschrittenheit und Bildung eine deutliche Sprache und waren Zeugen des „volksfreundlichen Wirkens der Gutsherrschaft".

In vielen Sagen hatte die ländliche Bevölkerung der Esten die Familie von der Pahlen verherrlicht. Beim Hofe zeigten die Bauern sogenannte „Hungersteine", an die eine Sage aus der Pestzeit anknüpft, in der die Herrschaft vorbildlich für ihre Leute gesorgt hat. Die Pestzeit trat während des Nordischen Krieges (1700–1721) in verheerendem Maße auf. Eine Kapelle wurde in Illomäggi gebaut, zu der auch die Bauernschaft beisteuerte, wie es die Bauernwappen in den Glasfenstern der Kirche bezeugen.

Palms/estn. Palmse (Gartenhaus)

Im Jahre 1919 wurden auch die Pahlen enteignet während der großen Agrarreform. Der letzte Repräsentant der Familie von der Pahlen a. d. H. Palms war Gustav Baron von der Pahlen. Auch nach der Enteignung 1919 wurde in Palms auf einem Siedlungshof gewirtschaftet, der in den 1930er Jahren 110 Hektar betrug und bis zur Umsiedlung der Deutschbalten 1939 unter der Regie von Frau K. v. Dewitz stand.

Palms gehört heute mit zu den wenigen ehemaligen Gutshofanlagen, die gut gepflegt sind. Palms ist ohne Zweifel das Prunkstück eines noch heute erhaltenen Herrenhauses in Estland – freilich mit einer dennoch vollkommen anderen musealen Atmosphäre im Fehlen einer dort lebenden besitzlichen Familie. Dennoch ist Palms ein zu Recht mit Stolz vorzuzeigendes Juwel.

Das Herrenhaus von Palms, auf mittelalterlicher Grundlage aufgeführt, stammt laut Inschrift aus dem Jahre 1775. Erst Mitte des 19. Jahrhunderts wurden Flügelbauten angefügt. Schon Pirang sagt: „Der Park von Palms gehört zu den größten und schönsten im Lande." Ein Besuch in Palms/Palmse sollte man sich nicht entgehen lassen.

Eine Monographie über dieses Herrenhaus wird bearbeitet von einem Kenner der estländischen Herrenhausarchitektur, Dr. Ants Hein aus Reval/Tallinn. Der deutschbaltische, 1915 geborene bekannte Publizist Erik Thomson hat eine 1973 in Buxheim erschienene Schrift hinterlassen: „So geschehen auf dem Gute Palms".

Parrasmetz/estn. Parasmetsa

Parrasmetz liegt auf der Insel Ösel/Saaremaa. Im Jahre 1563 wurden an Bartholomäus und Johann Poll sowie an Christopher Kursell vom Herzog Magnus von Holstein, dem zeitweiligen König von Livland, Pfandbriefe ausgestellt. Zur gleichen Zeit gab es auch einen Lehnsbrief an den Amtmann Heiner vom Hofe für das Gut Parrasmetz.

Das Gut verblieb bis zum Jahre 1660 im Besitz der Familie v. Poll, es folgten dann die Vietinghoff und die Familie von Wettberg. Schließlich gelangte das Gut an weitere Familien, wurde in schwedischer Zeit teils reduziert, vom Staate einkassiert und in der russischen Zeit nach dem Nordischen Krieg(1700–1721) wieder an die alten Besitzer zurückgegeben.

Schließlich am Ende des 18. Jahrhunderts gelangte Parrasmetz in die Hand der Familie von Lilienfeld. 1795 befand sich das Gut in der Hand von Heinrich Otto von Lilienfeld.

Am Beginn des 19. Jahrhunderts erfolgte eine für die Gütergeschichte Estlands typische Erscheinung auch auf Parrasmets. Zunächst wurde zwischen Jacob von Lilienfeld und dem Kapitän Friedrich von Vietinghoff im Jahre 1802 ein Pfandvertrag geschlossen, dem dann im Jahre 1810 ein Kaufvertrag folgte. Im Jahre 1848 stellten die Vietinghoff den Antrag beim Landratskollegium der Provinz Ösel, die „freiherrliche Würde für die Familie Vietinghoff, genannt Scheel, zu erlangen".

Im Archiv des historischen Museums in Reval/Tallinn befindet sich Material zur Wirtschaftsgeschichte des Gutes Parrasmetz, das die Jahre 1563 bis 1913 behandelt. So gibt es etwa Quittungen über die vom Gute Parrasmetz gestellten Rekruten oder auch andere Abgabenbestimmungen. Es gibt Papiere betreffend der Pertinenzen, der Mühlenrechte, der Krugsrechte usw.

Im Jahre 1875 mußte ein Teil des Waldes von Parrasmetz an die Familie der Edlen von Rennenkampf verkauft werden.

Paschlep/estn. Paslepa

Paschlep war ursprünglich, wie der Name besagt, eine estnische Ortschaft, die wahrscheinlich im 13. Jahrhundert von schwedischen Bauern besiedelt wurde.

Im Mittelalter gehörte Paschlep zusammen mit den andern Dörfern zur Grundherrschaft des Schlosses Hapsal: und zwar als Tafelgut des Bischofs von Ösel-Wiek.

Zur schwedischen Zeit war diese Grundherrschaft zunächst Kronsbesitz, wurde dann 1619 an Jürgen Aderkas verliehen, der sie bis zum Jahre 1642 besaß. Dann gelangte sie an dessen Schwiegersohn, Reinhold v. Ungern-Sternberg, der die Grundherrschaft im Jahre 1662 dem Grafen Magnus Gabriel de la Gardie überließ.

Dieser gründete 1679 den Hof Paschlep, indem er 5 Haken vom Dorfe absonderte und sie einem Hofe zuwies.

Es entstand damals auch ein kleines schlichtes Herrenhaus, das einen für die damaligen kleinen Gutshäuser so typischen Mantelschornstein aufwies und in späterer Zeit als Schmiede diente.

Bald wurde auch dem großen schwedischen Soldaten und Politiker de la Gardie, im Jahre 1690, das Gut im Zuge der allgemeinen schwedischen Reduktionspolitik konfisziert. Das Gut wurde reduziert, zurückgeführt an den Staat. Es folgte der Nordische Krieg (1700–1721), die schwedische Macht schwand dahin, es folgte die russische.

Die russische Regierung setzte eine Restitutionskommission ein, die eine große Anzahl von Gütern den alten Besitzern wieder zurückgab. Im Jahre 1728, nach langjährigem Prozeß, wurde das Gut schließlich der Familie v. Richter überlassen, die Schuldforderungen an die Familien de la Gardie und Königsmark hatte. Im Jahre 1770 ging das Gut an den Stallmeister und livländischen Ritterschaftssekretär Otto Sigismund v. Wolff über, dann an die Familie v. Knorring.

Am Beginn des 19. Jahrhunderts war Paschlep in der Hand der Familie v. Ungern-Sternberg. Johann Karl E. Frhr. v. Ungern-Sternberg (1773–1830), bekannter Porträtmaler seiner Zeit, stammte aus Paschlepp. Der Schriftsteller und Jurist Gustav Jakob Friedrich Frhr. v. Ungern-Sternberg (1771–1844) kam ebenfalls aus Paschlep. 1794 erschienen von ihm in Reval „Patriotische Beiträge zur Privaterbauung".

Seit 1875 war Paschlepp dann im Besitze der Familie Frischmann. Die letzten Besitzer des Gutes waren seit 1913 die Erben Alexander Eduard Frischmanns, die bis 1919, bis zur Enteignung und Aufsiedlung, das Gut innehatten.

Die Familie verblieb auch nach 1919 – bis zur Umsiedlung der Deutschbalten 1939 – auf einem Siedlungshof, der in den 1930er Jahren 25 Hektar umfaßte.

Paunküll/estn. Paunküla

Paunküll erscheint nach dem Liber census Daniae um 1220 als Dorf Pankyl von fünf Haken im Besitz des Fridric de Stathae. Ein 1392 und 1415 genanntes Geschlecht Pawenkulle nannte sich nach diesem Dorfe. Im Jahre 1417 belehnte der Ordensmeister Siegfried Lander v. Spanheim den Jacob Roenne, dessen Nachkommen sich Deken nannten, mit Paunküll. Dieser vermachte die Hofstätte im Jahre 1462 seinen Söhnen, die es an die Tödwen veräußerten.

Die Brüder Johann und Jürgen Tödwen von Nappel verkauften ihr väterliches Gut Paunküll 1501 dem Ritter Hermann Zoege, dessen Söhne das dem Jürgen Brackel verpfändete Gut 1515 dem Andreas Deken überließen. Andreas Dekens Tochter heiratete Johann Maydell, der als Rittmeister 1570 an der Überrumpelung des Schlosses Reval beteiligt war und später für den „König von Livland", den Herzog Magnus von Holstein focht.

Die Schweden zogen dann Paunküll als Gut ein und vergaben es an einen gewissen Rutger. Doch gelangte schließlich Jürgen Vietinghoff, der eine Maydell zur Frau hatte, an den Besitz und behauptete ihn als mütterlichen Erbteil seiner Frau gegen die Angriffe des Ratsverwandten Georg v. Wangersen, auf den Rutgers Ansprüche übergegangen waren.

Es erbte schließlich den Besitz Hans Heinrich v. Tiesenhausen Frhr. v. Borkholm. Dessen Sohn, der Landeshöfding gleichen Namens besaß es noch 1716. Doch mit Ende des Nordischen Krieges (1721), als die schwedische Vormacht im Ostseeraum gebrochen war, Rußland sich die beiden Provinzen Estland und Livland einverleibt hatte, kam auch Paunküll in andere Hände.

Paunküll kam an die Familien v. Delwig und v. Kaulbars und zwischen 1750 und 1754 an das Geschlecht von Hagemeister, dessen Repräsentant Nikolaus Christopher v. Hagemeister (1747–1804) 1789 in Riga einen Gedichtband herausgegeben hat: „Meine Abendstunden".

Bei den Hagemeister verblieb das Gut Paunküll bis in das 20. Jahrhundert. Der letzte Besitzer bei der Enteignung und Aufsiedlung der Güter in Estland im Jahre 1919 war der Landrat Julius v. Hagemeister.

Das Herrenhaus von Paunküll wurde 1905 während der ersten revolutionären Welle ein Opfer eines Brandes – wie zahlreiche andere Herrenhäuser im Baltikum. Eine gruppenweise Anordnung der Säulen am Portikus war typisch für dieses Herrenhaus – ähnlich wie bei dem Herrenhaus Stubbensee im heutigen Lettland, das von dem Architekten Christoph Haberland geschaffen worden war.

Penningby/estn. Peningi

Im Archiv des historischen Museums in Reval/Tallinn befindet sich eine Akte, die Nachrichten über das im Kirchspiel Johannis im Kreis Harrien gelegene Gut Penningby enthält, die sich auf die Jahre 1665 bis 1858 beziehen.

In den Jahren 1665 und 1683 wurden dem Obristen Claes Johann Baranoff durch den schwedischen König seine in Finnland gelegenen Güter als Besitz bestätigt.

Es existiert in den Akten ein „Freizettel", ausgestellt von Woldemar Otto von Derfelden wegen freier Holzung auf dem Gute Penningby. 1691 gab in einer Darlegung die Reduktionskommision auf Anfrage Auskunft über die finnländischen Güter der Familie von Baranoff. 1691 erfolgten Arrendekontrakte, d.h. Pachtkontrakte bezüglich der Kronsgüter Rasik, Arroküll und Penningby, geschlossen zwischen dem Kammerkollegium und dem Oberstleutnant Otto Reinhold und Rittmeister Gustav Adolf Nieroth.

Noch im selben Jahre 1691 erfolgte die Einweisung der Güter Rasig und Arroküll an Gustav Adolf Nieroth. Im gleichen Jahr erfolgten Ansprüche der Erben des Obristen Claes von Baranoff, anstatt der in Finnland gehabten Güter eine Entschädigung in Estland zu bekommen: Und zwar bezüglich der Güter Asserin und Penningby.

Penningby war als Ersatz für die finnischen Güter der Baranoff angesehen worden, hierüber gibt es Akten.

Penningby/estn. Peningi

Aus dem Jahre 1725 gibt es eine beglaubigte Kopie einer Resolution der verordneten estländischen Restitutionskommission wegen Restituierung der Güter zunächst in dem Wierschen Distrikt. Das hatte auch für die anderen Distrikte Folgen. Noch einmal, in den Jahren von 1726 bis 1732, gab es Ansprüche der Familie Baranoff auf das Gut Penningby.

Inzwischen waren die Stackelbergs in den Besitz von Penningby gelangt, aber die Baranoffs ließen nicht locker, kämpften zäh um den Besitz.

Im Jahre 1733 wurde ein Befehl des kaiserlichen Senats an den Gouverneur von Estland gegeben betreffs der Baranoffschen Ansprüche auf das Gut Penningby.

Der Witwe von Baranoff wurde das Gut zuerkannt. Und im Jahre 1767 waren die Baranoffs wieder im Besitz von Penningby. Im Jahre 1810 trat der Landrat Klaus Gustav von Baranoff seinem Sohn Christoph von Baranoff das Gut ab. 1858 befand sich Penningby noch im Besitz der Familie, gelangte dann aber doch in andere Hände.

Nach der Enteignung 1919, als alle Güter vom Staat konfisziert, „nationalisiert", worden waren, verblieb auf einem Siedlungshof C. Florell, der dort in den 1930er Jahren auf den verbliebenen 50 Hektar wirtschaftete.

Pickfer/estn. Pikavere

Im Archiv des historischen Museums in Reval/Tallinn befindet sich eine Akte mit Bemerkungen über das im Distrikt Harrien im Kirchspiel Kosch gelegene Gut Pickfer, die die Jahre 1654 bis 1873/1885 umfassen.

Aus den Jahren 1654 und 1720 gibt es eine beglaubigte Abschrift, einer Deduktion und beigefügte Dokumente über die Natur und Beschaffenheit des Gutes Pickfer.

Im Jahre 1771 erfolgte ein Erbkaufkontrakt des im Kirchspiel Kosch/Kose gelegenen Gutes Pickfer zwischen Karl Friedrich Graf von Wachtmeister als Verkäufer und dem Leutnant Pieter v. Baranoff als Käufer. Die schwedischen Grafen Wachtmeister hatten im 18. Jahrhundert im ganzen Ostseeraum besitzlich Fuß gefaßt, von Schleswig-Holstein über Mecklenburg und Pommern bis hin ins Baltikum.

Im Archiv des historischen Museums befinden sich Akten aus den Jahren 1811 bis 1813, die Wappen wiedergeben, daneben enthalten sie interessante Anzeigen der wöchentlichen Arbeitstage auf dem Gute.

Im Jahre 1821 wurde ein Kontrakt zwischen den Familien v. Baranoff und dem Kirchspielsrichter Heinrich Friedrich Behrens von Rautenfeld abgeschlossen. Er enthält eine Vollmacht über Verkauf und Verpfändung des Gutes Pickfer. Im Jahre 1836 erfolgte ein Kontrakt zwischen Heinrich Friedrich Behrens von Rautenfeld mit seinen Kindern über das Gut Pickfer. Der Besitz ging als Eigentum an Emilie Elisabeth Agnes von Antropoff geb. von Rautenfeld über.

1855 wurde ein Arrendekontrakt bezüglich Pickfer zwischen den Erben der Emilie von Antropoff geb. von Rautenfeld als Verpächter und dem Hakenrichter Theodor von Baggehuffwudt als Pächter geschlossen, und 1873 erfolgte ein Erbkontrakt der Emilie von Antropoff und deren Kinder diesbezüglich.

Nach der Enteignung 1919 wurde auch Pickfer vom Staat konfisziert, „nationalisiert". Auf einem Resthof von 19 Hektar wirtschaftete in den 1930er Jahren M. von zur Mühlen.

Piddul/estn. Pidula

Piddul liegt auf der Insel Ösel/Saaremaa. Bald nach der Eroberung Ösels im Jahre 1227 stifteten die Gebietiger des Deutschen Ordens, eingedenk ihres Gelübdes der Krankenpflege, in dem ihnen gehörenden Teil des Kirchspiels Kielkond ein Hospital, um Aussätzige darin zu pflegen.

Dieses Hospital bestand so lange, bis der Orden seine Besitzungen im Kielkondschen Kirchspiel dem Bischof von Ösel abtrat und dieser das Spital nach Köxkull bei Padell verlegte.

Piddul wurde eine zum Amte Pahimois gehörige Domäne des Bischofs, die der „König von Livland", Herzog Magnus von Holstein, im Jahre 1560 dem Joachim Stärk als Lehen übergab. Dessen drei Söhne verkauften nach dem Tode des Vaters den Hof Pittala im Jahre 1603 an Caspar v. Stackelberg.

Dieser hatte seine Güter im Stift Dorpat aufgegeben und war der Stammvater des ältesten Zweiges der auf Ösel ansässigen Stackelbergs geworden. Von ihm erbte Piddul und Rotziküll sein Sohn, der Landrat Matthias Baron v. Stackelberg, der noch verschiedene Ländereien hinzukaufte.

Im Jahre 1662 teilten sich seine Söhne Caspar, Matthias und Walmer Stackelberg den Nachlaß ihres Vaters, wobei der zweite Sohn, Landrat Matthias v. Stackelberg, Piddull erhielt.

Dessen Sohn Karl Adam Baron v. Stackelberg, Erbherr auf Piddul, Thomel und Ropacka, 1714 als Generalmajor in den schwedischen Freiherrnstand erhoben, 1715 Generalleutnant, hatte sich im Nordischen Kriege (1700–1721) vielfach ausgezeichnet. Seine Güter waren daher von den Russen eingezogen worden, wurden ihm jedoch 1722 restituiert. 1723 verkaufte er Piddul seinem Sohn Karl Wilhelm Baron Stackelberg, der es gleich darauf an den Öselschen Landrat Matthias Christoph v. Stackelberg gegen Thomel vertauschte. Dieser starb 1744, und dessen Sohn Otto Wilhelm trat 1748 in den Besitz von Piddul.

Er hinterließ 3 Töchter. 1787 erbte das Gut der Mann seiner ältesten Tochter Christine Wilhelmine Margarethe, der Major Gustav Wilhelm v. Toll. Seit jener Zeit befand sich Piddul ununterbrochen bis zur Enteignung im Jahre 1919 im Besitz der Familie der Barone v. Toll.

Das existierende Herrenhaus stammt aus dem 18. Jahrhundert, ist aber auf älteren Teilen aufgeführt.

Piersal/estn. Piirsalu

Das im Kirchspiel Goldenbek im Distrikt Wiek gelegene Gut Piersal gehörte im 17. Jahrhundert zeitweilig der Familie von Schreitenfeld. Am Ende des Jahrhunderts befand sich Piersal als Arrende in der Hand von Albrecht Blanckenhagen. Das geht aus einem 1697 geführten Prozeß hervor, der mit dem Nachbarn von Löwen auf Lode geführt worden ist.

In der Mitte des 18. Jahrhunderts gelangte das Gut an die Familie von Schulmann. Und am Ende des 18. Jahrhunderts an die Revalenser Kaufmannsfamilie von zur Mühlen.

Im Jahre 1794 kaufte Cornelius von zur Mühlen das Gut im Zuge der Entwicklung, als diese Familie auf dem Land ansässig wurde – wie es Heinz von zur Mühlen in seinem Buch: „Reval vom sechzehnten bis zum 18. Jahrhundert" ausgiebig beschrieben hat.

Im Jahre 1817 ließ der damalige Besitzer von zur Mühlen von dem Maler L. R. Michelson die Wohnzimmer im Herrenhaus ausmalen. Kurz zuvor war das Bemühen dieser alten Revalenser Kaufmannsfamilie dahingegangen, eine Nobilitierung zu erreichen, was ihr auch 1792 gelang. Dies war Voraussetzung, in die Ritterschaft aufgenommen zu werden. Und dies war wiederum conditio sine qua non für den Erwerb von Rittergütern als Eigentum, wenn auch schon früher über die Möglichkeit des Pfandbesitzes ein Erwerb von Gutsbesitz möglich war. Doch durch die Statthalterschaftsverfassung vom Jahre 1783 war die bisherige Pfandbesitzzeit von 99 Jahren auf 10 Jahre gekürzt worden, so daß das bestehende Eigentumsrecht durch die Ritterschaft zunächst nur noch mehr an Bedeutung gewann – um freilich dann durch die Entwicklung des 19. Jahrhunderts immer mehr eingeschränkt und schließlich ausgeschaltet zu werden. Zu Piersal gehörte früher der Annenhof.

Im Archiv des historischen Museums in Reval/Tallinn gibt es eine umfangreiche Gutsakte, die Brieflade, die die Jahre von 1601 bis zum Jahre 1925 für die Geschichte von Piersal umfaßt. Aus dem Jahre 1834 existiert eine sogenannte revisorische Beschreibung des Gutes. Im Jahre 1837 übernahm die Bewirtschaftung des Gutes der Kreisrichter Gottlieb von Maydell.

Bemerkenswert sind die Unterlagen von 1920. Sie enthalten die Gutstaxation und den Vorgang der Enteignung des Gutes Piersal. Vom 13. Mai 1923 stammt eine Urkunde, die die Arrende einer Gärtnerstelle zu Piersal von H. von zur Mühlen und deren Kündigung betrifft.

Pirk/estn. Pirgu

Pirk war noch in früher Neuzeit ein Dorf des Gutes Angern, das sich von 1455 an im Besitz der Familie Wedberg nachweisen läßt. Brun Wedberg verpfändete Angern im Jahre 1568 an Jürgen Nascherdt. 1586 befand es sich, anscheinend durch Weiterverpfändung, im Besitz des Cord Boismann.

Später war Pirk in Uexküllschem Besitz, dann gelangten die Meyendorff an das Gut. Otto Johann Baron Meyendorff a. d. H. Uexküll verpfändete Pirk im Jahre 1684 an Hans Rodde und an die Erben des Kaspar Kniepern, von deren Rechtsnachfolgern Jakob Friedrich v. Peetz das Pfandrecht erwarb.

Auch Fabian Baron Meyendorff trat im Jahre 1719 seinen Anteil ab.

Pirk blieb über ein Jahrhundert im Besitz der Familie v. Peetz, gelangte dann in die Hand des Geschlechtes v. Staal, wechselte abermals die Besitzer, so an die Wulffsdorff, Hagemeister, schließlich erwarben die Wetter-Rosenthal den Besitz.

Frau Cäcilie v. Wetter-Rosenthal wurde das Gut Pirk im Jahre 1919 bei der großen Agrarreform enteignet.

Doch auch nach der Enteignung und Aufsiedlung der Güter blieb die Familie bis zur Umsiedlung der Deutschbalten auf einem Siedlungshof, der in den 1930er Jahren noch 25 Hektar umfaßte.

Das Herrenhaus von Pirk rechnet Heinz Pirang in seinem 1928 herausgegebenen Werk zu einer Sondergruppe baltischer Herrenhäuser, entstanden am Beginn des 19. Jahrhunderts:

„Es sind die in drei Teile aufgelösten Häuser im Stil des hellenisierenden Klassizismus. Dieses eigenartige Kompositionsschema ist besonders im späteren Empire der russischen Landhausarchitektur anzutreffen. In Verbindung mit dem flachen Dach bildet das fünfteilig gegliederte Haus dort eine sehr charakteristische Erscheinung. Auch bei uns hat es in den nord-östlichen Gebieten Eingang gefunden, ohne indes recht bodenständig geworden zu sein." Pirk sei dafür ein Beispiel gewesen wie auch das Herrenhaus von Rappin.

Piwaroots (Paulsruhe)/estn. Rootsi (Pivarootsi)

Im Archiv des historischen Museums in Reval/Tallinn befindet sich eine Akte, die Daten über die Geschichte von Piwaroots enthält, die die Zeitspanne 1698 bis 1796 umfassen.

Dort befindet sich auch ein Protokollauszug der schwedischen königlichen Ökonomieverwaltung in Estland vom 29. Juli 1628 über die Untersuchung wirtschaftlicher Zustände des Gutes Piwaroots, auch Paulsruhe genannt. Über die 1690er Jahre gibt es Prozeßakten in Geheimsachen des Rittmeisters Johann Georg v. Mohrenschildt gegen den Leutnant Johann v. Bock, Pfandbesitzer von Piwaroots.

Im Jahre 1812 gelangte das Gut an die Familie von Helwig. Im Jahre 1843 erwarben die Barone von Hoyningen-Huene den Besitz, die ihn bis zum Jahre 1919 innehatten.

Im Jahre 1919 wurde das Gut im Rahmen der allgemeinen Güterenteignung konfisziert, „nationalisiert", und an Neusiedler verteilt. Auch die Huene beteiligten sich, wie es erlaubt war, an dieser Neusiedelaktion. Ihnen verblieb ein kleiner Resthof in Paulsruhe, der in den

1930er Jahren 25 Hektar betrug und den sie bis zur Umsiedlung der Deutschbalten 1939 bewirtschafteten.

Podis/estn. Pootsi

Podis, im einstigen Nordlivland gelegen, war ein Dorf des bischöflich Öselschen Amtes Audern, bis es im Jahre 1560 dem Stiftsvogt in der Wiek Christoph von Münchhausen, verliehen wurde.

Es wurde ihm jedoch von der polnischen Regierung entzogen und zum Domänenbesitz geschlagen, bis es im Jahre 1624 vom schwedischen König Gustav Adolf dem Rittmeister Magnus v. d. Pahlen verliehen wurde.

Über 150 Jahre verblieb der Besitz bei den Pahlen, die auch im 18. Jahrhundert eine bedeutende Rolle im Baltikum spielten. Zahlreiche Familienmitglieder standen in öffentlichen Diensten.

Nach dem Zusammenbruch der schwedischen Macht unter Karl XII., im Nordischen Krieg (1700–1721), in dem nahezu die Hälfte der Offiziere aus den schwedischen baltischen Provinzen kamen, dienten die Liv- und Estländer nach 1721, als die Provinzen russisch geworden waren, dem russischen Souverän. General Peter Ludwig von der Pahlen, der Katharina II. mehr als geschickter Diplomat, weniger als Offizier diente, begann seine Karriere, wie viele Diplomaten und Verwaltungsbeamte seiner Zeit in Rußland, im militärischen Dienst. Im Jahre 1769, im Türkenkrieg, wurde er Generalmajor. Ein Sohn Pahlens, Friedrich Alexander von der Pahlen (1780–1863), begann 1795 seinen Dienst in Rußland als Kornett der Garde. 1771 befand sich ein Hans von der Pahlen (1740–1817) beim Chevalier-Gardekorps. Dieser wurde 1773 russischer Regierungsrat in Estland, um dann von 1783 bis 1798 das Amt des Präsidenten des Gerichtshofes peinlicher Sachen in Estland zu übernehmen.

Doch der Assessor Gustav Friedrich von der Pahlen verkaufte das Gut Podis im Jahre 1790 dem Kammerherrn Carl Otto v. Lilienfeld.

Dessen Erben veräußerten den Besitz 1832 an Magnus Gustav Jacoby, der Podis im Jahre 1856 dem Major Gotthard Baron Maydell veräußerte.

Dieser vererbte das Gut im Jahre 1886 seinem Sohn Gustav Baron Maydell (gest. 1925), dessen Erben das Gut im Oktober 1919 in der allgemeinen Agrarreform in Estland enteignet wurde.

Pöddes/estn. Kalvi

Pöddes in Wierland im Kirchspiel Haljal/Haljala, ist wahrscheinlich das Dorf Paydola von 13 Haken, das nach dem Liber census Daniae um 1250 der Henric de Bixhöveth, also Buxhoeveden, in der so benannten Kilegunde Maum besaß. Um 1500 galt es als uralter Besitz der Familie v. Lode, war aber im Jahre 1445 in den Besitz der Vietinghoff gekommen, von denen es durch Erbschaft an Johann Zoege gelangte.

Dieser übertrug den Besitz im Jahre 1530 dem Hermann Lode. Dietrich Kalff, der schon 1512 das Gut pfandweise innehatte, vermochte aber Briefe vorzulegen, laut denen ihm Pöddes schon früher verkauft worden war.

Er gewann den eingeleiteten Prozeß gegen Lode und behielt das Gut. Sein Sohn Dietrich Kalff vermachte Pöddes im Jahre 1581 seinen Neffen, den Söhnen seiner verheirateten Schwester Reinhold und Dietrich Engdes.

Der estnische Name des Gutes Kalvi geht auf die Familie Kalff zurück. Es ist ein bemerkenswerter Tatbestand, daß nämlich zahlreiche estnische Gutsnamen auf deutsche Familiennamen verweisen hingegen die im Deutschen gebräuchlich gewesenen Namen dann estnischen Ursprungs sind. Der deutsche gebräuchliche Name des Gutes verweist auf den estnischen Namen eines Elches.

Das den Kalff im Besitz von Pöddes folgende Geschlecht v. Engdes erlosch während des Nordischen Krieges (1700–1721), und Pöddes kam durch Helene v. Engdes an ihren Mann, den Landrat Klaus Gustav v. Essen, dessen Enkel Karl Christoph v. Essen das Gut noch 1818 besessen hat. Es folgten dann weitere Familien auf Pöddes, so die Schoultz v. Ascheraden, die Baranoff, Lwowsky und Schilling. Schließlich gelangte das Gut an die Stackelberg. Die Barone Stackelberg wurden 1919 enteignet, behielten aber einen Siedlungshof und verblieben bis 1939, bis zur Umsiedlung der Deutschbalten, auf Pöddes.

Ein altes Herrenhaus verfiel, ein neues aus rotem Granit wurde um die Jahrhundertwende aufgeführt. Pirang hat 1930 geurteilt:

„Das Thema der Gotik wird häufig variiert und zuweilen in orginellerer Fassung zur Anwendung gebracht. Eigenartig und in seiner herben Wucht nordischem Empfinden zugänglich ist das aus rotem Granit um 1900 erbaute Poeddes – Baronin Stackelberg. Unter allen pseudogotischen Herrenhäusern sicherlich eins der besten – weil es ohne Pathos oder alle Spielerei, nicht nur der Formen, sondern auch dem Geiste der Gotik gemäss, sachlich und wahr gestaltet ist."

Poidifer/est. Pudivere

Das Gut Poidifer liegt im Kirchspiel St. Simonis im Kreis Wierland. Im Archiv des historischen Museums in Reval/Tallinn befindet sich eine Akte über die Gutsgeschichte von Poidifer für die Zeit von 1688–1892.

Am Beginn des 18. Jahrhunderts, nach dem Nordischen Krieg (1700–1721), befand sich Poidifer in der Hand der Familie von Stackelberg – nachweislich seit dem Jahre 1586. Diese bekannte baltische Familie hat nicht nur im Baltikum auf den Gütern, in der Selbstverwaltung des Landes ihre Spuren hinterlassen, sondern weit darüber hinaus in das Russische Reich gewirkt. Soldaten, Diplomaten, Verwaltungsbeamte haben im ganzen Russischen Reich gewirkt, stets auch in enger Beziehung zum Zarenhof. Und auch die Frauen spielten durchaus eine öffentliche Rolle, etwa wenn Katharina von Stackelberg im 18. Jahrhundert als Hofmeisterin in St. Petersburg das Regiment über die Hoffräulein führte. Die Stackelberg waren wie so viele baltische Familien kunst- und wissenschaftsbeflissen. Natalie Freiin v. Stackelberg (1819–1902) hat 1882 ein bemerkenswertes Buch geschrieben: „Otto Magnus v. Stackelberg. Schilderung seines Lebens und seiner Reisen in Italien und Griechenland", das davon Zeugnis ablegt. Es ist ein Erbe, das durchaus bis in die Gegenwart fortlebt, denkt man etwa an den 1913 in Arensburg/Kuressarre auf Ösel/Saaremaa geborenen Sozialforscher Karl Georg Graf Stackelberg mit seinem 1979 herausgegebenen Werk, neben zahlreichen anderen, „Der ferngelenkte Mensch? Möglichkeiten und Grenzen von Propaganda, Werbung und sozialer Kommunikation".

Im obengenannten Archiv in Reval/Tallinn befinden sich auch aus dem 18. Jahrhundert „Kontrakte über die Anstellung der Gemeindeschullehrer von Poidifer, anliegend einige Verzeichnisse der besten Schüler, die von dem Lehrer, dem Gutsbesitzer, zur Beschenkung vorgeschlagen werden – in Estnisch und in Deutsch".

Poll/estn. Polli

In Estland gab es drei Güter gleichen Namens und auch noch eines mit Namen Pollenhof – im estnischen heißen sie Polli, Polula und Polula-Uuemoisa, und auch Pollenhof heißt Polli.

Eines dieser Güter gehörte am Beginn des 18. Jahrhunderts dem holsteinisch-herzoglichen Premierminister, dem Mecklenburger Henning Friedrich Graf v. Bassewitz (1680–1749), der auch in die estländische Ritterschaft aufgenommen, immatrikuliert, wurde.

1765 gelangte dieses Gut an die Familie von Zoege. Im Jahre 1850 wurde in Poll Ursula Zoege von Manteuffel, später verheiratete v. Trebra-Lindenau geboren. Sie trat als Schriftstellerin hervor u. a. mit historischen Romanen.

Poll wurde schließlich verpfändet an die Barone Stackelberg, die das Gut 1853 noch besaßen.

Von dem Gut stammte auch die Mutter des Malers Wilhelm v. Kügelgen, dessen Mutter eine Zoege war. 1847 schreibt er aus Deutschland an seinen Bruder Gerhard in seinen seinerzeit sehr bekannten und klugen „Lebenserinnerungen eines alten Mannes":

„Deine Nachrichten aus Poll haben mich sehr interessiert. Mein Herz ist tief eingewurzelt auf diesem kleinen entfernten Fleck der Erde. Grüße doch Menschen, Haus und Wiesenflur wie die alten Linden im Garten, deren Blätter alte Geschichten flüstern. Am liebsten hätte ich dort alles verwildert und verwachsen wieder gefunden. Der neue schöne Blumengarten war mir nicht angenehm."

Heute, 150 Jahre später, ist der von Kügelgen geäußerte Wunsch eingetreten.

Am Ende des Jahrhunderts, 1899, gehörte das Gut H. v. Krause. Die Krause wurden 1919 im Zuge der allgemeinen Enteignung aller Güter in Estland gleichfalls enteignet, wirtschafteten aber noch auf einem kleinen Siedlungshof bis zur Umsiedlung der Deutschbalten im Jahre 1939 weiter.

Purgel/estn. Purila

Purgel gehörte um 1250 zum großen Besitz des Herzogs Kanut. Im Jahre 1513 befreite der Ordensmeister Wolter v. Plettenberg das Kloster St. Brigitten von der Pflicht zur Heeresfolge wegen des Hofes Purgel. Purgel war vom Kloster erst kurz zuvor erworben worden, denn erst 1516 quittierte Arnd Junge der Äbtissin den Empfang der vollen Kaufsumme.

Bemerkenswert, daß zu damaliger Zeit Familien in Livland an führender Stelle auftauchen, die zugleich zu den Patriziern der Hansestadt Lübeck zählten, deren Recht man ja in Livland weitgehend übernommen hatte. Auch die Junge waren im Lübecker Rat als Patrizier bestimmend.

Der schwedische König Erich XIV. vergab Purgel an Johann Koskull, der noch 1595 als Besitzer genannt wird. Im Jahre 1611 erhielt der Rittmeister Michael Engelhardt Purgel für seinen Soldrest.

Während der schwedischen Güterreduktionspolitik wurde auch Purgel eingezogen, vom Staat konfisziert, reduziert, wie man sagte. Doch

Dorothea Wrangell verw. Engelhardt wurde es nach dem Nordischen Krieg (1700–1721), als die Provinzen Est- und Livland russisch geworden waren, von der russischen Regierung zurückgegeben. Die russische Regierung hat für diese Fälle eine sogenannte Restitutionskommission eingesetzt. Doch die Engelhardts verkauften das Gut, und im Jahre 1750 wurde Purgel Kronsgut.

Doch wiederum wurde es veräußert. Im Jahre 1765 gehörte es Bernhard v. Helffreich und blieb bei dessen Nachkommenschaft, bis Molly v. Helffreich es 1900 an Friedrich Baron Maydell veräußerte.

Letzter Besitzer seit 1906 war dessen Bruder Bernhard Baron Maydell, der im Jahre 1919 bei der großen Agrarreform und allgemeinen Aufsiedlung der Güter enteignet wurde.

Putkas/estn. Putkaste

Putkas war im Mittelalter ein zum bischöflichen Hofe auf Dagö/Dagden gehöriges Dorf. Als die Insel schwedisch wurde, verblieb es zunächst im Besitze der Krone, kam schließlich im Jahre 1620 zusammen mit Grossenhof an den Grafen Jakob de la Gardie (1583–1652).

Dieser Repräsentant einer Familie aus der Languedoc, die seit 1565 in Schweden angesessen war, erfocht als Soldat mehrere Siege über die Russen, drang bis Moskau vor, eroberte Nowgorod und wurde 1633 einer der Reichsverweser während der Minderjährigkeit der Königin Christine.

Seit 1618 war er verheiratet mit Ebba Brahe. Von der Familie de la Gardie leitet sich auch die Sprachwendung „hinter schwedischen Gardinen" ab. Die Familie de la Gardie besaß das Gut Putkas bis zur Güterreduktion, von der auch sie nicht verschont blieb. Im Jahre 1691 wurde ihr der Besitz genommen.

Zu Anfang der russischen Zeit, seit 1721, war das Gut im Besitz der Krone, wurde aber dann 1755, zusammen mit Grossenhof, dem Grafen Stenbock verliehen. Von seinen Nachkommen kaufte es 1805 Major Peter Baron Stackelberg, dessen Familie das Gut bis zur Enteignung 1919 besaß.

Die letzte Besitzerin war die Witwe Margarethe Baronin Stackelberg.

Rabbifer/estn. Rabifere

Südlich von Reval/Tallinn liegt im Distrikt Harrien im Kirchspiel Haggers das einstige ritterschaftliche Gut Rabbifer/Rabifere.

Im Jahre 1663 ist das Gut in der Hand von Reinhold Lepps. Auffallend ist der weitere schnelle Besitzwechsel auch bei diesem Besitz.

Nach dem Nordischen Krieg (1700–1721) gelangte das Gut in die Hand der Familie v. Baranoff. Peter v. Baranoff veräußerte im Jahre 1799 das Gut an Ernst Heinrich v. Mohrenschildt. Im Jahre 1824 gelangte es in die Hand der Barone Stackelberg. Und am 30. November 1870 kaufte der aus der Gegend von Stade in Niedersachsen stammende Dietrich Georg von der Decken (1835–1924) für 60 000 Silberrubel das Gut Rabbifer, später gehörte ihm auch noch Kalp. Bis zur Enteignung 1919 verblieb die Familie im Besitz von Rabbifer. Dietrich von der Decken starb in Hannover, verheiratet war er mit einer Russin, Nadeshda Nasacken.

Das schlichte, sehr hübsche eingeschossige Herrenhaus von Rabbifer befand sich 1991 in einem einigermaßen guten Zustand, wie auch die Hofanlage erhalten ist. Rabbifer wurde nach dem Zweiten Weltkrieg Sitz einer Kolchose.

Rachküll/estn. Rahküla

Rachküll, im Distrikt Wierland gelegen, im Kirchspiel Simonis, gehörte am Ende des 18. Jahrhunderts den Baronen Stackelberg. Im Jahre 1793 gelangte es an die Familie der Barone Steinheil, zunächst im Pachtverhältnis, dann schließlich im Jahre 1807 als Eigentum.

Im Jahre 1869 veräußerte Philipine Baronin Steinheil das Gut an Karl August Schmeling. Im Archiv des historischen Museums in Reval/Tallinn gibt es eine Gutsakte, die die Jahre von 1663 bis 1792 bezüglich Rachküll behandeln.

Im 17. Jahrhundert hatte das Gut der Familie Klingstett gehört. 1726 gelangte es an Magnus Wilhelm von Nieroth und an Johann von Hansen.

Der Sohn des Regimentsquartiermeisters Hermann von Hansen, Jobst Johann von Hansen, wurde 1737 von der estländischen Ritterschaft „wegen vorgegebener adeliger Abstammung und seines Anrechts, adelige Güter erblich zu besitzen", der Prozeß gemacht, ein durchaus nicht untypischer Fall für damalige Zeiten. Solche Prozesse fanden mehrfach in der ersten Hälfte des 18. Jahrhunderts statt. Schließlich wurde mit den sogenannten Landsassen, Besitzer von Rittergütern, die nicht zur Ritterschaft gehörten, daß Problem des Rechts auf ritterschaftlichen Gutsbesitz seit dem 18. Jahrhundert heftig diskutiert. Die Landsassen hatten schließlich auch eine eigene Corporation gebildet und trugen die Auseinandersetzung bis nach St. Petersburg. Katharina II. hat sich mehrfach verärgert darüber geäußert, daß sie mit diesen vermeintlich innerbaltischen Problemen konfrontiert wurde. Die Liv- und Estländer vergäßen, meinte sie einmal, daß sie, Katharina II., nicht die Kaiserin von Livland, sondern von Rußland sei!

Raggafer/estn. Rägavere

Raggafer im Distrikt Wierland, im Kirchspiel Jakobi war nach dem Liber census Daniae um das Jahr 1250 von einem dänischen Großgrundbesitzer Dominus Elf an Thidric Swort als Afterlehen vergeben worden. Erst im Jahre 1537 wird es wieder erwähnt als Dorf des Brackelschen Gutes Mödders. Das Gut gelangte, als die Brüder Wolmar und Dietrich Brackel sich 1540 den Besitz teilten, in die Hand von Dietrich Brackel.

Im Jahre 1586 war Raggafer im Besitz des Caspar Busch, der es durch Einheirat erhalten hatte. Doch bereits im Jahre 1589 besaß es Frommhold Metztacken, der Dietrich Brackels Tochter Barbara zur Frau hatte. Nach seinem Tode kam es zu Erbstreitigkeiten, bis 1604 Raggafer durch einen Vergleich an Barbara Taube gelangte, die in erster Ehe Heinrich Paykull, in zweiter Ehe Otto Schulmann heiratete.

Raggafer war noch 1649 im Besitz von Otto Paykull. 1671 verkaufte Hans Paykull Raggafer dem Landrat Nils Stackelberg zu Mödders. Durch Einheirat wechselte das Gut weiter die Besitzerfamilien. Agneta Dorothea v. Knorring verw. Stackelberg brachte es unmittelbar nach dem Nordischen Krieg (1700–1721), bereits zu russischer Zeit, ihrem zweiten Mann, dem Generalmajor Lorenz Löschern v. Herzfeld mit in die Ehe.

Durch Kauf kam das Gut schließlich 1765 an Hermann Helmich Baron Kaulbars. Ein Jahrhundert später, um 1850, erwarben die Barone Pilar von Pilchau den Besitz –„mit Ausnahme des Begräbnisplatzes nebst Kapelle, der der Familie Baron Kaulbars vorbehalten bleibt und von ihr zu unterhalten ist" – so hieß es im Kaufvertrag. Doch bereits ein Jahrzehnt später, 1860, hatte das Geschlecht v. Dehn den Besitz inne. Es verblieb nun dort bis zur großen Agrarreform 1919, nach der Gründung des estnischen Staates und der Aufsiedlung aller Güter. Der letzte Besitzer war Karl v. Dehn.

Raik/estn. Raigu

Raik war im Jahre 1564 ein Dorf von 7,5 Haken in der Kardenoll Wacke unter Meckshof und hatte zu Ende der Ordenszeit zu Müntenhof gehört, das als Amt der alte Vogt von Jerwen Heinrich von Tuilen, besessen hatte.

Die Krone Schweden vergab Raik und Pitkefer im Jahre 1582 pfandweise an Hans v. Lübeck, dessen Witwe Sophia Stahl es noch 1615 besaß. Christoffer Mellin und Christoffer Buhrmeister, anscheinend ihre Erben, besaßen 1623 die Dörfer erblich, und letzterer, der 1627 alleiniger Besitzer war, vererbte Raik als Dorf seines Gutes Tamsal seinem Schwiegersohn, dem Major Christoph Magnus v. Berg, der Tamgal 1686 verpfändete.

Dadurch wurde Raik im Jahre 1686 Selbständiges Gut, das nicht während der Güterreduktion eingezogen wurde und auch nach dem Nordischen Krieg (1700–1721) zur russischen Zeit im Jahre 1726 einem Kapitän Berg gehörte.

Im Jahre 1733 kaufte Raik der Assessor Jakob Wrangell. Das Gut blieb durch fünf Generationen im Besitz dieser Familie, bis Ernst Joseph Baron Wrangell Raik 1906 an August Berends zu Afer verkaufte. Von ihm erwarb Raik Helene Baronin Stackelberg, die das Gut durch die Enteignung und Aufsiedlung im Jahre 1919 durch den neugegründeten estnischen Staat verlor.

Rappin/estn. Räpina

Sämtliche Güter des einstigen nordlivländischen Rappinschen Kirchspiels bildeten ursprünglich ein Gut, das in der polnischen Zeit, von der „Dorpater Ökonomie" angelegt, Jama-Rappina hieß.

Der schwedische König Gustav Adolf verlieh 1625 das Amt Rappin dem Stallmeister Bengt Oxenstierna, dem späteren Generalgouverneur von Livland. Doch auch die Oxenstierna blieben nicht von der allgemeinen schwedischen Güterreduktion in der zweiten Hälfte des 17. Jahrhunderts, im Rahmen der Absolutismus-Entwicklung, verschont. Durch die Güterreduktion fiel das Gut dem Staate zu.

Das blieb auch so nach dem Nordischen Krieg(1700–1721), als Livland und Estland russisch geworden waren. Zar Peter I. verlieh den Güterkomplex im Jahre 1717 dem Generalprokureur und Reichsrat Graf Paul Jagusinsky, der ihn dem Oberstallmeister Generalleutnant Karl Gustav Graf Loewenwolde verkaufte.

Alle gräflich Löwenwoldeschen Güter wurden 1751 unter der Zarin Elisabeth konfisziert. Doch die Kaiserin Katharina II., die von 1762 bis 1796 regierte, gab die Rappinschen Güter den Kindern des Freiherrn Adam Friedrich v. Löwenwolde zurück.

Die Güter wurden später geteilt. In der Teilung von 1787 übernahm der „wirkliche Staatsrat" Johann Gustav Freiherr v. Löwenwolde das Hauptgut Rappin.

Dessen Erben verkauften es im Jahre 1835 an den Major Gustav Baron Schoultz, der es bereits ein Jahr später, 1836, mit Gewinn dem Landmarschall Gustav Eberhard v. Richter verpfändete. Dessen Sohn, Otto Magnus, übernahm es 1851 und verkaufte es 1853 dem Kreisrichter und nachmaligen Landrat Peter Anton v. Sivers, dem 1893 sein Sohn Alexander (gest. 1926) im Besitz folgte.

Die Sivers haben Rappin bis zur Agrarreform und zur Aufsiedlung der Güter 1919 besessen. Die Sivers, aus Schleswig-Holstein ursprünglich stammend, haben sich in besonderer Weise in der Land- und Forstwirtschaft des Baltikums ausgezeichnet. Noch am Beginn des 20. Jahrhunderts war etwa Max von Sivers aus dem Hause Römershof Präsident der so bedeutsamen Livländischen Gemeinnützigen und Ökonomischen Sozietät.

Das imposante Herrenhaus von Rappin rechnet Heinz Pirang zu einer Sondergruppe baltischer Herrenhäuser, die am Beginn des 19. Jahrhunderts entstanden waren. „Es sind die in drei Teile aufgelösten Häuser im Stil des hellenisierenden Klassizismus. Dieses eigenartige Kompositionsschema ist besonders im späteren Empire der russischen

Rappin/estn. Räpina

Rappin/estn. Räpina
(Parkgebäude)

Landhausarchitektur anzutreffen." Über Rappin heißt es: „Hier hat der Mittelbau ein flaches Walmdach mit einem Dreiecksgiebel, während die Seitenbauten walmlos sind. Die Hauptflügel sind zweigeschossig, die Zwischenflügel eingeschossig – eine Anordnung, die naturgemäß viel Unzuträglichkeiten mit sich bringt, weil die oberen drei Geschosse keine direkte Verbindung untereinander haben. Das Haus liegt in einem wundervollen Park am Ufer eines kleinen Sees."

Rasin/estn. Rasina

Rasin, im einstigen Nordlivland gelegen, wird bereits 1418 als ein der Familie v. Tiesenhausen gehöriges Dorf benannt, das später mit dem Gute Ludendorf der Familie von der Luden gehört hat. In der polnischen Zeit war das Gut in der Hand des Statthalters Watrinsky. Im Jahre 1600 befand sich der Besitz in der Hand der Familie Nieroth.

Am Anfang des 17. Jahrhunderts legte Martin Unferfehrt auf der Stelle eines verödeten Dorfes den Hof Rasin an. Weitere Besitzer traten auf. König Gustav Adolf von Schweden verlieh Rasin dem Johann Faegraeus, der geadelt den Namen v. Strömfeld trug. Der Besitz blieb nun bei den Strömfeld. Der Besitz wurde in der allgemeinen schwedischen Güterreduktion vom schwedischen Staat konfisziert. Dann übernahm während des Nordischen Krieges (1700–1721) der russische Staat den Besitz. Peter der Große schenkte ihn 1717 dem Grafen Paul Jagusinsky, doch 1723 erhielt die Familie v. Strömfeld das Gut zurück.

Auch als dann nach dem Nordischen Krieg (1700–1721) die russische Zeit Estlands begann, blieb der Besitz weiterhin bei der Familie. Von 1624 bis 1736 gehörten beide Güter der Familie v. Strömfeld, bis der Statthalter Jakob Johann Baron Strömfeld Rasin seinem Neffen, dem Sohne seiner Schwester, Gustav Johann v. Silfverhielm schenkte.

Nach nun weiterem öfteren Besitzwechsel – so bei den Krabbe, Rosen und Bock – gehörte Rasin von 1803 bis 1856 der Familie v. Stackelberg, von 1857 bis 1879 dem Geschlecht v. Knorring. Dann gelangte der Besitz an die Minding. Erich v. Minding besaß das Gut bis zur Enteignung und Aufsiedlung im Jahre 1919.

Ratshof/estn. Raadi

Ratshof, im einstigen Nordlivland bei Dorpat /Tartu gelegen, gehörte zur Stadtmark. Wie es auch der Name besagt, gehörte es zeitweilig dem Rat von Dorpat, wurde jedoch im Jahre 1584 von der polnischen Regierung eingezogen und blieb nun Domäne, bis es 1669 dem Generalmajor Hans von Fersen verliehen wurde.

Doch noch am Ende des 17. Jahrhunderts, im Zuge der allgemeinen schwedischen Güterreduktion im Rahmen der Absolutismuspolitik, wurde der Besitz vom Staat konfisziert – auch das Gut Ratshof wurde „reduziert", wie man sagte.

Kaiserin Katharina I. schenkte Ratshof im Jahre 1726 dem Generalleutnant Bibikow, dessen Söhne es 1751 dem Garderittmeister Carl v. Liphart für 12 000 Rubel verkauften.

Carl v. Liphart stiftete im Jahre 1776 aus den Gütern Ratshof und Neuhausen ein Majorat, das sich seitdem in seiner Nachkommenschaft vererbt hat bis zur allgemeinen großen Agrarreform 1919, als alle ritterschaftlichen Güter in Estland enteignet und aufgesiedelt wurden. Seit dem Jahre 1892 gehörte das Gut Reinhold v. Liphart.

Bis zur Enteignung barg das Gutshaus die größte private Kunstsammlung der Ostseeprovinzen. Georg von Rauch schreibt in einer kleinen, 1985 zusammen mit Erik Thomson herausgegebenen Monographie über Ratshof: „Hier konzentrierte sich zwischen 1830 und 1914 ein reges Kulturleben: Die Gutsherren waren Kunstsammler und auch selbst nicht nur Sachverständige, sondern auch Maler und Zeichner, was sie nicht daran hinderte, ebenfalls landespolitische Ämter zu übernehmen. Zu der bildenden Kunst kommt noch hinzu, daß hier ein reges Musikleben bestand."

Reinhold Wilhelm v. Liphart (1750–1829) hatte mit der Sammlung begonnen, die von seinen Nachkommen aufgestockt wurde.

Das Herrenhaus wurde 1783 von dem französischen Baumeister Fanguet für die Sammlung umgebaut, doch im Jahre 1840 wurde das Herrenhaus noch einmal wesentlich umgestaltet durch den italienischen Architekten Botta, der im Dienste des Zaren Nikolaus I. stand. Das Haus ist im Stile französisch-italienischen Spätbarocks gestaltet worden. In den Jahren von 1890 bis 1903 wurde dem Herrenhaus noch ein kuppelartiger Turm angefügt.

Der Park von Ratshof wurde von dem bekannten preußischen Gartenbaumeister Peter Joseph Lenné (1789–1866) gestaltet, der seine Spuren in zahlreichen Gutsparks an der südlichen Ostseeküste hinterlassen hat.

Als im Jahre 1919 auch die Lipharts enteignet wurden, durften sie ihr persönliches Eigentum in 16 Eisenbahnwaggons nach Deutschland mitnehmen, wohin sie auswanderten. Die wertvollen Kunstschätze wurden aber konfisziert. Schloß Ratshof wurde in der Zwischenkriegszeit zu einem bekannten Estnischen Volksmuseum umgewandelt.

Im August 1944 wurde bei schweren Artilleriegefechten zwischen der Roten Armee und deutschen Truppen Ratshof weitestgehend zerstört, der Rest einer Ruine zeugt bis heute von dem Platz, wo einst ein Zentrum baltischer Kultur sich befunden hat.

Die Kunstschätze waren aber vor den Kriegshandlungen ausgelagert und sind gerettet worden. Erik Thomson schreibt: „Das Estnische Nationalmuseum gehörte zu den wichtigsten Trägern des Selbstbewußtseins des estnischen Volkes. Es wurde selbst zu einem Nationaldenkmal, in Gemeinschaftsarbeit zusammengetragen und errichtet von den Landeskindern für Volk und Land."

Rayküll/estn. Raikküla

Rayküll im Distrikt Harrien im Kirchspiel Rappel/Rapla kommt urkundlich zum ersten Mal im Jahre 1496 als Hof im Besitz des Jürgen Vietinghoff vor. Er verkaufte Rayküll einschließlich der dem Wolmar Junge verpfändeten Dörfer 1492 an Jürgen Brakel und dieser 1506 an Luloff Fürstenberg. Dieser stammte wie so viele andere damalige nach Livland eingewanderte Deutsche aus Westfalen.

Luloff Fürstenberg war Sohn des Johann Fürstenberg zu Höllinghofen in Westfalen. Fürstenberg zahlte für Rayküll 12 500 Mark. Er hat das Jungesche Pfandgut eingelöst und übertrug Rayküll im Jahre 1539 seinem Schwiegersohn Lorenz Fersen, verkaufte es ihm im folgenden Jahr förmlich.

Rayküll verblieb nun für längere Zeit im Fersenschen Besitz, bis es nach dem Tode des Feldmarschalls Otto Wilhelm Fersen Freiherrn zu Kronendahl zunächst an seine Tochter Juliane Helene fiel, die in erster Ehe mit Jürgen Johann Wrangell, in zweiter mit dem Obristleutnant

Rayküll/estn. Raikküla

Johann Schlippenbach verheiratet war. Eine Tochter aus dieser Ehe Schlippenbach war verheiratet mit dem Landrat Bengt Heinrich Bistram zu Riesenberg und Rum. So gelangte der Besitz durch Einheirat in die Familie von Bistram. Von der Familie Bistram kaufte der Landrat Friedrich v. Staal Rayküll, der der Prinzenerzieher der Herzöge von Oldenburg war, der Neffen der Zarin Katharinas II., die in Rußland erzogen wurden.

Von seinem Sohn, dem Generalmajor Georg v. Staal erwarb Rayküll im Jahre 1832 der General der Infanterie und Finanzminister Georg Graf Cancrin. Cancrin war Deutscher, hieß ursprünglich Krebs, stammte aus Hessen und hatte in Rußland Karriere gemacht.

Durch seine Tochter Zeneide gelangte es an deren Gemahl, den Ritterschaftshauptmann Alexander Graf Keyserling.

Im Jahre 1894 wurde der Präsident des Estländischen Landwirtschaftlichen Vereins Graf Leo Keyserling-Rayküll Ehrenmitglied der Livländischen Gemeinnützigen und Ökonomischen Sozietät.

Rayküll/estn. Raikküla

Der letzte Besitzer bis zur Enteignung und Aufsiedlung des Gutes war dessen Enkel Hermann Graf Keyserling (1880–1946), der bekannte Philosoph, der „Reisephilosoph". Ein Satz von ihm lautet: „Der kürzeste Weg zu sich selbst führt um die weite Welt."

In seiner 1920 in Darmstadt gegründeten „Schule der Weisheit" wollte er die schöpferischen Kräfte der Philosophie der praktischen Kulturgestaltung zuführen. Er lehrte den Stil des polyphonen Denkens, eine auf Leib, Seele und Geist aufgebaute Antropologie.

Golo Mann beschreibt in seinen Memoiren ein Abendessen bei seinem Vater Thomas Mann in München, bei dem auch das Ehepaar Keyserling zu Gast war. Thomas Mann habe sich gegenüber einem anderen Balten voller Bewunderung geäußert, nicht ohne ein wenig Neid über die geistvolle, weltmännische und hochgebildete leichte Art, mit der Graf Hermann Keyserling eine Tischrede gehalten habe. Thomas Mann bekam zur Antwort – so gibt es Golo Mann wieder: Ach, wissen Sie, Herr Mann, bei uns im Baltikum waren sie alle so – nur mit dem Unterschied, der Keyserling, der hat einen Job daraus gemacht.

Das Herrenhaus von Rayküll/Raikülla ist heute, 1991, eine Ruine. Es steht zwar noch im Rahmen, auch das Dach ist in Ordnung, aber das Haus steht leer, nur die Hülle ist noch vorhanden. Ein abendländisches Symbol.

Vom Restbestand des Parkes aus sieht das Haus bezaubernd aus, aus der Nähe gähnt die Leere und das Grauen. Nach dem Zweiten Weltkrieg wurde im Herrenhaus von Rayküll eine Schule untergebracht – bis das Herrenhaus in den 1960er Jahren ausbrannte. Im Park wurden häßliche Neubauten aufgeführt.

Im Archiv des historischen Museums in Reval/Tallinn gibt es eine ausführliche Akte über Rayküll.

Schloß Reval/estn. Tallinn

Das Ordensschloß auf dem Domberg in Reval/Tallinn geht auf das frühe Mittelalter zurück. An der Stelle hat eine Estenburg gestanden, die Lindanise geheißen hat. Von ihr sind wenig Spuren erhalten. Sie war vermutlich eine sogenannte „Bauernburg", eine Wallburg, da damals der Mauerbau mit Mörtel noch nicht bekannt war. Im 12. Jahrhundert wurde schließlich von dem dänischen König Waldemar II. an jener Stelle eine weitere Burg errichtet, zu jener Zeit, als die Dänen als Eroberer in das Land Rävälä kamen. Auch über diese Burg weiß man aber sehr wenig. Unter dem Ordensmeister Volkwin baute in den Jahren 1227 bis 1229 der livländische Schwertbrüder-Orden (1202–1237) ein Kastell mit Türmen an der Südwestecke des Dombergs. Im weiteren Verlauf des 13. Jahrhunderts wurden Umbauten und Verstärkungen vorgenommen. Die dänische Herrschaft endete im 14. Jahrhundert und der Deutsche Orden übernahm im Jahre 1346 das Schloß.

Zu jener Zeit erhielt das Schloß die Form eines Trapezes, die bis heute erhalten ist. Die Außenmauer wurde dem Felsenmassiv angepaßt, so daß dort etwa eine Höhe von 20 m gegeben ist. Im Innern entstand damals ein viereckiger Hof, darinnen wurde der sogenannte Konventsbau aufgeführt. Der Konvent war für das Burgkloster zuständig mit entsprechenden Wohn- und Repräsentationsräumen für die Ritter. Aber auch von diesem Bauwerk ist heute nichts mehr erhalten. Einen Eindruck erhält man freilich von der Größe und Wucht dieser Festung des Livländischen Ordens als Zweig des Deutschen Ordens, wenn man von der Westseite die steil abfallende Mauer betrachtet. Drei erhaltene Türme sind vorhanden, so etwa auch der „Lange Hermann" an der Südwestecke des viereckigen Schloßkomplexes. Dann gibt es noch den Erkerturm „Pilsticker" an der Nordwestecke und als drittes den 30 m hohen Rundturm „Landskrone" im Nordosten. Letztere waren Bauten aus der schwedischen Zeit.

Bemerkenswert ist, daß der sogenannte „Lange Hermann", dieser Turm nicht nur hier an der Burg in Reval, sondern auch an allen Ordensburgen wiederzufinden ist und auch so geheißen hat, etwa noch an der Ordensburg Arensburg auf Ösel bezeugt. Hermann geht zurück auf Irmin, auf einen Heiligen der Sachsen, auf ein Heiligtum, die Irminsäule. Auch die Türme in Weißenstein/Paide und in Narva hießen „Langer Hermann".

Als im Jahre 1561 die Schweden Reval belagerten, wurde ihnen das Ordensschloß nicht kampflos übergeben. Der damalige Statthalter des Ordensmeisters, Jasper von Altenbockum, konnte sich nicht lange halten, weil die Stadt schon übergeben war. Der schwedische Feldherr Horn gewährte „Livlands letztem Ritter", Jasper von Altenbockum, einen ehrenvollen Abzug, so konnte das Schloß erhalten bleiben.

Gegen die Stadt war das Schloß im übrigen auch abgesichert durch einen Turm und Graben. Im 18. Jahrhundert wurde diese Befestigung dann ausgeglichen, so daß hier eine Verbindung von Ober- zur Unterstadt entstand. Auch die alte Ringmauer ist heute längst verschwunden. Im 18. Jahrhundert wurde die Front des Ostflügels des Schlosses auf Befehl Katharinas II. von 1766 bis 1788 im spätbarocken Stil verändert und auch durch Risalite gegliedert. Es entstanden nun im Innern Repräsentationsräume und Wohnräume des Gouverneurs von Estland, der hier in Reval residierte. Zu jener Zeit des Umbaus war es Reinhold Johann Frhr. v. Meyendorff (1706–1776).

Im weiteren wurde das alte Konventshaus des Ordens in der russischen Zeit zu einem Gefängnis umgebaut. Im Jahre 1917 bei der Revolution, als die politischen Gefangenen befreit wurden, ging das häßliche Gebäude in Flammen auf. An jener Stelle entstand dann in der estnischen Republik im Jahre 1923 das Parlamentsgebäude im modernen Stil, dessen strenge Fassade sich dem einstigen strengen Stil des Ordens gut anpaßt. Auch der Oberste Sowjet der estnischen SSR tagte dort, und der ehemalige Gouverneurspalast war Sitz des Ministerrates wie heute des Parlamentes in der freien Republik Estland, deren Fahne stolz auf dem Langen Hermann weht.

Rewold/estn. Reola

Bischof Johannes III. von Dorpat belehnte das Gut Rewold, im einstigen Nordlivland gelegen, im Jahre 1522 seinem Stiftsvogte Peter Stackelberg. Dessen Sohn Johann Stackelberg, der Dompropst zu Dorpat, veräußerte 1546 das Gut seinem Schwager Johann Zoege a. d. H. Errastfer, der 1557 von Jürgen Taube einen anderen Teil des Gutes kaufte.

Er verlor das Gut aber während des moskowitischen Krieges, als Ivan der Schreckliche in Alt-Livland einbrach. In der polnischen Zeit war Rewold im Besitz der Marienkirche zu Dorpat. Seit 1632 gehörte Rewold dem Rigenser Bürgermeister und Vizepräsidenten des Hofgerichts Johann Ulrich und blieb auch über das Ende der schwedischen Zeit, bis in die russische Zeit nach dem Nordischen Krieg (1700–1721), bis 1764 im Besitze der Familie.

Doch dann kaufte das Gut Martin Gustav Baron Schoultz. Im Jahre 1810 übernahm dessen Sohn Gustav das Gut, verkaufte es jedoch 1835 dem General und Finanzminister Graf Georg Cancrin (gest. 1849).

Der Besitz verblieb nun in der aus Hessen stammenden Familie Cancrin – ursprünglich Krebs heißend –, die in Estland auch familiär heimisch wurde – eine Tochter heiratete einen Grafen Keyserling. Der Oberst Valerian Graf Cancrin vermachte Rewold testamentarisch seiner Frau. Doch nach seinem Tode wurde Rewold nicht nur seiner Witwe Olga geb. v. Stael-Holstein, sondern zugleich auch seinen Kindern Alexander und Nikolai Grafen Cancrin übereignet.

Im Jahre 1890 gelangte das Gut in den Besitz des Bauunternehmers Friedrich Hübbe in Dorpat, wechselte dann mehrfach noch seine Besitzer bis zur allgemeinen Enteignung aller Güter im Jahre 1919.

Riesenberg/estn. Riisipere

Der Ordensmeister von Livland Wennemar v. Brüggenei (1389–1401) belehnte im Jahre 1394 den Everhard v. Bodercke gen. Wekebrod mit dem Hof zum Rysenberghe im Kreis Harrien. Lene Wekebrod brachte Riesenberg 1493 ihrem Mann Johann Uexküll a. d. H. Kattentack mit in die Ehe.

Hans Uexküll auf Riesenberge wurde am 7. Mai 1535 zu Reval enthauptet, weil er einen entlaufenen Bauern auf Stadtgebiet hatte aufgreifen und zu Tode mißhandeln lassen.

Seine Tochter Magdalena heiratete den Dietrich Fahrensbach, der noch 1589 das Gut innehatte, das dann unter seinen Schwiegersöhnen aufgeteilt wurde. Arent Assery erhielt Alt-Riesenberg/Vana-Riisipere und Christoph Treyden Neu-Riesenberg/Uue-Riisipere.

Riesenberg/estn. Riisipere

Christoph Treyden wurde wegen Teilnahme an einer Verschwörung zu Gunsten des Königs Sigismunds III. von Polen hingerichtet und sein Gut konfisziert. Seiner Witwe Elisabeth Fahrensbach wurde aber der Besitz im Jahre 1612 zurückgegeben. Ihre Tochter heiratete den Landrat Otto Wilhelm v. Taube. Die Tochter aus dieser Ehe, Anna Elisabeth Taube, heiratete den Georg v. Bistram, der von den Erben des Obristen Johann v. Rosen im Jahre 1669 Alt-Riesenberg kaufte, so daß der Besitz wieder zusammenkam und arrondiert wurde.

Wilhelmine v. Bistram brachte Riesenberg im Jahre 1794 mit in die Ehe, so daß ihr Mann Karl Georg Baron Stackelberg a. d. H. Thomel Eigentümer von Riesenberg wurde. Riesenberg verblieb nun im Besitz der Stackelberg bis in das 20. Jahrhundert. Am Beginn des 19. Jahrhunderts, nach Pirang um 1820, wurde das Herrenhaus, ein Gebäude mit drei Querbauten, von denen der mittlere einen sechssäuligen Attika-Portikus hat, aufgeführt.

Der estnische Historiker Ants Hein gibt für das mächtige, im Empirestil aufgeführte Herrenhaus als Baudaten 1819 bis 1821 an. „Seinerzeit war auch der Gutspark mit seinen künstlich geschaffenen Teichen und einem System von Inseln weithin bekannt."

Noch im Jahre 1897 wurde das Gut zu einem Fideikommiß erhoben. Der letzte Besitzer von Riesenberg bei der Agrarreform, der Enteignung und Aufsiedlung 1919, war Carl Otto Baron Stackelberg. Aus Riesenberg stammt der in der Bundesrepublik Deutschland lebende Schriftsteller, Reiter und Marineoffizier Hans Baron v. Stackelberg, der mit seinen Reisen als Kommandant des Segelschulschiffes „Gorch Fock" bekanntgeworden ist.

Schloß Ringen/estn. Suure Röngu

Schloß Ringen, im einstigen Nordlivland gelegen, gehörte im 15. und 16. Jahrhundert dem Geschlecht Tödwen und wurde im Jahre 1558 im Kampf mit den Russen durch den Koadjutor des Ordensmeisters Gotthard Kettler zerstört.

Der polnische König Stephan Bathory übergab Schloß Ringen dem Jesuitenkolleg in Dorpat. In darauffolgender schwedischer Zeit verlieh König Gustav Adolf dem Admiral Claus Gustav Flemming im Jahre 1625 Ringen mit dem Nebengut Ayakar.

Doch im weiteren Verlauf des 17. Jahrhunderts wurde im Zuge der schwedischen Reduktionspolitik, in der zahlreiche alte Lehengüter vom Staat konfisziert wurden, auch die Flemmingschen Güter reduziert. Nach dem Nordischen Kriege (1700–1721), nachdem mit dem Frieden von Nystad im Jahre 1721 die baltischen Ostseeprovinzen russisch geworden waren, wurde eine Restitutionskommission eingerichtet, die zum Teil die einst von den Schweden eingezogenen Güter an die ehemaligen Besitzer zurückgab. Doch ein großer Teil verblieb in der Hand des Staates, wurde aber zum Teil auch neu vergeben.

Die russische Zarin Elisabeth (1740–1761) schenkte im Jahre 1759 Schloß Ringen dem nachmaligen Senator Dmitrij Wolkow, der es 1766 dem Landrat Ludwig Wilhelm Graf Manteuffel für 35 000 Rubel verkaufte. Dessen Neffe, Gotthard Andreas Graf Manteuffel, veräußerte

das Gut 1820 an seinen Sohn Camill Alexander Basilius Graf Manteuffel (gest. 1830).
Von dessen Erben erwarb den Besitz dann im Jahre 1875 der Kreisrichter und spätere Landrat Konrad v. Anrep. In dieser Familie verblieb der Besitz bis zur Enteignung 1919. Letzter Besitzer bei der Aufsiedlung des Gutes war Egbert v. Anrep.

Rogosinsky/estn. Rogosi (Ruusmäe)

Rogosinsky liegt im Distrikt Jerwen. Das Gut geht auf eine alte befestigte Burganlage aus dem Mittelalter zurück, die bis heute ihren Charakter bewahrt hat.
Der Hof ist rechteckig – der Zeichner und Sammler Brotze aus dem 18. Jahrhundert, dessen umfangreiche Sammlungen in Riga im Archiv liegen, hat Rogosinsky auch in jener Zeit dargestellt.
Das Herrenhaus von Rogosinsky ist aber anstelle des alten Wohnhauses im 18. Jahrhundert neu aufgeführt worden. Pirang schreibt dazu: „Als beherrschendes Bauglied in der Gruppe überragt es die dreiflügeligen, die anderen Hofseiten umschließenden, niedrigen Wirtschaftsgebäude, die unter einem gemeinschaftlichen Dach mit durchlaufender Firstlinie angeordnet sind. Die Gebäude sind im 19. Jahrhundert in geschmacklosen Formen umgebaut worden, doch ist die Anlage die alte geblieben."
Nach dem Rückzuge des schwedischen Herzogs Karl v. Södermannland aus Livland verloren Christoph Korff, Besitzer des Dorfes Lutznik, und Hermann Wolff, Besitzer von Alemoise, ihre Güter, weil sie weiterhin zu Schweden hielten. Der enteignete Besitz wurde 1603 mit einem dritten Hof, welcher in der bischöflichen Zeit einem Mann namens Wernicken gehörte, zusammengezogen und dem polnischen Schlachtitzen Stanislaus Rogosinsky, dessen Namen das Gut erhalten sollte, verliehen.
Nach der schließlichen Eroberung Livlands durch Schweden wurde das Gut mit Neuhausen vereinigt.
Der schwedische König Gustav Adolf, dessen Standbild heute wieder vor der Universität in Dorpat steht, verlieh 1629 Rogosinsky und Bentenhof dem Hermann v. Liebsdorff für dessen Forderungen an die Krone Schwedens. Seinem Sohne Joachim wurden beide Güter 1683 reduziert, d.h. vom schwedischen Staat eingezogen. Nach dem Tode der beiden Brüder erbte Rogosinsky dessen Schwester Jacobina Renata, verheiratet mit dem Rittmeister Gustav Berend v. Glasenapp.
Und seitdem blieb das Gut bis zur Enteignung durch den Estnischen Staat im Jahre 1919 ununterbrochen im Besitz der Familie v. Gla-

senapp. Der letzte Besitzer war seit 1881 Viktor v. Glasenapp. Im Jahre 1919 erfolgte die große Agrarreform, in der sämtliche Rittergüter in Estland aufgesiedelt wurden. Doch die Glasenapp verblieben auf einem Siedlungshof, wie es erlaubt war, einen solchen auch für die alten Gutsbesitzer zu erwerben. In den 1930er Jahren wurden sie auf diesem Resthof von 40,5 Hektar in Rogosinsky benannt. Erst im Jahre 1939 zogen sie mit der allgemeinen Umsiedlung der Deutschbalten aus Estland.

Ein Repräsentant der Familie, der jüngst verstorbene Patrick v. Glasenapp, hat sich in vielfältiger Weise für Estland eingesetzt. In der Zeitschrift „Baltische Briefe" wird 1993 berichtet: „Am Tage der Einweihung des wiederhergestellten Gustav-Adolf-Denkmals in Dorpat (Tartu), dem 23. April 1992, verkündete Patrick v. Glasenapp schon das nächste Vorhaben: den Wiederaufbau der Ende des 18. Jahrhunderts errichteten und 1941 zerstörten Steinbrücke über den Embach. ‚Laßt uns unsere Steinbrücke wiederaufbauen! Brücken verbinden nicht nur Ufer, sie verbinden auch Menschen miteinander' rief Patrick v. Glasenapp damals einer großen Menschenmenge zu."

Röal/estn. Röa

Im Archiv des historischen Museums in Reval/Tallinn befindet sich auch eine Akte über die Geschichte des Gutes Röal/Röa, die allerdings nur die Jahre von 1797 bis 1830 umfaßt.

Bezeugt ist, daß im Jahre 1797 das Gut der Fürstin Helena Dorothea Gortschakow gehört hat. Sie verkaufte den Besitz an Johann von der Osten-Sacken, der im Jahre 1800 das Gut an den Hakenrichter Peter von Baranoff verpfändete, was zumeist eine Vorstufe des Verkaufs war. Schon im Jahre 1803 wurde dann das Gut Röal auch Peter von Baranoff übertragen.

Im Jahre 1830 wurde das Gut wiederum verpfändet, von den Baranoff an Gustav Petsch – und im Jahre 1830 ging das Gut schließlich in das Eigentum des Gustav Petsch über. Damals wurde auch eine neue Hofstelle Pallifer geschaffen.

1845 übernahm das Gut Röal Woldemar v. Bellawary und 1846 der Bürgermeister und englische Vizekonsul Johann Karl Girard. Später gelangte der Besitz an die Stackelberg.

Im Jahre 1919 wurde das Gut, wie alle estländischen ritterschaftlichen Güter, enteignet und aufgesiedelt. Auch die einstigen Gutsbesitzer konnten sich um eine Siedlerstelle bewerben.

In den 1930er Jahren wurde Röal von einem Baron Stackelberg bewirtschaftet, dieser Resthof betrug 52 Hektar.

Rosenthal/estn. Orgita

In Estland hat es zwei Güter mit Namen Rosenthal gegeben, deren estnische Namen verschieden lauten, Orgita und Rosentali in Wierland.

Hier handelt es sich um Rosenthal/Orgita.

Das Gut Tellisat des Heinrich Fahrensbach zu Pedna und Waddemois wurde von den Schweden, als sie die Wiek besetzten, eingezogen, da der Besitzer zu den in polnischen Diensten stehenden sogenannten „Hofleuten" zu Pernau übergegangen war.

Der Besitz wurde sogleich dem schwedischen Gouverneur von Estland, Heinrich Classon genannt Horn a. d. H. Kankas verliehen. Dessen Tochter Elin heiratete Clas Hermannsson Flemming a. d. H. Lechtis.

Tellisat sowie Waddemois und Moisama vererbten sich in der Familie v. Flemming, die die Güter noch 1696 innehatte. Von der allgemeinen Güterreduktion wurde diese Familie nicht betroffen, doch während des Nordischen Krieges (1700–1721), als die Schweden ihre Vormacht im Ostseeraum verloren und die Russen die Ostseeprovinzen einnahmen, gingen auch die Flemming ihres Besitzes verlustig.

Im Jahre 1720 waren die Flemmingschen Güter im Pfandbesitz des Generalleutnants Carl Adam Stackelberg und seines Sohnes Reinhold Matthias Baron Stackelberg. Bereits im Jahre 1724 kaufte Karl Heinrich v. Rosenthal Moisama, Waddemois und das inzwischen zum größeren Hof gewordene Tellisat. Sein Sohn Johann Adolf machte Tellisat zum selbständigen Gut und benannte es Rosenthal. Nach Veräußerung von Waddemois und Moisama blieb Rosenthal im Besitz seiner Nachkommen als Familienfideikommiß. Der letzte Besitzer im Jahre 1919 bei der allgemeinen Enteignung und Aufsiedlung der Güter war Ewald v. Wetter-Rosenthal.

In den 1930er Jahren, bis 1939, befand sich noch ein Siedlungshof von 24,5 Hektar bei der Familie.

Ruil/estn. Roela

In Estland gibt es zwei ehemalige Güter mit Namen Ruil, im Estnischen Ruila und Roela, das erste in Harrien, das zweite in Wierland gelegen.

Hier handelt es sich um Ruil/Roela in Wierland. In allerjüngster Zeit hat sich im Herrenhaus von Ruil sehr viel getan. Dort ist das Zentrum einer Initiative entstanden, die sich in großem Maße für die Schulen in Estland engagiert: „Groß Scola in Estonia". Nachkommen der einstigen deutschbaltischen Besitzerfamilie setzen sich dafür ein und leisten Hilfe.

Der vor der Enteignung 1919 etwa 10 000 Hektar große Betrieb mit Wäldern, Seen und Mooren konnte nur – durchaus typisch – knapp ein Zehntel des Besitzes landwirtschaftlich nutzen. Ungefähr 900 Hektar groß war die Pflugfläche. Ungefähr die Hälfte des Gesamtbesitzes bestand aus Wald, der freilich in seiner Güte sehr unterschiedlich war und darauf verweist, auch das durchaus typisch, daß die Gutsbesitzer gleichermaßen Forstleute sein mußten. Vielfältig ist das Material, das heute noch weitgehend unerforscht in den Akten und Protokollen der Livländischen Gemeinnützigen und Ökonomischen Sozietät (1792–1939) in Dorpat/Tartu zur Forstgeschichte des Landes lagert.

Nach der Bodenreform 1919 verblieben den damaligen letzten Besitzern von Ruil, den Baronen Wrangell, die sich um einen Resthof beworben hatten, noch 180 Hektar – eine für damalige Verhältnisse noch sehr große Fläche.

Ruil befand sich bis in das 17. Jahrhundert in der Hand der Familie v. Taube, gelangte 1621 an den schwedischen Reichskanzler Oxenstjerna. Bei den Oxenstierna verblieb der Besitz auch über die Zeiten der schwedischen Reduktionspolitik hinweg, als zahlreicher baltischer Besitz von der schwedischen Krone konfisziert wurde – ungefähr 50 Prozent des Gesamtbesitzes in Estland, in Livland über 70 Prozent!

Nach dem Nordischen Krieg (1700–1721), als die baltischen Provinzen russisch geworden waren, befand sich schließlich die Familie der Barone v. Bielsky im Besitz von Ruil, dann in der zweiten Hälfte des 18. Jahrhunderts die Familie von Schwenghelm. Von 1765 bis 1774 war das Gut in der Hand von Jakob Heinrich von Schwenghelm, der estländischer Landrat war.

Von den Schwenghelm gelangte das Gut durch Einheirat an die Familie von Berg, von denen es dann in die Hand der Barone Toll kam, zunächst durch Pfandübertragung, dann ins Eigentum übergehend.

Von 1820 bis 1840 war Friedrich Ludwig Baron v. Toll Besitzer von Ruil.

Durch weitere Einheirat und Kauf gelangte das Gut für kurze Zeit in die Hand der Familie der Barone Rossilon und dann durch Einheirat und Kauf 1840 an die Barone v. Wrangell.

Erster Besitzer aus dieser Familie war der Generaladjutant Ferdinand Baron v. Wrangell (1796 geb.), der vielfältig im Russischen Reich, schließlich u. a. auch als Direktor der russisch-amerikanischen Compagnie in Neu-Archangelsk, gewirkt hatte.

Dessen Sohn, Wilhelm Baron Wrangell, Besitzer von Ruil, war estländischer Ritterschaftshauptmann.

Bei der Enteignung 1919 war letzter Besitzer von Ruil Baron Hans Wrangell, der 1967 in Deutschland gestorben ist.

Mit der Umsiedlung der Deutschbalten im Jahre 1939 endete eine 700jährige geschichtsträchtige Episode.

Im Archiv des historischen Museums in Reval/Tallinn befindet sich in einem Archivkeller eine großer Teil des Bibliotheksbestandes der einstigen Bibliothek von Ruil.

Ruttigfer/estn. Rutikvere

Der Ordensmeister Wolter v. Plettenberg verlieh im Jahre 1514 dem Wilhelm v. Zwifeln 3 Haken im Oberpahlenschen Gebiet, dessen Nachkommen sie noch 1595 besaßen. Im Jahre 1637 war Johann Buxhoeveden Besitzer von Zweifelshof, das im einstigen Nordlivland belegen war und zu jener Zeit in Ruttigfer umbenannt wurde.

Im Jahre 1638 wurde es dem Kapitänleutnant Philipp Uhlstädt verliehen und im Jahre 1662 dem schwedischen Obristen Erich v. Pistohlkors.

Diese aus Schweden stammende Familie Peterson, die, sehr typisch für damalige Zeiten und andere baltische Familien, mit schwedischer Nobilitierung umbenannt wurde und den ritterlich klingenden Namen Pistohlkors erhielt, hat ein redendes Wappen mit zwei gekreuzten Pistolen.

Der Besitz Ruttigfer überdauerte die Reduktionspolitik, die vornehmlich im 17. Jahrhundert bedeutete, daß der schwedische Staat über 50 Prozent der Rittergüter Estlands konfiszierte – in Livland ungefähr 80 Prozent – und verblieb für die kommenden Jahrhunderte in der Familie von Pistohlkors.

Von dem Obristen Erich v. Pistohlkors ging das Gut auf den Sohn Magnus Gabriel – der auffallenderweise einen Vornamen trug, der in der schwedischen Familie de la Gardie vorkommt – und dann auf den Enkel Erich Fabian v. Pistohlkors über. Da dieser im Jahre 1741 ohne Nachkommen starb, fiel das Gut an seinen Neffen, Johann Erich v. Pistohlkors.

Im Jahre 1774 war der nachmalige Landrat Otto Friedrich v. Pistohlkors, der ein hochgebildeter Mann war, aber sich nicht genug um die Wirtschaft seines Gutes gekümmert hatte, im Besitz von Ruttigfer. Er pflegte eine geistreiche Korrespondenz mit dem bekannten Pastor und Topographen August Wilhelm Hupel, der in der Nachbarschaft in Oberpahlen lebte. Er mußte Ruttigfer verkaufen. Aus dem Konkurs erwarb das Gut im Jahre 1821 der livländische Kreditverein, der es jedoch gleich darauf dem Sohne des letzteren, Otto Friedrich v. Pistohlkors, verkaufte.

So verblieb der Besitz in der Familie. Dessen Sohn, Rittmeister Alexander v. Pistohlkors war seit 1851 Besitzer von Ruttigfer, und er vererbte das Gut 1896 seinem Sohn Richard, der bis zur Enteignung im Jahre 1919 letzter Besitzer des Gutes gewesen ist.

Nach der 1919 erfolgten Enteignung, der Aufsiedlung der Güter in Neusiedlerhöfe, wirtschafteten die Pistohlkors zunächst auf einem solchen Siedlungshof weiter. 1934 hatten sie einen Betrieb mit 21 Hektar Land. So ist es in den in Dorpat liegenden Akten der Livländischen Gemeinnützigen und Ökonomischen Sozietät dargestellt.

Das 1798 aufgeführte Herrenhaus des Gutes ist lange nach dem Zweiten Weltkrieg (1954) Opfer eines Brandes geworden, es steht nur noch eine Ruine. Ein Seitenflügel läßt erahnen, daß auch dieses einst imposante Herrenhaus bessere Zeiten gesehen hat. Erhalten geblieben und gepflegt ist auch, abseits vom Hof in einem Park, der im 19. Jahrhundert angelegte Pistohlkorssche Familienfriedhof.

Saarahof/estn. Jäärja

Saarahof, im einstigen Nordlivland gelegen, läßt sich bereits seit dem 15. Jahrhundert unter dem Namen Gerger nachweisen. Und zwar stand hier der Wirtschaftshof des Ordens für das Gebiet Saara. Zugleich war es auch Amtssitz eines Söldnerführers.

Etwa um das Jahr 1558 erhielt den Hof als Lehen Johann Vischer, der Vizekanzler des Ordensmeisters. Er gab den Hof aber noch während des damals heftig im Lande wütenden, sogenannten Russenkrieges ab, in dem Ivan IV. der Schreckliche versuchte, sich der Ostseeprovinzen zu bemächtigen.

Saarahof wurde bereits im Jahre 1562 dem ehemaligen Deutschordensritter Gerhard v. Ledebur als Lehen übergeben. Nach seinem Tode erhielt das Gut Johann Büring, der Sekretär des polnischen Königs Sigismund August, der es auf seinen Sohn Friedrich Büring vererbte. Dieser wurde dann aber von der neuen schwedischen Regierung von seinem Hof verdrängt.

Die schwedische Königin Christine verlieh Saarahof im Jahre 1636 dem Vizepräsidenten Engelbrecht v. Mengden. In seiner Nachkommenschaft, freilich nicht nur männlichen, dann weiblichen Stammes, vererbte sich das Gut fort, gehörte den Familien v. Mengden (bis 1683), v. Banckau (bis 1750) und v. Bussen (bis 1791). Dann veräußerten das Gut die Brüder Karl Gustav und Ernst Gottlieb v. Bussen im Jahre 1791 an Anna Martha v. Ditmar geb. v. Haffstein, die es im Jahre 1796 dem Rittmeister Anton Gustav v. Engelhardt übereignete.

Die Engelhardts verkauften das Gut im Jahre 1838 an Richard Baron Ungern-Sternberg. Am Ende des 19. Jahrhunderts erbte Saarahof Valerio v. Gruenewaldt, der es bemerkenswerterweise im Jahre der Enteignung und Aufsiedlung aller Güter im neugegründeten estnischen Staat im Jahre 1919 dem englischen Vizekonsul Julius Dicks verkauft hatte.

Saarenhof/estn. Saare

Saarenhof, im einstigen Nordlivland, war in der bischöflichen Zeit alter Besitz der Tiesenhausen a. d. H. Kawelecht.

In der polnischen Zeit gehörte das Gut der Familie Böning. Es folgte die schwedische Zeit, in der König Gustav Adolf das Gut im Jahre 1625 dem Oberstleutnant Jakob Scott als Lehen übergab. Dessen Sohn verkaufte den Besitz jedoch an Johann Schaumann, der später den Namen v. Greifenspeer führte.

Nach dem Tode des Sohnes beerbte ihn dessen Schwager Gerhard v. Riegemann, dem das Gut 1685 reduziert wurde. In der allgemeinen Güterreduktion, im Ausbau der weiteren schwedischen Zentralverwaltung, wurde zahlreicher Besitz vom Staat konfisziert.

Noch während des Nordischen Krieges (1700–1721), als sich die Russen bereits in Liv- und Estland etabliert hatten, wurde in einer sogenannten von der russischen Reichsregierung eingesetzten Restitutionskommission zahlreicher Besitz zurückgegeben an die einstigen Besitzer. Oder die Güter wurden auch neu verteilt. Bei der Restitution kam das Gut 1712 an Georg Johann v. Bock.

Dessen Enkel vererbte es seinem Schwiegersohn, dem Grafen v. Manteuffel a. d. H. Ringen. Der Besitz verblieb weiterhin bis zur Enteignung 1919 in der Hand dieser Familie.

Der letzte Besitzer von Saarenhof war von 1881 bis 1919 Ernst Graf Manteuffel.

Sack/estn. Saku

Der Ordensmeister Heinrich von Bockenvorde gen. Schungel belehnte im Jahre 1463 den Laurenz Museke mit dem vom Orden ertauschten Dorfe Sack, das nicht weit von Reval/Tallinn liegt.

Hans Frese übertrug den Hof Sack im Jahre 1489 seinem Schwager Jürgen Museke.

Bald darauf kam Sack in den Besitz der Tödwen, die auf dem benachbarten Stammsitz ihres Geschlechts Tödwen saßen, doch verkaufte Claus Tödwen Sack im Jahre 1513 an Claus Mecks.
Obgleich König Johann III. von Schweden das Gut dem Generalprofoss Engelbrecht v. d. Lippe im Jahre 1575 bestätigte, behaupteten die Meks den Besitz zunächst.
Doch Johann Mecks veräußerte Sack im Jahre 1608 an Bernhard v. Scharenberg a. d. H. Sauss.
Scharenbergs Witwe heiratete Johann Hastfer zu Kattentack in Wierland. Doch Sack kam bald in Pfandbesitz, zuerst eines Revalenser Bürgers Strösling, dann des Lizentverwalters Erdtmann.
Am Beginn des Nordischen Krieges (1700–1721), im Jahre 1700, gelangte das Gut in die Hand des Kapitäns Heinrich Schulmann.
Von 1733 bis 1757 benennt die sogenannte „Landrolle", das Verzeichnis der immatrikulierten Güter, Adam Johann Hueck als Besitzer. Später gelangte der Besitz in die Hände der Barone und Grafen Rehbinder.
In Sack wurde auch der Dichter Nikolai Graf Rehbinder (1823–1876) geboren, der u. a. ein Buch mit dem Titel „Die belletristische Literatur der Ostseeprovinzen Rußlands von 1800–1852" herausgegeben hat. „Ehstländische Skizzen" erschienen 1848.
Mitte des 19. Jahrhunderts, um das Jahr 1850, erwarb Karl v. Baggehuffwudt Sack. Dessen Sohn Valerian v. Baggehuffwudt besaß das Gut bis 1919, bis zur großen Agrarreform in Estland, als alle Güter in Estland enteignet und aufgesiedelt wurden.
Auf dem Gute Sack befand sich einst eine im ganzen Estland bekannte Bierbrauerei.
Das Herrenhaus ist ungefähr 1810, nach Ants Hein 1830, entstanden, d.h. in der Besitzzeit der Grafen Rehbinder. Als Architekt wird von Pirang der in St. Petersburg wirkende Italiener Carlo Rossi genannt, was aber in der neueren estnischen Forschung angezweifelt worden ist.
Das Herrenhaus ist erhalten und befindet sich in leidlichem Zustand.

Sadjerw/estn. Saadjärve

Sadjerw, im einstigen Nordlivland, gelegen war lange Zeit mit dem Gut Ellistfer/Elistvere verbunden und befand sich im Besitz der Familie der Barone Wrangell.
Georg Gustav Baron Wrangell hinterließ keine männlichen Nachkommen und vererbte das Gut seiner Tochter Euphrosine Charlotte verheiratet mit dem Landrat Baron Gustav Magnus v. Fersen (gest.

1805). Von deren 4 Töchtern übernahm das Gut im Jahre 1808 Charlotte Dorothea, die mit Karl Georg v. Koskull (gest. 1820) verheiratet war. Auch die Koskull waren wie sehr viele baltische ritterschaftliche Familien nicht nur in der Selbstverwaltung des engen Landes tätig, sondern wirkten auch im weiteren Russischen Reich, nachdem die Provinzen Liv- und Estland 1721, Kurland 1796 zum Russischen Reich gekommen waren. Wie in Livland entstammten die russischen Gouvernementsräte, die ab 1783 wie in Livland Regierungsräte hießen, auch in Estland dem örtlichen Adel, d.h. den Ritterschaften. So werden für das Jahr 1770 beispielsweise die Gouvernementsräte Caspar Anton von Berg und Carl von Koskull genannt, die beide der estländischen Ritterschaft angehörten. So hat es Haigold, das ist August Ludwig v. Schlözer, in seinem zu seiner Zeit bekannten Buch „Neuverändertes Rußland" dargestellt.

Nach einem Erbteilungsvertrag aus dem Jahre 1846 übernahm das Gut Sadjerw der Sohn Oskar v. Kursell. Da er kinderlos starb, ging das Gut an seine Schwester Charlotte von Häckel über (gest. 1903), die es ihrem Sohn Paul v. Häckel hinterließ. Dessen Erben waren bei der Enteignung und Aufsiedlung des Gutes im Jahre 1919 die letzten Besitzer von Sadjerw.

Saggad/estn. Sagadi

Zunächst war das sich in Wierland im Kirchspiel Haljal befindliche Gut Saggad offenbar in der Hand der Familie von Berge, so etwa nachweislich im Jahre 1444. Es gibt dazu im Archiv des historischen Museums in Reval/Tallinn eine Akte „Teilungstransakt über Saggad" zwischen Otto, Kaspar und Marcus von dem Berge sowie ihrer Mutter und ihrer Schwester.

Aus dem Jahre 1449 existiert ein Kaufbrief von Saggad von Robert von dem Berge an Otto von dem Berge für 8000 Taler.

Das ehemalige ritterschaftliche Gut Saggad wird im Jahre 1469 abermals erwähnt. Es befand sich damals im Besitz des Helmeit Risebiter. Von diesem erbte es dessen Bruder Otto Risebiter.

Im Jahre 1517 verkaufte Hans Risebiter das Gut wiederum an Marx von dem Berge, dessen Nachkommen es bis zum Beginn des 17. Jahrhunderts besaßen.

Um das Jahr 1630 gehörte das Gut einem Schotten, Jakob Mac Duwald, auch Mackduwaldt genannt, und nach ihm dessen gleichnamigem Sohn.

Von diesem ging das Gut während der schwedischen Reduktionspolitik an den schwedischen Generaladjutanten Gideon von Fock über, der es seit dem Jahre 1687 besaß.

Im Archiv des historischen Museums in Reval/Tallinn befindet sich weiterhin eine ausführliche Akte über das ganze Gut, die Jahre von 1464 bis 1896 umfassend. Es ist überschrieben „Brieflade Saggad", die topographische, landwirtschaftliche und familiäre Nachrichten über den Besitz enthält.

Im Jahre 1688 war die Befreiung Saggads von der Reduktion erfolgt. Doch 1688 pfändete Gideon von Fock das Gut Saggad von Lorenz Creutz. Nach dem Nordischen Krieg (1700–1721), als Est- und Livland russische Provinzen geworden waren, kam das Gut für einige Zeit in andere Hände. 1738 war es in der Hand der Familie von Staal – vermutlich verpachtet, verarrendiert, wie man sagte. Im Jahre 1742 unterschrieb ein Mitglied der Familie von Brevern „in Abwesenheit Ihro Excellenz des Herrn General-Gouverneurs und Ritters Freyherrn Löwendahl" eine Resolution des estländischen Gouvernements betreffend die Saggad und Kawarstsche Waldgrenzen. Damals gehörte Saggad dem Adjunkten Ernst Johann v. Fock. Jedenfalls im Jahre 1750 war das Gut wieder in festen Händen bei den Fock.

Bereits 1740 waren Rechtsnachweise erfolgt, daß das Gut Saggad ein Erbgut der Familie v. Fock sei. Im Jahre 1767 wurde Johann Ernst v. Fock bestätigt, daß Saggad ein adliges Erb- und Allodalgut der Familie sei.

Saggad/estn. Sagadi

Saggad/estn. Sagadi (Torhaus)

Bei dieser Familie verblieb das Gut, das später in ein Majorat umgewandelt worden war, bis 1919.

Bereits im Jahre 1828 hatte der damalige Besitzer von Saggad testamentarisch bestimmt, daß aus Saggad ein Familienfideikommiß zu errichten sei. Im Jahre 1881 wurde darauf dann von den Erben Bezug genommen.

Letzter Eigentümer des Gutes bei der großen Agrarreform, der Enteignung und Aufsiedlung aller ritterschaftlichen Güter in Estland im Jahre 1919, war Ernst v. Fock. Doch auch nach der Aufsiedlung der Güter verblieben die Fock zunächst auf einem sogenannten Siedlungshof. Herr E. v. Fock hat in den 1930er Jahren auf Saggad mit 48 Hektar Land gewirtschaftet.

Pirang stellt fest: „Saggad ist 1749 als eines der wenigen baltischen Herrenhäuser in Rokokoformen mit sehr reicher Innenausstattung erbaut worden. Dasselbe gilt u. a. auch für Ostpreußen."

Der Baumeister war der Architekt Vogel. Auch der Gartenbaumeister Lintrup, der den Park von Saggad gestaltet hat, kam über Deutschland oder Dänemark nach Estland.

In Saggad wurde nach dem Zweiten Weltkrieg ein Museum für Wald und Forst in Estland angelegt. Saggad befindet sich in einem verhältnismäßig guten Zustand.

Für die Geschichte des Waldes von Saggad ist hervorhebenswert, daß bereits 1826, wie auf anderen Rittergütern, eine Generalvermessungs-Tabelle und Taxationsprotokolle sämtlicher Forsten des Gutes Saggad vorgenommen worden sind. Die Unterlagen befinden sich im Archiv des historischen Museums.

Das Focksche Familienbegräbnis befindet sich auf dem Kirchhof von Haljal, dort wird mit dem Satz der Toten gedacht: Die Liebe höret nimmer auf.

Schloß Sagnitz/estn. Sangaste

Im Dörptschen Kreis liegt das Gut Sagnitz/Sangaste, das mit dem Namen des bekannten baltischen Roggenzüchters Graf Magnus Berg verknüpft ist. In Dorpat/Tartu ist 1991 eine bemerkenswerte Stiftung ins Leben gerufen worden, die sich Friedrich-von-Berg-Stiftung nennt.

Schloß Sagnitz/estn. Sangaste

Friedrich Graf von Berg (1845–1938) gehörte zu den großen landwirtschaftlichen Repräsentanten Liv- und Estlands. Dieser Balte hatte auf seinem Besitz Sagnitz/Sangaste einen Roggensaatzuchtbetrieb aufgebaut, der in Landwirtschaftskreisen in ganz Europa bekannt wurde.

Friedrich Graf von Berg hat im Jahre 1892, genau vor 100 Jahren, über seine ersten Versuche in der „Baltischen Wochenschrift" berichtet. Er hat Roggenzüchtungen in Estland vorgenommen, die er auf seinem Betrieb über Jahrzehnte hin erprobte.

Die Esten haben seiner stets gedacht, unmittelbar nach der sowjetischen Zeit kommt dieses nun zum Ausdruck. Sein Grab auf dem Friedhof in Sagnitz/Sangaste ist gepflegt – und mit Roggen besät!

In der Zwischenkriegszeit, nachdem die Republik Estland gegründet war, wurde Graf Berg im Jahre 1929 Ehrendoktor der estnischen Universität Tartu. Über 60 Jahre hat er sich mit der Roggenzucht in Sagnitz/Sangaste beschäftigt. Berg hat aber nicht nur Roggen gezüchtet, auch Tierrassen, darüber hinaus Baumarten beschäftigten ihn. Auch als Erfinder und Ersteinsetzer von neuen Ackermaschinen und Tierzuchteinrichtungen hat er fruchtbar auf die landwirtschaftliche Entwicklung in Estland gewirkt.

In den Statuten des estnischen Fonds von 1991 heißt es, „Friedrich von Berg ist der Vater unseres Brotes im geraden Sinne des Wortes."

Friedrich Graf Berg (1845–1938) entstammte einer alten ritterschaftlichen livländischen Familie. Einer der bekanntesten Vertreter des Geschlechts war der Feldmarschall Wilhelm Rembert Graf Berg.

Friedrich Berg studierte in Paris an der Sorbonne. Dann arbeitete er als Landwirt auf einer Farm in Schottland und brachte englische Einflüsse nach Estland. So baute er auch sein „Schloß" in Sagnitz/Sangaste, wie es heute noch steht, im Stil schottischer Romantik. Sein Schloß Sagnitz, nach Ants Hein „eines der hervorragenden Beispiele der Architektur aus der Periode des Historismus im gesamten Baltikum", wurde in den Jahren von 1878 bis 1882, wie es hieß, nach Vorbild des englischen Königsschlosses Windsor aufgeführt. Architekt war Otto Pius Hippius.

In Schottland orientierte Berg sich an dem berühmten Getreidezüchter P. Schireff. Zahlreiche wissenschaftliche Untersuchungen auch im Bereich der allgemeinen Naturwissenschaften und auch der Geschichte stammen von ihm.

Schleswig-Holsteinische Rindviehrassen wurden nach Estland geholt. Noch heute gibt es Angeler Vieh, rotbunte und schwarz-weiße Kühe, vor allem im Norden schwarz-weiße und im Süden Estlands rotbunte Kühe, die auf die Verbindung nach Schleswig-Holstein verweisen. Diese Maßnahmen haben auch im Rahmen der 1792 gegründeten

Livländischen Gemeinnützigen und Ökonomischen Sozietät stattgefunden, einer Gesellschaft, die der Funktion der Landwirtschaftskammer gleichkam und die intensive Beziehungen nach Ostpreußen, Pommern, Mecklenburg und Schleswig-Holstein ausgebaut hat. Auch nach Schweden und Dänemark gab es zahlreiche Verbindungen. Auf Sagnitz beispielsweise wurde unter Führung der aus Dänemark stammenden Ingenieure P. Rosenstand-Wöldeke und J. Hoppe Dränagearbeiten durchgeführt. Berg führte aus Amerika Dreschmaschinen ein, so etwa die des amerikanischen Ingenieurs Morris, die er in einem Beratungsring seinen Bauern und den Bauern in der Gegend des Landes zur Verfügung stellte. Bei den Dreschmaschinen gelang es ihm, eine eigenartige Korn-Windungs-Maschine, die sog. Bergs Zentrifuge, zu konstruieren, die patentiert und auch im Ausland verkauft wurde. Aber das Lebenswerk des Grafen Berg ist der sogenannte Sagnitz-Roggen, mit dessen Züchtung er im Jahre 1875 begonnen hatte und bis ans Ende seines Lebens zielsicher beschäftigt war. Der Sagnitzsche Roggen hat sich gut bewährt und ist heute noch einer der ertragreichsten und wetterfestesten Sorten für die nördlichen Regionen. Das seit 1856 bestehende livländische Ritterschaftsgestüt in Torgel/Tori beeinflußte er, indem er dem Gestüt seinen Nordfolk-Roadster-Hunter Hetman schenkte, der zum Ahnherrn der noch heute berühmten Torgelschen Pferderasse zählt. Friedrich Graf Berg gehörte mit zu den imposantesten Persönlichkeiten noch bis zum Ende der Zeit Estlands, der als Deutschbalte bei den Bauern und überall in der Gegend einen guten und großen Ruf genoß. Heute entdeckt man ihn wieder und versucht zu ehren, was in der sowjetischen Zeit verschüttet war.

Auf Sagnitz wurde auch die Schriftstellerin Wilhelmine Frfr. v. Ungern-Sternberg (1852–1943) geb. Gräfin v. Berg geboren, die 1925 beispielsweise „Humor und Tragik aus dem Tier- und Menschenleben" herausgebracht hat.

1992 ist in Sagnitz ein Hotel eingerichtet worden – ob es sich halten kann, bleibt abzuwarten. Das Schloß kann besichtigt werden. Wundervoll sind die Reste der weiten Parkanlagen.

Salishof/estn. Saaluse

Salishof im einstigen Nordlivland bildete einen Teil des Neuhausenschen Schloßgebietes. Es wurde zu Beginn des 16. Jahrhunderts dem bischöflichen Burggrafen zu Neuhausen Heinrich Rathenow verliehen, fiel aber nach seinem Tod wieder an die bischöfliche Kammer.

Im Jahre 1540 wurde Salishof vom Bischof Johannes VI. Bey von Dorpat dem Burggrafen Reinhold Salis verliehen, dessen Erben das Gut infolge der zeitweisen russischen Eroberung Est-und Livlands im Jahre 1558 verloren.

Es blieb nun staatliche Domäne, bis es 1630 vom schwedischen König Gustav Adolf auf Lebenszeit dem Bürgermeister von Dorpat Nicolaus Teschen und nach dessen Tod im Jahre 1645 dem Major Hermann Gordian verliehen wurde. Dieser vererbte den Besitz 1658 dem Major Reinhold v. Glasenapp.

Das Gut verblieb nun im Besitz der Familie v. Glasenapp, bis es 1782 von dem Oberstleutnant Carl Reinhold v. Glasenapp dem Generalmajor Johann v. Michelsonen verkauft wurde.

Doch dieser veräußerte 1795 den Besitz an Adolph Wilhelm v. Oettingen, der ihn aber bereits 1796 dem Brigadier Gotthard Christoph v. Müller weiterverkaufte.

Im Jahre 1839 erbte das Gut der Sohn, der Oberst Konstantin v. Müller, der es aber ein Jahr später, 1840, an Konstantin Friedrich Baron Maydell veräußerte. Dessen Sohn Richard hinterließ das Gut 1898 seinem Sohn Artur Baron Maydell, der im Juni 1919 in Walk ermordet wurde.

Die Witwe Frieda Baronin Maydell geb. v. Bergmann und ihre Kinder wurden noch im selben Jahre im Zuge der allgemeinen Agrarreform und Aufsiedlung der Güter im Oktober 1919 enteignet.

Sallajöggi/estn. Salajöe

Sallajöggi war Tafelgut des Bischofs von Ösel-Wiek. Ursprünglich von estnischen, wurde es zeitweise, namentlich im 16. und 17. Jahrhundert, von schwedischen Bauern bewohnt und zum sogenannten Eylande gezählt.

Seinen Namen trägt das Dorf nach einem Fluß, der zwei Kilometer von seiner Einmündung ins Meer unter der Erde verschwindet (estn. sala = verborgen, jögi = Fluß).

Im Jahre 1602 wurde das Dorf an Johann Tiesenhausens Witwe verliehen und nach deren Tode im Jahre 1625 an Fabian Aderkas als Lehen vergeben.

Im Jahre 1688 wurde das Gut von dessen Erbe, Otto Reinhold v. Aderkas, reduziert, d.h. im Zuge der allgemeinen Güterreduktion in den Ostseeprovinzen vom schwedischen Staat konfisziert. In Estland waren nahezu 50 %, in Livland ungefähr 80% der Güter betroffen.

Nach dem Nordischen Krieg (1700–1721), als die Ostseeprovinzen Liv- und Estland russisch geworden waren, wurde von der russischen Regierung eine Restitutionskommission gegründet, die zahlreiche Besitze den einstigen Besitzern zurückgab. Zahlreicher Besitz wurde aber auch vom russischen Staat einbehalten und neu verliehen. Die Familie v. Aderkas erhielt in russischer Zeit den Besitz wieder zurück und konnte ihn bis zum Beginn des 19. Jahrhunderts in ihren Händen halten.

Im Jahre 1816 war das Gut im Pfandbesitze des Ratsherrn Mörike, 1840 aber Eigentum von Hedwig v. Gernet, geb. v. Patkul. Seit 1879 besaß Sallajöggi August Knauf, dann seit dem Jahre 1911 Bernhard v. Schnakenburg, der 1919 im Zuge der allgemeinen Agrarreform enteignet wurde.

Das um 1760 aufgeführte, zweigeschossige Herrenhaus mit drei Schornsteinen war in schlichten Formen gehalten. Es hat ein Satteldach ohne Giebel. Pirang sagt:

„Nur durch Risalite betont sind die Mittelachse und die beiden äußersten Fensterachsen."

Sandel/estn. Sandla

Es gibt ein Nolckensches Gut Sandel, im estnischen Sandla, auf Ösel/Saaremaa. Pirang erwähnt dessen Herrenhaus, erwähnt aber auch im Text die Geschichte des Gutes Sandel in Nordlivland, dem heutigen Südestland. Im 1984 herausgegebenen estnischen Verzeichnis aller Güter ist nur das Öselsche Sandel erwähnt, wie auch im Straßenatlas von Estland!

Das hier sogenannte Sandel, vielleicht auch Sangla, im einstigen Nordlivland gelegen, befand sich am Anfang des 15. Jahrhunderts im Besitz der Familie Drolshagen und kam von Hans Drolshagen an Hans Swart.

Im Jahre 1482 wurde es dessen Schwiegersohne Klaus Wedberg bestätigt, der Sandel und Hanküll 1501 an seinen Schwiegersohn Christopher Vietinghoff a.d.H. Pechel vererbte.

Im Zuge der schwedischen Güterreduktion am Ende des 17. Jahrhunderts, in der der schwedische Staat zahlreiche Güter konfiszierte, ging auch Sandel der Familie zunächst verloren. Doch nach dem Nordischen Krieg (1700-1721), nachdem die schwedischen Ostseeprovinzen Liv- und Estland russisch geworden waren, wurde zahlreicher Besitz den einstigen Besitzerfamilien zurückgegeben.

Nach dem Tode des Landrats Johann v. Vietinghoff (gest. 1709) mußte infolge der Reduktion der Konkurs erklärt werden. Darauf befand sich der größte Teil von Sandel über 20 Jahre im Besitz des Konkursverwalters Benjamin Eeck; 1735 kam das Gut zu öffentlichem „Ausbot" und Otto Friedrich v. Vietinghoff, der Enkel des Landrats Johann v. Vietinghoff kaufte es, veräußerte das Gut aber gleich darauf an seinen Vetter Heinrich Christoph v. Vietinghoff.

Das Gut verblieb bis zum Beginn des 19. Jahrhunderts in der Hand der Familie. Doch in den Umbruchzeiten am Beginn des 19. Jahrhunderts, nach weitgehenden Agrarreformen und Agrarumwälzungen, setzte wieder eine allgemeine Güterrotation ein. Auch Sandel ging aus der Hand der Familie Vietinghoff. Im Jahre 1817 wurde Sandel an Reinhold Friedrich Pilar v. Pilchau verpfändet, der es 1820 dann auch kaufte. Doch im Jahre 1842 wurde das Gut an Karl Georg v. Sass veräußert.

Dr. med. Albert v. Sass verkaufte das Gut 1897 an Erich Baron Nolcken, der bis 1919, bis zur Enteignung und Aufsiedlung aller Güter, Besitzer v. Sandel war.

Sarrakus/estn. Sarakuste

Sarrakus, im einstigen Nordlivland im Kreis Dorpat/Tartu gelegen, ist erst nach dem Nordischen Kriege (1700–1721), als die schwedischen Ostseeprovinzen Est-und Livland russisch geworden waren, vom Gut Aya aus als Hoflage angelegt worden.

Es gehörte damit zunächst nicht zu den sogenannten adeligen Gütern, d.h. ritterschaftlich immatrikulierten, an denen als wichtigstes politisches Privileg die Landtagsfähigkeit haftete, d. h. dem Eigentümer Sitz und Stimme auf dem Landtag garantierte. In den 1740er Jahren war der nachmalige russische Vizeadmiral Francois Guillemot de Villebois (1717–1781) im Besitz von Sarrakus. Er war später Kammerjunker der Kaiserin Katharina II. Villebois war zunächst unter Peter III. Chef der gesamten Artillerie geworden, unterstützte aber am 28. Juni 1762 Katharina bei der Palastrevolution. August Hupel berichtet in seinen 1788 herausgegebenen „Materialien zu einer livländischen Adelsgeschichte", daß Villebois 1743 von der Zarin Elisabeth livländische Güter zum Geschenk erhielt und in die livländische Ritterschaft aufgenommen wurde.

Er hatte zwei Söhne. Der älteste besaß Güter in Estland, der jüngere hieß Alexander und wurde später Generalfeldzeugmeister. Alexander war mit einer Livländerin verheiratet und fühlte sich selbst ganz als Livländer.

Im Jahre 1749 hatte der Besitzer von Aya, Francois Villebois, Sarrakus seiner Gemahlin Elisabeth, geb. v. Glück übereignet. Diese vermachte den Besitz Sarrakus 1760 ihrem Sohn, dem Generalfeldzeugmeister Alexander v. Villebois. Ihn beerbte sein Sohn, der Assessor Stephan v. Villebois. Hinwiederum dessen Tochter erbte das Gut. Sie war mit dem Oberst Peter Baron Uexküll-Güldenbandt verheiratet, so daß das Gut nun für kurze Zeit in die Hand dieser Familie gelangte. Doch

Sarrakus wechselte in den großen agrarischen Umbruchjahren am Beginn des 19. Jahrhunderts, seit 1819, mehrfach die Besitzer bis Helene v. Bulgarin das Gut 1871 der Baronin Sophie Nolcken, geb. Gräfin Stackelberg verkaufte, die es 1909 auf ihren Sohn Heinrich Baron Nolcken vererbte.

Die Nolcken wurden 1919 im Zuge der allgemeinen Aufsiedlung der Güter enteignet.

Sastama/estn. Saastma

Sastama auf einer Halbinsel in der Matzalwiek war ehemals eine Insel. Sie wurde schon im Jahre 1254 in der Landesteilung vom Bischof von Ösel-Wiek dem Deutschen Orden zugewiesen, der sie zu dem zur Komturei Leal gehörigen Wirtschaftshofe Matzal schlug. Der Name der Insel ist estnisch (saast = Schlamm, maa = Land), doch wurde sie im 16. Jahrhundert von Schweden bewohnt und hieß Sastö.

Die schwedische Krone übergab Matzal mit Sastama im Jahre 1572 dem Feldherrn Clas Akeson Tott als Lehen. Dessen Sohn, der Feldmarschall Graf Tott, folgte ihm im Besitz.

Dann ging Matzal mit Sastama an den Reichsschatzmeister Sten Bielke über, dem es 1682 „reduziert" wurde, d. h. während der allgemeinen schwedischen Güterreduktion vom Staat konfisziert wurde. Es folgte der Nordische Krieg (1700–1721) mit dem die baltischen Provinzen Liv- und Estland von schwedischen in russische Hände wechselten. In der russischen Zeit war Sastama zunächst Kronsbesitz, kam dann als Donation an den Kapitän Daniel Baron v. Stackelberg, dessen Erben das Gut im Jahre 1818 an die Familie der Edlen v. Rennenkampf verkauften.

Letzter Eigentümer seit 1903 war bis zur allgemeinen im Oktober 1919 durchgeführten Enteignung und Aufsiedlung der Güter im neugegründeten Staat Estland Otto Edler v. Rennenkampf.

Seinigal/estn. Müüsleri

Fahrensbach vergab im Jahre 1623 mehrere Dörfer, so Seinigal und Karefer, als Verpfändung dem Anton Tönnis Weimar aus dem Hause Wodja.

Doch schon sieben Jahre später wurde das Gut wiederum verpfändet, diesmal von König Gustav Adolf im Jahre 1630 an einen Mann namens Grass. Doch weiter kamen sie schon zwei Jahre später an Arend von Husen. Dieser kaufte die grundherrschaftlichen Dörfer.

Dann gelangte der Besitz an die Familie Schrapffer und schließlich an die Familie Koltz und wieder Grass.

Michael Gottlieb Grass, auch Grasski genannt, war Statthalter von Reval und Präsident des dortigen Burggerichts. Im Jahre 1669 verkaufte Grass seine Anrechte auf die Dörfer Seinigall und weitere grundbesitzliche Rechte an den Bürgermeister von Reval, Coord Meuseler. Nach dessen Namen Meuseler entstand auch der estnische Name Müüsleri.

Meuselers Tochter heiratete in dritter Ehe Albrecht Blanckenhagen. So gelangte der Besitz Seinigal in diese Familie. Dann kam er wieder an eine andere Familie, an die Römer, schließlich durch Heirat im Jahre 1751 an die Barone Tiesenhausen.

Doch im 18. Jahrhundert gelangte das Gut Seinigal in Erbschaft dann an die Familie von Schilling, an den russischen Generalmajor Karl Gebhard von Schilling. Das war im Jahre 1761. Nun kehrte Ruhe auf dem Gut ein. Die Schilling saßen bis in das 20. Jahrhundert, bis zur Aufsiedlung und Enteignung aller Güter in Estland, bis zum Jahre 1919/1920 auf Seinigal. Letzter Besitzer war der kaiserlich-russische Kapitän ersten Ranges und Abgeordneter der deutschbaltischen Partei im ersten estländischen Parlament, Carl Baron Schilling.

Sellie/estn. Seli

Es gab in Kurland die Familie v. Hahn, wie auch in Mecklenburg, dort noch zwei unterschiedliche besitzliche Familien gleichen Namens. Auch in Reval gab es eine Kaufherrenfamilie Hahn, die verwandt mit den Mühlen war.

Ob die Familie v. Hahn auf Ladigfer mit der Revalenser oder der Kurländischen Familie verwandt ist, bleibt ungewiß. Doch die Verbindung mit der Familie Oldekop verweist auf ersteren Tatbestand.

Über das im Distrikt Wierland, im Kirchspiel Simonis gelegene Gut Sellie gibt es eine Akte im Archiv des historischen Museums in Reval/Tallinn, die auch die Familie von Tiesenhausen betrifft, da Sellie lange Zeit in der Hand dieses Geschlechtes war.

Aus dem Jahre 1774 existiert ein Dokument, aus dem hervorgeht, daß der Reichsgraf Hans Heinrich von Tiesenhausen zum Mitglied des Ritterlichen Ordens St. Johannes vom Spital und der Verwaltung eines Ordensschatzmeisters betraut wurde. Im Zusammenhang mit dem Gut Sellie befinden sich Akten über den bekannten Naturwissenschaftler Karl Ernst von Baer im Archiv des historischen Museums, auch eine Beschreibung des Gutes Sellie liegt vor, da der Vater des Wissenschaftlers, Magnus von Baer, das Gut im 18. Jahrhundert gepachtet hatte.

Im Jahre 1775 verkaufte der General Christoph Heinrich von Kursell das Gut an den Hofrat Hans Johann Baer von Huthorn für 21.000 Rubel. Im Jahre 1789 erfolgte ein Pachtvertrag, den der Eigentümer Magnus Baer von Huthorn mit dem Major Graf Douglas abschloß – und zwar auf 77 Jahre. Ein anderer Pachtvertrag erfolgte im Jahre 1794 zwischen Douglas und Friedrich Johann zur Mühlen auf 65 Jahre. Im Jahre 1810 wird das Pfandrecht des Gutes dann versteigert.

Seydell/estn. Seidla

Seydell im Distrikt Jerwen war ein Wackendorf des Ordenshofes Alp. Der Amtmann zu Alp, Jochim Gotken, erwarb im Jahre 1595 zwei Haken des Dorfes und erhielt es schließlich im Jahre 1616 ganz zum Nießbrauch auf Lebenszeit für sich und seine Frau. Im Jahre 1629 trat die schwedische Krone das Gut Seydell für eine Schuld dem Kriegskommissar Adam Schrapffer zu Alp ab, dessen Witwe es 1633 trotz der Ansprüche von Gotkens zweiter Frau gerichtlich zugesprochen wurde. Seydell war schon 1639 ein Gutshof und ging nach dem Aussterben der Schrapffer mit Alp an die Familie v. Nieroth über.

Im 18. Jahrhundert gelangte, vor 1750, Seydell an das Geschlecht v. Mohrenschildt. Mitte des 19. Jahrhunderts kam durch Einheirat der Besitz an die Barone Vietinghoff, um im Jahre 1882 durch Kauf an die Barone Schilling zu gelangen.

Letzter Besitzer bis zur allgemeinen Enteignung und Aufsiedlung der Güter im neu entstandenen Staat Estland im Jahre 1919 war seit 1884 der Kreisdeputierte Hans Baron Schilling.

In Seydell befindet sich ein wunderhübsches Herrenhaus, das heute wieder restauriert wird und sich in einigermaßen gutem Zustand befindet. Heinz Pirang hat über Seydell folgendes gesagt:

„Ein ausgezeichnetes Beispiel für ein Haus mit drei Hauptachsen ist das vornehme, gut proportionierte Seydell in Estland – ein Besitz der Barone Schilling. Die barocken Elemente der Architektur treten der klassizistischen Gesamthaltung gegenüber merklich in den Hintergrund. Das wuchtige Dach ist verhältnismäßig flach."

Soorhof/estn. Sooru

Der Ordensmeister Eltz belehnte im Jahre 1388 den Tidert Rigenstede, später Ringstede genannt, mit dem Hof Soor. Es war bald ein Gut. Und im Jahre 1430 schon wurde es dem Tile Berende übergeben und dann schon 30 Jahre später Goswin Anrep. Die Anreps erweiterten den Besitz noch am Ende des 15. und am Beginn des 16. Jahrhunderts. Weiterhin verblieb das Gut im Besitz der Familie bis in das 17. Jahrhundert hinein. So ist im Jahre 1637 Johann Anrep Besitzer von Soor. Doch dann wurde das Gut vom Staate konfisziert, d. h. von der schwedischen Krone.

Es wurde im Jahre 1646 dem Bürgermeister von Dorpat, Joachim Warnecken, für treue Dienste übergeben. Doch er verlor das Gut wieder, da behauptet wurde, er habe sich mit den Russen eingelassen, den Feinden Schwedens. So wurde das Gut neu vergeben und fiel an den Landrat Heinrich von Albedyll. Das geschah im Jahre 1660 durch die Königin Hedwig Eleonore. Den Albedylls wurde das Gut nicht eingezogen während der allgemeinen Reduktionspolitik des schwedischen Staates am Ende des 17. Jahrhunderts.

Auch nach dem Nordischen Krieg (1700–1721), mit dem Beginn der russischen Zeit, verblieb Soorhof im Besitz der Familie Albedyll. Doch im Jahre 1740 verkaufte eine Witwe von Albedyll das Gut an Hermann von Reutern. Nun setzte ein weiterer Wandel ein, denn im Jahre 1785 erhielt es der Arzt Dr. Andreas August Roemer. Doch es war nur eine Pfandnahme, denn Auguste Sophie von Smitten, eine geborene von Reutern, löste im Jahre 1818 den Besitz wieder ein, und so kam das Gut zurück und fiel in Erbschaft an die Familie von Wrangell.

Letzter Besitzer war seit dem Jahre 1883 Moritz Baron Wrangell, dem im Jahre 1919 bei der allgemeinen Enteignung aller Güter in Estland auch Soorhof enteignet wurde.

Staelenhof/estn. Taali

Im Jahre 1565 wurden von König Sigismund August dem Pernauer Ratsherren Vegesack die Dörfer Paicus und Ritenorm verliehen. Aus diesen Dörfern entstand ein Gut, das den Namen Paixt bekam – der ehemalige Name für Staelenhof. Diese grundherrschaftlichen Dörfer lagen in der Nähe von Torgel/Tori, das nachmals durch ein Gestüt bekannt werden sollte, wie es bis heute besteht.

Im Rahmen der sich wandelnden Grundherrschaft in Gutswirtschaften entstand schließlich noch am Ende des 16. Jahrhunderts das Gut Paixt, das nach dem neuen Besitzer auch bald Stahlenhof, später Staelenhof genannt wurde.

Hans Stahl erhielt das Gut vom schwedischen König Karl XI. als Pfand für eine Summe von 3730 Talern, das später, 1619, als Eigentum bestätigt wurde. Sein Sohn nannte sich Johann Stael von Holstein. Auch nach dem Nordischen Krieg (1700–1721), in der russischen Zeit der baltischen Provinzen, verblieb der Besitz bei der Familie.

Staelenhof/estn. Taali

Bis zur Enteignung und Aufsiedlung aller Güter 1919 durch den estnischen neuen Staat verblieb der Besitz in der Hand der Familie Stael v. Holstein.

Taiwola/estn. Taheva

Taiwola im einstigen Nordlivland bildete einen Teil des Schloßgebietes von Adsel bis es in einer Erbteilung im Jahre 1780 dem Major Axel Wilhelm Baron Delwig zufiel.

Er veräußerte allerdings einige Jahre später, 1786, den Besitz an den Staatsrat Karl Reinhold v. Koskull. Von diesem erbte Taiwola sein Sohn, der Offizier eines St. Petersburger Garderegiments Feodor Heinrich v. Koskull.

Im Jahre 1783 wurde in den Ostseeprovinzen die Statthalterschaftsverfassung eingeführt, die die lokale ritterschaftliche und städtische Selbstverwaltung mehr und mehr einschränkte. Freilich fiel das zunächst noch nicht sogleich ins Auge. Wie in Livland entstammten die neuen Gouvernementsräte, die ab 1783 auch in Estland Regierungsräte hießen und dem eingesessenen Adel angehören mußten, nicht unbedingt mehr allein aus der Ritterschaft. Auch die sogenannten Landsassen traten auf und forderten ein Besitzrecht an den Gütern mit allen auch politischen Rechten, die an den Gütern hafteten.

Für das Jahr 1770 werden noch die Gouvernementsräte Caspar Anton v. Berg und Carl v. Koskull genannt, die beide der estländischen Ritterschaft angehörten.

Koskull konnte das Gut nicht halten und machte Konkurs. Aus der Konkursmasse erwab Taiwola im Jahre 1813 der Kreisdeputierte Bernhard v. Wulf. Dieser vererbte das Gut 1846 seinem Sohn, dem Kreisdeputierten Eduard v. Wulf.

Der Besitz verblieb bis zur Enteignung und Aufsiedlung des Gutes 1919 im Besitz dieser Familie. Max v. Wulf (gest. 1923) war der letzte Besitzer von Taiwola bis zur Enteignung.

Schloß Talkhof/estn. Puurmani

Das Herrenhaus von Talkhof, mit einem Turm, ist umgeben von einem schönen Park, der aus Eschen, Ahorn und Ulmen besteht. Im Herrenhaus befindet sich heute eine Schule.

Schloß Talkhof/
estn. Puurmani

Schloß Talkhof gehörte mit weiteren Gütern in früher Neuzeit dem Kloster Falckenau. Dann gelangte es zu schwedischer Zeit in die Hand der Krone. Ein Teil des Besitzes wurde von der schwedischen Königin Christine der Stadt Dorpat/Tartu verliehen.

Im Jahre 1645 wurde mit dem Gut schließlich der General und Landrat von Buhrmeister beliehen. Nach dessen Namen entstand auch in sprachlicher Anlehnung der estnische Name Puurmani. Durch Einheirat gelangte dann infolge das Gut in die Hand der Familie v. Güntersberg. Talkhof wurde am Ende des 17. Jahrhunderts von der schwedischen Regierung reduziert, konfisziert, doch die Güntersberg konnten als Pächter auf dem Gut verbleiben.

Auch nach dem Nordischen Krieg (1700–1721), nachdem Estland zum Russischen Reich gekommen war, verblieb das Gut in der Hand der Familie und wurde ihr durch die Restitutionskommission zurückerstattet. Durch Einheirat gelangte dann das Gut aber bald in die Hand der Familie von Zoege, genannt von Manteuffel.

1756 entstand ein Majorat auf Talkhof.

Das Gut verblieb das ganze 18. und im 19. Jahrhundert im Besitz dieser Familie.

Tammist/estn. Tammiste

Tammist, im einstigen Nordlivland gelegen, war eine Pertinenz vom Gute Kawast, d. h. gehörte im rechtlichen Sinne dazu. Es wurde als solche Pertinenz im Jahre 1633 erstmalig urkundlich genannt. Tammist teilte dann das Schicksal des Gutes und verblieb auch nach dem Verkauf des letzteren im Besitz von Jakob Heinrich v. Schwengelm.

Bei diesem Geschlecht verblieb der Besitz bis in die zweite Hälfte des 18. Jahrhunderts. Im Jahre 1734 befand sich Tammist als Pfandbesitz in der Hand von O. H. v. Brömbsen, der in der sogenannten großfürstlichen Zeit die schleswig-holsteinischen Geschäfte in St. Petersburg führte. Tammist gelangte im Jahre 1770 in die Hand des Generalleutnant Reinhold v. Rehbinder.

Doch dieser veräußerte bereits 1779 Tammist an den Kreishauptmann Karl Gustav v. Krüdener. Dessen Sohn Paul v. Krüdener, der die Besitzfolge 1818 antrat, vermachte das Gut gegen Übernahme der darauf lastenden Schulden im Jahre 1848 seinem Neffen Karl Platon Baron Krüdener.

Auch dieser konnte den Besitz nicht halten und verkaufte Tammist 1859 dem Kreisdeputierten Karl Baron Bruningk, aus dessen Nachlaß das Gut im Jahre 1867 Benjamin v. Liphart erwarb, der es 1874 Eduard v. Walter veräußerte.

Von dessen Erben erwarb Tammist im Jahre 1880 Gustav v. Rathlef, dem das Gut im Jahre 1919 bei allgemeiner Enteignung und Aufsiedlung 1919 enteignet wurde.

Taps/estn. Tapa

Das Dorf Taps in der Reinefer-Wacke des Hofes Alp im Schloßgebiet Weissenstein wurde von der schwedischen Regierung dem Thomas Vegesack zum Nießbrauch auf Lebenszeit übergeben. Das war um 1570. Am Ende des Jahrhunderts, 1598, wurde der Besitz dem Hans v. Nienborg als Lehen übergeben.

Auch eine für die Gutsgeschichte so typische Verpfändung folgte, die zumeist dann auch irgendwann den Verkauf des Gutes nach sich zog. Dem Schloßsekretär Hans Hansson Elffring wurde das Gut Taps verpfändet. Im Jahre 1613 erhielt Adam Schrapffer die ganze Reineferische Wacke und Elffring wurde mit Thula im Kirchspiel Kegel entschädigt.

Bereits im Jahre 1618 vertauschte Schrapffer Reinefer gegen anderen Grundbesitz an die Krone. König Gustav Adolf verlieh darauf Taps 1620 dem Wolter v. Tiesenhausen, einem der aus Livland vertriebenen Anhänger Schwedens.

Er erhielt das Gut als Entschädigung für seine von den Polen eingezogenen Erbgüter Jummerdehn und Buxhoeveden.

Im Jahre 1630 wurde es ihm als vererbbares Eigentum bestätigt, da nach der Eroberung Livlands die erwähnten Güter anderweitig vergeben worden waren. Doch auch Taps wurde im Zuge der schwedischen Güter-Reduktions-Politik schließlich am Ende des 17. Jahrhunderts vom Staat konfisziert. Taps wurde reduziert, aber den Tiesenhausen von der nach dem Nordischen Kriege (1700–1721) von der russischen Regierung eingerichteten Restitutionskommission ebenso zurückgegeben wie Jummerdehn.

Margaretha Charlotte v. Tiesenhausen brachte Taps ihren zweiten Mann, den Kapitän Berendt Wolmar Brandt, mit in die Ehe. Aus dem Nachlaß von dessen Sohn, des Kammerjunkers Caspar Wilhelm Brandt (gest. 1775) hat Taps der Kapitän v. Baggehuffvudt gekauft. Im Jahre 1782 hat dieser das Gut besessen. Doch bald darauf erwarb Taps der Landrat und Mannrichter Gideon Ernst v. Fock a.d.H. Saggad und Kawast (gest. 1827). Dessen Enkel Axel v. Fock war bis zur Enteignung 1919 der letzte Besitzer von Taps.

Nach der Enteignung 1919, als alle Güter gesiedelt wurden, verblieb in Taps ein Siedlungshof, auf dem in den 1930er Jahren auf 10 Hektar Herr Nerling wirtschaftete.

Taps war in jüngster Zeit von russischem Militär bewohnt, zahlreiche russische Familien wohnen im Ort. Im Herrenhaus wohnten 1991 Russen.

Thomel/estn. Tumala

Der Ordensmeister von Livland, Wolter v. Plettenberg, verlieh im Jahre 1495 dem Heinrich Schulmann das damals so genannte Gut Tomal auf Ösel/Saaremaa, das fast 200 Jahre im Besitz seiner Nachkommen verblieb.

Als im Jahre 1612 die Schweden nach Ösel einfielen, kam der Landrat Heinrich Schulmann in Verdacht der schwedischen Partei anzugehören. Er wurde im Jahre 1613 hingerichtet und seine Güter wurden konfisziert. Nach dem Frieden von Brömsebro wurden sie aber seinem Sohn, dem Obersten Heinrich Schulmann 1646 restituiert. Die Erben des Obristen Otto Schulmann verkauften im Jahre 1671 Thomel dem Obristleutnant und Landrat Matthias Stackelberg. Dem schwedischen Generalleutnant Karl Adam Baron Stackelberg wurden während seiner Abwesenheit im schwedischen Kriegsdienste im Nordischen Krieg (1700–1721) bei russischer Eroberung der baltischen Provinzen die Güter Thomel und Piddul von der russischen Regierung eingezogen, ihm aber nach dem Friedensschluß 1722 zurückgegeben.

Ihm folgte im Besitz 1723 sein Sohn, der Major und Landrat Karl Wilhelm Baron Stackelberg (gest. 1750).

Der Besitz verblieb bei den Baronen Stackelberg über die weiteren Jahrhunderte bis zur allgemeinen Enteignung und Aufsiedlung aller Güter in Est- und Livland im Jahre 1919.

Matthias Baron Stackelberg war seit 1909 letzter Besitzer von Thomel.

Tignitz/estn. Voltveti

Tignitz, im einstigen Nordlivland, gehörte unter dem Namen Ticonas zu den Besitzungen der Ordensvogtei Karkus im Amte Saara. Ein Teil derselben wurde im Jahre 1560 dem alten Ordensvogt von Grobin, Claus v. d. Streithorst, als sogenanntes „Gemachsamt" zuerkannt, doch im Jahre 1561 dem Wilhelm Wilfering als Lehen gegeben – und zwar vom königlichen Statthalter, dem Herzog Gotthard Kettler.

Im Jahre 1563 kamen noch weitere Teile des Gutes hinzu. In der Folge gelangte das Gut in den Besitz des Caspar v. Tiesenhausen, der es auf seine Tochter Anna, verheiratet mit dem Major Diedrich v. Wolffeldt, vererbte.

Für drei Generationen verblieb der Besitz bei den Wolffeldt. Im Jahre 1737 verkaufte der Kapitän Karl Ernst v. Wolffeldt Tignitz an den Rittmeister Martin Friedrich v. Kruedener. Die Kruedener verpfändeten den Besitz 1744 auf 40 Jahre für 15 000 Rubel an den Ratsherrn aus Pernau, Jacob v. Dohren.

1786 wurde das Pfand eingelöst und noch im selben Jahre das Gut dem Kreishauptmann Bernhard Heinrich v. Stryk für 50 000 Rubel verkauft.

Seit jener Zeit verblieb Tignitz durch vier Generationen im Besitz der Familie v. Stryk. Bei der jeweiligen Übergabe von einer Generation an die nächste wurden die Geschwister immer sehr hoch abgefunden, nicht zuletzt aus diesem Grunde wurde auch Tignitz 1872 zum Majorat umgewandelt. Seit 1903 war der Landmarschall Heinrich v. Stryk im Besitz des Gutes, der im Zuge der allgemeinen Aufsiedlung aller Güter im Jahre 1919 enteignet wurde.

Vor dem Portal des Herrenhauses in Tignitz wachten zwei steinerne Löwen.

Toal/estn. Tuhala

Das Dorf Tohal mit 5 Haken gehörte nach dem Liber census Daniae um 1250 dem dänischen Könige, nachdem ein Leo de Rend aus dem Besitz verdrängt worden war. Der König übergab die Grundherrschaft an die Lode als Lehen. Otto Lode a. d. H. Toal verfügte im Jahre 1468 testamentarisch über sein Gut zugunsten seiner Schwester Brigitte, der Witwe des Jürgen Lode.

Reinhold Lode vermachte 1477 Toal dem Bertold Tödwen, der es 1494 seinem Vetter, Evert Tödwen, übereignete.

Von den Tödwen gelangte der Besitz im Jahre 1517 an Evert Delwig. Der Familie v. Delwig gehörte das Gut noch 1641, doch kam es dann bald darauf, im Jahre 1676, durch Heirat an Hans Wrangell a.d.H. Waschel. Dessen Sohn, Otto Reinhold Wrangell verkaufte Toal 1693 seinem Schwager, dem Kapitän Berend Johann Grafen Mellin.

Ludwig August Graf v. Mellin (1754–1835) wurde auf Toal geboren. Er trat als Soldat und Landespolitker hervor. Von ihm stammt eine erste Karte von Livland und mehrere Bücher, auch eine „Selbstbiographie" hat er verfaßt, die 1897 im Rigaer Tageblatt erschien.

Das Herrenhaus von Toal ist nach Plänen eines Mitgliedes der Familie, dem Architekten Graf Carl Georg Mellin im Jahre 1805 aufgeführt worden. Mellin hat in Livland, im heutigen Lettland, sein eigenes Herrenhaus auf Lappier gebaut. 1928 hat Heinz Pirang über Mellin festgehalten: „Der Stil seiner Architektur zeigt ihn als einen feinfühligen Künstler, dem die Formensprache des barockisierenden Louis XVI.-Klassizismus in allen Stücken geläufig war. Die schmuckfreudige Louis XVI.-Richtung im Klassizismus war in der zweiten Hälfte des 18. Jahrhunderts bei uns im Lande sehr im Schwange. Ohne Zweifel hat hierbei Petersburg einen nicht unwesentlichen Anteil. Die namhaftesten dortigen Architekten dieser Richtung sind Jean Vallin de la Mothe (1729–1800) und Alexander Kokorinoff (1716–1772)."

Als der Toalsche Zweig der Grafen Mellin 1863 erlosch, ging das Gut durch Erbschaft an den Gouverneur von Kurland, Paul v. Lilienfeld, über.

Der letzte Besitzer bis zur Enteignung 1919 war dessen Enkel Hans v. Lilienfeld.

Töllist/estn. Tölluste

Töllist auf Ösel/Saaremaa führte ursprünglich den Namen Arries und wurde als der Hof Arries im Jahre 1528 an Heinrich Köpken als Lehen vergeben. Im Jahre 1550 wurde die Grundherrschaft an Dietrich v. Behr verkauft. Dieser trat das Gut 1560 an den „König von Livland", Herzog Magnus v. Holstein gegen Besitzungen in Kurland ab.

Der Herzog von Holstein veräußerte im Jahre 1561 Johann v. Taube den Besitz. Dieser hinwiederum verkaufte Töllist 1590 dem Matthias Budde. Für ein knappes Jahrhundert verblieb nun der Besitz in dieser Familie. Im Jahre 1685 kaufte nach dem Tod des letzten Budde auf Töllist das Gut meistbietend der Landrat Johann v. Vietinghoff.

Nach seinem Tod erfolgte im Jahre 1709, mitten während des Nordischen Krieges (1700–1721), im Jahre der Schlacht von Poltawa, über sein nachgelassenes Vermögen der Konkurs.

Die Gläubiger ließen sich gemeinsam das Gut überschreiben und es in ihrer aller Interesse Jahrzehnte lang verwalten bis es 1735 einem Enkel des alten Besitzers, dem Landrat Otto Friedrich v. Vietinghoff zugeschlagen wurde.

Ihn beerbte 1777 sein Sohn, Lorenz Gustav und verkaufte Töllist 1788 dem Landrat Georg Friedrich v. Sass. Das Gut verblieb nun im Besitz der Familie v. Sass bis es im Jahre 1904 Johannes und Conrad v. Sengbusch erwarben und in ein Familienlegat der Familien v. Sengbusch und Barone Nolcken umwandelten. Das blieb es bis 1919, bis zur allgemeinen Enteignung und Aufsiedlung aller Güter in Estland.

Tolks/estn. Kohala

Im Archiv des historischen Museums in Reval/Tallinn befindet sich eine Akte über das im Distrikt Wierland, im Kirchspiel Wesenberg, gelegene Gut Tolks/Kohala, die Auskunft gibt über die Gutsgeschichte in der Zeit von 1489 bis 1821.

Im Jahre 1489 befand sich das Gut in der Hand der Familie von Wrangell.

Im Jahre 1538 verkauften die Brüder Lode das Gut an den Schwager Andreas Werner Lode.

Im Jahre 1771 wurde das einstige Gut von den Lode verkauft. Damals gehörte es Baron Jakob Johann von Tiesenhausen. Käufer war der Kammerjunker Karl August von Berg.

Bereits 1780 verkaufte der nunmehrige Besitzer Fabian Reinhold Baron Ungern-Sternberg den Besitz an Georg Johann v. Hastfer. Doch 1801 ging das Gut als Pfandbesitz für 99 Jahre an Georg Johann v. Wrangell. Es verblieb bei den Wrangell für 99 Jahre.

Im Jahre 1821 gab es eine Erklärung des Oberlandgerichts über die Verwandlung des Pfandkontraktes des Gutes Tolks in einen Kaufkontrakt. Im Jahre 1873 saßen die Wrangell noch auf Tolks.

In Tolks wurde die ihrerzeit bekannte Malerin Baronesse Helena v. Wrangell (1837–1906), Tochter des Generals Karl v. Wrangell auf Tolks, geboren.

Tolsburg/estn. Toolse

Die Tolsburg an der Nordküste Estlands, unweit von Kunda, heute nur noch als Ruine erhalten, liegt einsam direkt am Meer und kündet von mittelalterlicher Zeit.

Die 1471 aufgeführte Ordensburg, zum Schutz eines Hafens, wurde im Laufe der Zeit umgebaut bis sie geschleift wurde und ganz verfiel als die Ordensmacht im Lande dahinschwand. Doch die romantische Ruine lohnt einen Besuch.

Eine Bemerkung des in Estland besitzlich gewordenen Alexander Graf Keyserling (1805–1891), zeitweilig Kurator der Universität in Dorpat, der zu den großen Geistern des 19. Jahrhunderts gehörte, drängt sich beim Besuch der Ruine der Tolsburg auf. Von Keyserling stammt der Satz: „Vergeblich ist die politische Tätigkeit ohne Macht hinter sich und ohne Hoffnung vor sich."

Tolsburg/estn. Toolse

Torgel/estn. Tori

Das Kirchspiel Torgel ist im Jahre 1634 entstanden, bevor dort eine Hoflage angelegt wurde.

Das im gleichnamigen Kirchspiel gelegene Gut wurde im Jahre 1627 von dem schwedischen König Gustav Adolf nach der polnischen Besitzzeit dem Grafen Franz Bernhard von Thurn und Valsassina verliehen und der Grafschaft Pernau zugeordnet. Im Jahre 1654 saß dessen Sohn, der königliche Rat und Gouverneur von Estland, Heinrich Graf Thurn und Valsassina auf Torgel.

Doch bald danach wurde es einem anderen großen Schweden verliehen, nämlich dem aus Großbritannien stammenden Oberst Jacob Scott.

Am Ende des 17. Jahrhunderts wurde Torgel dann eingezogen, vom Staat konfisziert durch die Güterreduktionspolitik. Im weiteren Verlauf der Geschichte wurde aus Torgel schließlich ein ritterschaftliches Gestüt gebildet, das für die baltische Pferdezucht bis in das 20. Jahrhundert hinein von großer Bedeutung geworden ist.

Das verstaatlichte Gestüt blieb auch nach der Gründung der baltischen Republiken 1918 bestehen und auch nach dem Zweiten Weltkrieg führte es weiter ein Dasein als Gestüt. Auch heute befindet sich in Torgel ein Gestüt.

Ein estnisches Pferdemuseum gibt es im alten Herrenhaus.

Uchten/estn. Uhtna

Uchten kommt um 1250 im Liber census Daniae unter dem Namen Octinus vor und gehörte damals, um die Mitte des 13. Jahrhunderts, einem Mann mit Namen Lidulff. Später war es ein Teil des benachbarten Gutes Tolks und wurde dann durch Erbteilung ein selbständiges Gut.

Im Jahre 1489 gehörte Uchten dem Lippold Tolks. Das Gut gelangte schließlich durch Kauf an das Geschlecht Tuve, d. h. Taube; aber Robert Tolks gewann das Gut 1530 durch einen Prozeß für sich zurück und kam, nachdem er sich während des moskowitischen Krieges auf Ösel aufgehalten hatte, 1581 wieder in den Besitz von Uchten, das er seinem Sohn Otto hinterließ.

Im Jahre 1614 verlieh der schwedische König Gustav Adolf dem Fabian Wrangell das damals dem Otto Tolks gehörige Gut, das offenbar durch sein Überlaufen auf die Seite der Polen vom schwedischen König konfisziert worden war.

Auch nachdem durch den Nordischen Krieg (1700–1721) die schwedischen Provinzen Liv- und Estland russisch geworden waren, verblieb der Besitz bei den Wrangell.

Uchten blieb bis zum Jahre 1820 im Besitz des Geschlechts und ging dann durch Heirat in den Besitz der Familie v. Weiss über. Der letzte Besitzer bis zur Enteignung 1919, der allgemeinen Aufsiedlung aller Güter in Estland, war seit 1898 Alexander v. Weiss.

Das Herrenhaus soll aus dem Jahre 1815 stammen, d. h. ist in der Besitzzeit der Familie v. Wrangell aufgeführt worden.

Udenküll/estn. Uugla

Drei Güter mit Namen Udenküll kommen in Estland vor, im estnischen lauten die Namen unterschiedlich: Uudeküla, Uueküla und Uugla.

Das Gut Udenküll/Uugla liegt östlich von Hapsal. Im Archiv des historischen Museums der Stadt Reval/Tallinn befindet sich eine Akte über das Gut Udenküll, die die Geschichte des Gutes von 1626 bis 1915 behandelt.

Im Jahre 1626 wurde Udenküll von Magdalena von Fahrensbach im Namen ihres verstorbenen Ehemannes Georg von Wolfframsdorff dem schwedischen Reichsrat und Generalfeldherrn Grafen Jakob de la Gardie übertragen. Im Jahre 1679 verkaufte Graf Magnus Gabriel de la Gardie das Allodialgut Udenküll an den Repräsentanten einer gleichfalls großen schwedischen Aristokratenfamilie, den Rittmeister Gustav Baner.

Aus dem Jahre 1680 stammt eine inventarische Beschreibung des Gutes sowie eines Wackenbuches und der „Bauernhabseligkeiten". Im Jahre 1684 wurde von der schwedischen Reduktionskommision festgestellt, daß das Gut der Familie von Baner gehört.

Im Jahre 1723, d. h. unmittelbar nach dem Nordischen Krieg (1700–1721) – Estland gehörte nun zum russischen Reich -, wurde vom kaiserlichen Senat bestätigt, auch in der Restitutionskommission, daß das Gut Udenküll den Erben des Banerschen Hauses gehöre. Doch 1725 verkauften die Baner, die schwedisch orientiert blieben, das Gut an die Witwe des Mannrichters und Rittmeisters Fromhold Knorring.

Im Jahre 1845 befand sich das Gut in der Hand der Familie von Schulmann.

Henning von Wistinghausen hält fest: „Auf Bitte der Erben des M. R. Detlof August von Schulmann genehmigt die estländische Gouvernementsregierung am 30. 11. 1843, daß die Hoflage Anosta von Udenküll abgeteilt wird und ein selbständiges Gut mit Namen Wiesenau bildet."

Im Jahre 1855 wurde ein weiterer Teil des Gutes Udenküll und Wiesenhausen an Baron Rudolf von Ungern-Sternberg, Besitzer des Gutes Nieby, verkauft. Und im Jahre 1893 veräußerten die Schulmann weitere Teile des Gutes an die Klot von Jürgensburg. 1904 wurde der Rest veräußert, und zwar von Waldemar von Schulmann an Ludwig von Knorring.

Die Knorring werden 1919 im Zuge der allgemeinen Agrarreform, der Enteignung und Aufsiedlung der Güter gleichfalls enteignet.

Doch die Familie verblieb zunächst auf einem Siedlungshof auf Udenküll, auf einem Resthof, der in den 1930er Jahren 26 Hektar betrug. Erst mit der Umsiedlung der Deutschbalten im Jahre 1939 wurden endgültig Herrenhaus und der letzte Rest des Gutes aufgegeben.

Unnipicht/estn. Unipiha

Unnipicht, im einstigen Nordlivland gelegen, war staatliche Domäne, bis es von der Kaiserin Katharina I. im Jahre 1723 dem Oberküchenmeister Johann v. Velten verliehen wurde. Von ihm erbte das zunächst nur zum Nießbrauch auf Lebenszeit verliehene Gut mit kaiserlicher Genehmigung seine Tochter, die mit dem Staatsrat Johann Daniel v. Schuhmacher verheiratet war.

Deren Tochter, verheiratet mit dem General Stupischin, verkaufte das Gut im Jahre 1777, zur Regierungszeit Katharinas II. (1762–1796), dem Generalleutnant Otto Heinrich Baron Igelström, dessen Sekretär zu damaliger Zeit der seinerzeit bekannte Dichter Gottfried Seume war. Bekannt ist er geworden durch Beschreibungen seiner Reisen, die er durch ganz Europa zu Fuß absolvierte. „Es ginge alles viel besser, ginge man mehr zu Fuß" war seine Devise.

Unnipicht wechselte in kommender Zeit häufig die Besitzer, gehörte nach den Grafen Igelström den Grafen Zalusky, dann den Familien Shukowsky und Seidlitz. Dr. Carl v. Seidlitz (1789–1885) war Mitglied der Livländischen Gemeinnützigen und Ökonomischen Sozietät, langjähriger Vizepräsident. Er hat das Generalnivellement in Livland und auf Ösel in den Jahren von 1874 bis 1885 durchgeführt, eine Arbeit, die neben dem immensen Nutzen für die Landwirtschaft auch noch einen weiteren wichtigen Schritt zur Vervollständigung der Orographie des Landes erbrachte. Das Gut gelangte schließlich an Alexander v. Wilcken, der es im Jahre 1858 dem Dr. Otto Georg v. Rücker verkaufte.

Bis 1919 verblieb nun der Besitz in der Hand dieser Familie. Dem im Jahre 1891 im Besitz nachfolgenden Sohn Edgar v. Rücker ist Unnipicht 1919 bei der allgemeinen Enteignung und Aufsiedlung der Güter in Estland enteignet worden.

Viol/estn. Vihula

Das Dorf Viola gehörte um die Mitte des 13. Jahrhunderts zusammen mit Warangalae dem Dominus Eilardus, wie es in Urkunden heißt. Dieser Mann soll der Stammvater des Geschlechts Wrangell sein. Den Wrangell gehörte Viol bis Mitte des 15. Jahrhunderts.

Im Jahre 1464 war es dann in der Hand des Bartholomäus Virkes (Fircks). Dann war Hans Lode im Jahre 1516 Besitzer von Viol. Dessen Sohn Simon verkaufte den Besitz zwischen 1539 und 1541 dem Johann Wekebrot.

Gödert Wekebrot, der der letzte seines Namens gewesen zu sein scheint, besaß Viol noch im Jahre 1600. Johann Wekebrots Tochter heiratete Melchior Helffreich a. d. H. Kersel – ein Gut, das im Kirchspiel Saara gelegen war. In seiner Nachkommenschaft vererbte sich Viol.

Noch 1782 gehörte es Gotthard Johann v. Helffreich. Doch bald darauf wurde es von dem Hofrat v. Schubert gekauft. In dieser Familie ist der Besitz bis zur Enteignung und Aufsiedlung der Güter in Estland im Jahre 1919 geblieben. Der letzte Besitzer war Sergius v. Schubert.

Doch auch nach der Aufsiedlung der Güter in Estland verblieb die Familie v. Schubert auf einem Siedlungshof von Viol und wirtschaftete in den 1930er Jahren bis zur Umsiedlung der Deutschbalten 1939 auf 87 Hektar.

Das Herrenhaus von Viol ist im Jahre 1892 abgebrannt, wurde aber vollständig wiederaufgebaut, in verschiedenen Stilarten, und soll heute neben Palms/Palmse, Saggad/Sagadi und Kolk/Kolga zu einer gepflegten Touristenattraktion im dortigen großen Naturschutzgebiet werden.

Wack/estn. Vao

Im Archiv des historischen Museums in Reval/Tallinn befindet sich eine Akte über das Gut Wack.

Nach diesem Gut nennt sich ein Vasallengeschlecht, das wie die Uexküll einen „leopardierten" Löwen im Wappen führt. Hennekinus de Wakka ist der erste dieses Geschlechts, der im Jahre 1325 urkundlich erwähnt wird. Die Wacks waren bis zu ihrem Erlöschen gegen Ende des 15. Jahrhunderts im Besitz ihres Stammgutes geblieben. Aber zwischenzeitlich sind auch die Familien Rosenhagen und Metztaken für einige Zeit im Besitz des Gutes gewesen.

In der ersten Hälfte des 16. Jahrhunderts gehörte Wack den Weddewes. So wurde Brun Weddewes, nach der zwischenzeitlichen russischen Eroberung, bei der die Güter vereinnahmt wurden, wieder zurückgegeben. Damals waren wohl die Lode im Besitz des Gutes. Durch Anna Meyborch a. d. H. Rumm und Pickfer, einer Tochter des Cort Weddewes, kam Wack in die Familie ihres Mannes Ewert Bremen a. d. H. Engdes.

Im Jahre 1623 wird Eberhard Bremen als Besitzer genannt. Über die Töchter wurde dann Wack weitervererbt und gelangte wieder in andere baltische ritterschaftliche Geschlechter.

Magdalena Bremen war verheiratet mit Jürgen Uexküll a. d. H. Limmat und durch deren Tochter kam Wack an den Rittmeister und Landrat Magnus v. d. Pahlen a. d. H. Sepkull, Eck und Podis. Im Jahre 1663 gehörte das Gut dessen Sohn Richard Magnus und darauf dem Mann seiner Schwester Anna, Gotthard Wilhelm Budberg a. d. H. Fierenhof und Sennen.

Im Jahre 1685 wurde in einer Resolution der schwedischen Reduktionskommission dem Landrat Gotthard Johann v. Budberg Wack zugesprochen. Doch wiederum durch Einheirat gelangte Wack schließlich in die Hand der Familie v. Helffreich. Reinhold Gustav v. Helffreich besaß im Jahre 1733 das Gut, doch im Jahre 1744 wurde es an den Kapitän Carl Georg Edler v. Rennenkampf verkauft, Repräsentant einer Familie, die auch das große Gut Finn besaß und dort eine großartige Stiftung ins Leben gerufen hat.

Aus dem Allodialgut Finn wurde durch Johann Dietrich Edler v. Rennenkampf am 23. 1. 1775 eine Stiftung für „adelige Fräulein", d. h. für unverheiratete Mitglieder der Ritterschaft.

In der Familie der Edlen v. Rennenkampf ist Wack bis zur Enteignung und Aufsiedlung aller Güter in Estland 1919 geblieben.

Einiges Land ging im 19. Jahrhundert vom Gut bereits verloren, als im Jahre 1843 Landanteile von Wack veräußert werden mußten an die Baltische Eisenbahngesellschaft.

Der letzte Besitzer bis 1919 war Karl Edler v. Rennenkampf. Auch nach der Enteignung verblieb die Familie der Edlen v. Rennenkampf auf dem Besitz und wirtschaftete in den 1930er Jahren auf einem Siedlungshof von 146 Hektar – eine für damalige Verhältnisse beachtliche Größe.

Waist/estn. Vaiste

Waist war ursprünglich ein Dorf des Gutes Werpel, das im Mittelalter der Familie Fahrensbach gehört hat. Von der schwedischen Regierung wurde Waist zunächst, im Rahmen der Güterreduktionspolitik, konfisziert und zusammen mit Werpel an die schwedische Familie der Grafen Baner vergeben.

Waist wurde dann am Ende des 17. Jahrhunderts durch Verpfändung von Werpel abgetrennt und gelangte nach dem Nordischen Krieg (1700–1721), als Estland russisch geworden war, bis zum Ende des 18. Jahrhunderts in die Hand der aus Schweden stammenden Familie von Lilienfeld.

In kommender Zeit hat Waist oft die Besitzer gewechselt und wurde von den Familien v. Helwig, v. Pistohlkors und v. Handwig erworben.

Bei der Aufsiedlung und Enteignung aller Güter in Estland im Jahre 1919 befand sich der Besitz in der Hand von Roman v. Nasackin. Diese Familie verblieb auch weiterhin in Waist, auf einem Resthof, der in den 1930er Jahren ungefähr 24 Hektar betrug.

Walck/estn. Valgu

Walck wird für die Jahre zwischen 1275 und 1285 als bischöflich Öselsches Dorf zum ersten Mal urkundlich genannt. Der Besitz gehörte zu den Gütern, die der Ritter Wilhelm Fahrensbach der Kirche entzogen hatte.

Es blieb im Besitz der Fahrensbach, bis die schwedische Regierung es dem Rittmeister Georg Heinrichson, der nachmals so benannten, sehr einflußreichen schwedischen Familie von Horn verlieh.

Doch erhielt im Jahre 1590 der rechtmäßige Erbe Arend Fahrensbach das Gut zurück.

Seine Witwe entstammte der Familie Taube. Elisabeth Taube heiratete in zweiter Ehe den Oberst Herman Wrangell a. d. H. Tolsburg.

Dann gelangte das Gut wiederum durch Einheirat an die Familie Lode a. d. H. Ittfer. Die Lode haben Walck bis in die Zeit nach dem Nordischen Krieg (1700–1721) besessen. Im Jahre 1726 gehörte aber Walck bereits dem Jakob Johann Baron Budberg.

Am Ende des 18. Jahrhunderts veräußerten die Budberg den Besitz an den Major Peter Otto v. Staal. Doch die Staal verblieben nicht allzulang im Besitz von Walck. Im Jahre 1818 gehörte Walck dem Zivilgouverneur von Estland, Berend Johann Baron Uexküll.

Bei den Uexküll verblieb der Besitz, bis Otto Baron Uexküll ihn 1886 dem Ordnungsrichter Theodor Baron Pilar von Pilchau verkaufte.

In der Besitzzeit der Uexküll wurde in Walck ein neues Herrenhaus aufgeführt, um 1820. Pirang sagt 1928: „Eigenartig ist die Silhouettenwirkung des Daches infolge der paarweise an die Firsten den gerückten vier Schornsteine. Der sechssäulige Portikus ist fast zu breit für den gedrungenen Hauskörper."

Nikolai Baron Pilar von Pilchau war letzter Besitzer von Walck, als im Jahre 1919 die allgemeine Aufsiedlung und Enteignung der Güter erfolgte. Doch die Familie verblieb bis zur Umsiedlung der Deutschbalten 1939 auf einem Resthof, der in den 1930er Jahren ungefähr 30 Hektar umfaßte.

Waldau/estn. Valtu

In Estland gab es zwei Güter mit Namen Waldau, im estnischen Valtu und Laosaare.

Das Gut Waldau hieß bis in das 19. Jahrhundert Kotz. Der Ritter Johann von Lechtes vermachte im Jahre 1412 seinen Hof Koettes seiner „Hausfrau" Margaretha.

Der Ordensmeister von Livland Heidenreich Vinke von Overberg (1438–1450) belehnte im Jahre 1441 Hans Lode und dessen Onkel Hermann Lode mit den Gütern, die ihnen Johann von Lechtes hinterlassen hatte.

Hans Lode übertrug im Jahre 1474 Kotz seinem Neffen Hermann Lode, und dieser verkaufte das Gut im Jahre 1488 dem Hans Maydell.

Johann Maydell veräußerte das Gut im Jahre 1558 an Hermann Dönhoff. Von den Dönhoff wiederum gelangte der Besitz im Jahre 1588 an Fromholt Tiesenhausen. Kotz blieb im Besitz dieser Familie auch über den Wechsel Estlands von schwedischer in russische Herrschaft

1721 hinweg, bis das russisch-zaristische Apangenressort im Jahre 1828 das Gut erwarb.

Im Jahre 1858 kaufte Otto Baron Stackelberg a. d. H. Faehna das Gut. Zu seiner Besitzzeit erhielt Kotz seinen neuen Namen Waldau. Doch durch Einheirat verblieb Waldau nicht bei den Stackelberg.

Pauline Baronesse Stackelberg heiratete 1871 Emil Baron Maydell. Doch schon 1882 gelangte Waldau durch Verkauf an Theodor Baron Ungern-Sternberg und 1886 wiederum an Alexis Baron Girard de Soucanton. Nach dessen Tode im Jahre 1915 erwarb der Kaufmann Otto Seisler aus Fellin das Gut.

Vier Jahre später wurde er in der 1919 durchgeführten Aufsiedlung aller Güter in Estland enteignet.

Bereits im Revolutionsjahre 1905 war das Herrenhaus von Waldau in der Besitzzeit der Familie der Barone Girard de Soucanton vernichtet, wurde ein Opfer der Flammen. Das einstige Herrenhaus stammte aus der Mitte des 19. Jahrhunderts, war ein spätklassizistischer Bau und – wie Pirang betont – russischer Einfluß habe das sehr breit angelegte Haus ausgezeichnet.

Wallküll/estn. Valkla

Wallküll war um 1250 im Besitz des Konrad Höfske und zweier anderer unbekannter Personen, die einen geringeren Anteil an dem großen, 46 Haken zählenden Dorfe hatten.

Während der Ordenszeit kam das Dorf an die Komturei Reval und war sogenanntes Schloßgut. Im Jahre 1552 wurde es Jost Klot, dem Syndikus der Stadt Reval, als Lehen übergeben.

Von den Schweden wurde die Grundherrschaft zunächst erst eingezogen, dann aber der Familie von Klot zurückgegeben.

Am Ende des 16. Jahrhunderts, nachdem das Gut abermals von der schwedischen Regierung konfisziert war, wurde es im Jahre 1585 von der Krone Kaspar v. Tiesenhausen verpfändet. Im Jahre 1587 kam der Pfandbrief an Hans Wrangell, dessen Witwe das Dorf 1594 als Eigentum bestätigt wurde.

Deren Sohn war der schwedische Feldmarschall Hermann Wrangell. Im Rahmen der schwedischen Güterreduktionspolitik, bei der zahlreiche einstige ritterschaftliche Güter vom Staat konfisziert wurden, wurde auch den Wrangell im Jahre 1688 das Gut reduziert. Doch schon während des Nordischen Krieges (1700–1721), nachdem die Russen unter Peter dem Großen die Ostseeprovinzen besetzt hatten, konnte von dem Erben des Feldmarschalls, Oberst Reinhold Johann v. Fersen, der Besitz wieder eingelöst werden.

In der ersten Hälfte des 18. Jahrhunderts gelangte der Besitz, zunächst als Pfandbesitz, in die Hand der Familie Ziliacus. Doch 1747 war Wallküll im Besitz von Johann Christopher v. Nolcken. Von diesem ging es an den Hakenrichter Georg Wilhelm v. Schwengelm über, der Wallküll im Jahre 1785 an den kaiserlichen Marschall Ludwig v. Löwenstern verkaufte.

In seiner kurzen Besitzzeit wurde ein neues hübsches Herrenhaus aufgeführt, das auch Heinz Pirang 1928 sehr heraushebt. „Der Hauptbau wird durch die Flankenbauten zu gesteigertem Monumentaleindruck gebracht."

Löwenstern verpfändete das Gut 1792 an Ludwig v. Brevern, in dessen Besitz es später überging. 1840 gehörte der Hof dem General-Major Gustav v. Nasacken und gelangte 1860 durch die Heirat Marie v. Nasackens mit Ernst v. Ramm an diese Familie. Letzter Besitzer bei der Aufsiedlung und Enteignung der Güter im Jahre 1919 war Jakob v. Ramm.

Auch nach der Enteignung haben die Ramm auf Wallküll auf einem Resthof bis zur Umsiedlung der Deutschbalten 1939 weitergewirtschaftet. Dieser Hof betrug in den 1930er Jahren ungefähr 100 Hektar.

Wannamois/estn Vanamoisa

In Estland gab es vier Güter mit diesem Namen.

Das hier behandelte Gut Wannamois/Vanamoisa gehörte Mitte des 18. Jahrhunderts, im Jahre 1765, der Familie von Hoyningen, genannt von Huene.

Doch am Beginn des 19. Jahrhunderts, während der Napoleonischen Kriege, gelangte der Besitz in andere Hände. Er kam an den estländischen Kreismarschall Graf Gustav Rehbinder und schließlich im Erbgang Mitte des 19. Jahrhunderts, 1853, an die Familie Klot von Jürgensburg. Dann ging er weiter am Ende des 19. Jahrhunderts an die Familie der Barone Budberg.

Roman – eigentlich Reinhold Friedrich – Frhr. v. Budberg-Bönninghausen (1816–1858), geboren auf dem Gut Strandhof bei Reval, besaß schließlich Wannamois. Seit 1851 war er Sekretär der estländischen Ritterschaft. Roman Budberg hat Gedichte veröffentlicht und sich wie der baltische Dichter und Schriftsteller Woldemar Baron v. Uexküll für den Kaukasus begeistert, letzterer mit dem ausgezeichneten Werk der „Schwurbrüder".

Bis 1919, dem Zeitpunkt der Enteignungen und Aufsiedlung aller Güter in Estland, gehörte Wannamois dem Ritterschaftshauptmann und Kammerherrn Otto Baron Budberg. Wannamois war eine sehr großzügige Anlage.

Warrol/estn. Vara

Warrol, im einstigen Nordlivland gelegen, gehörte zur bischöflichen Zeit der Familie Zoege, die es während der russisch-polnischen Kriege verlor.

Als im Jahre 1627 die Zoegeschen Erben um Restitution baten, war Warrol inzwischen 1626 vom schwedischen König Gustav Adolf dem Engelbrecht Tiesenhausen verliehen worden, der es 1631 seinem Sohne Carl Adolf Tiesenhausen übertrug.

Dieser vererbte das Gut seiner Tochter Anna Dorothea, die mit dem Obersten Hermann Wrangell verheiratet war. Im Zuge der einsetzenden schwedischen allgemeinen Güterreduktionspolitik, in der die schwedische Regierung zahlreiche Güter konfiszierte, wurde auch Warrol zum Teil reduziert. Doch bereits bald nach erfolgter russischer Übernahme der Ostseeprovinzen, noch während des Nordischen Krieges (1700–1721), wurde das Gut der Familie, d. h. dem Oberstleutnant und Landrat Georg Gustav Baron Wrangell im Jahre 1712 restituiert.

Dieser trat es dem Sohne seines ältesten Bruders Charles Jean, dem nachherigen Generalökonomie-Direktor und Landrat Carl Johann Baron Wrangell (gest. 1742), nach dessen Rückkehr aus der russischen Gefangenschaft nach dem Nordischen Kriege im Jahre 1721 ab.

Zunächst verblieb der Besitz in der Familie, doch durch Charlotte Helene Wrangell gelangte durch Einheirat Peter Graf Sievers (gest. 1787) in den Besitz des Gutes.

Es folgten im Besitze des Gutes: 1836 ihr Sohn Oberst Graf Paul Sievers (gest. 1836), dann dessen Witwe Sophie geb. Baronesse Nolcken und ihr Sohn Georg Graf Sievers. Paul Graf Sievers war seit 1907 der Besitzer des Gutes. Ihm wurde das Gut 1919 bei der allgemeinen Agrarreform und Aufsiedlung aller einst ritterschaftlichen Güter im neugegründeten Staat Estland enteignet. Auch nach der Enteignung verblieben die Grafen Sievers auf einem kleinen „Siedlungshof" auf Warrol bis zur Umsiedlung der Deutschbalten 1939.

Wassula/estn. Vasula

Claus v. Ungern verkaufte im Jahre 1446 dem Engelbrecht Melinkrode den Grundbesitz, der im einstigen Nordlivland belegen war. Nach dem Jahre 1583 war Gertrud Ferenbek, die Witwe des Gerd Melinkrode, Besitzerin des Gutes. Im Jahre 1588 wurde es vom König Sigismund III. von Polen der Stadt Dorpat übereignet.

Dann hat in schwedischer Zeit König Gustav Adolf im Jahre 1626 den nun so benannten Besitz Wassula dem Bürger zu Dorpat Johann Tennet als Lehen gegeben, der es im Jahre 1629 im Rahmen des Lehensrechtes dem Hofgerichts- und Oberkonsistorial Assessor Georg v. Stiernhielm verkaufte.

Nach der Durchsetzung des Absolutismus in der zweiten Hälfte des 17. Jahrhunderts verblieb Wassula im Besitz der Familie von Stiernhielm, der das Gut nicht konfisziert worden war während der Güterreduktion.

Während des Nordischen Krieges (1700–1721) kam Wassula in den Besitz des Generalfeldmarschalls Graf Scheremetjew, der ansonsten ja Livland verwüstet und zahlreiche Herrenhäuser dem Erdboden gleichgemacht hatte. Doch wurde das Gut 1724 der Familie v. Stiernhielm vom Zaren Peter I. restituiert. Seit jener Zeit verblieb der Besitz weiterhin in dieser Familie. Der letzte Besitzer des Gutes war seit 1914 Karl v. Stiernhielm. Er wurde bei der Aufsiedlung aller Güter im neugegründeten Staat Estland 1919 enteignet.

Wattel/estn. Vatla

Der Ordensmeister von Livland, Gerhard von Jorke, verkaufte im Jahre 1320 dem Kloster Padis unter anderen Gütern auch das Dorf Wattel. Die Mönche von Padis haben ihre Besitzungen im Kirchspiel Karusch später an die Zisterzienserinnen von Leal vertauscht, denen Wattel noch zu Ende der Ordenszeit gehörte.

Die schwedische Regierung verpfändete Wattel, das im Kirchspiel Karusen im Distrikt Wiek liegt, im Jahre 1582 an Jochim Greffe, dessen Nachkommen es noch 1678 besaßen.

Im Jahre 1694 gehörte Wattel den Erben des schwedischen Reichsschatzmeister Sten Bielke.

Der Nordische Krieg (1700–1721) brachte den Wandel von der schwedischen zur russischen Herrschaft und damit wiederum einen großen Besitzwandel auf den Gütern. Bei der Teilung der den Bielkeschen Erben zurückgegebenen Güter erhielt der Freiherr Thure Jaan Manderstierna Wattel.

Das Gut war dann im Besitz der Barone Rosen, 1830–1845 im Besitz von Karl Georg v. Wahl, von dem es Anna Sophie Baronin Maydell geb. Baronin Klot v. Jürgensburg kaufte.

In jener Zeit wurde ein neues Herrenhaus auf Wattel aufgeführt. Heinz Pirang hat über dieses Haus 1928 folgendes festgehalten:

„Gelegentlich treten Barockbauten bei uns sogar recht spät nach 1800 auf. So ist u.a. das estländische Herrenhaus Wattel – Baron Maydell – im Jahre 1835, offenbar aus persönlicher Liebhaberei des Besitzers, in diesem Stil erbaut worden. Das sehr geräumige, zweistöckige Haus steht in einer prachtvollen kreisförmigen Hofanlage. Der dreigeschossige Mittelrisalit mit einem ausgezeichneten Verandavorbau hat einen bei uns selten vorkommenden, segmentförmigen Giebel. Bemerkenswert ist die Innenausstattung von Wattel, es hat besonders schöne Öfen."

Charles Baron Maydell war der letzte Besitzer bis zur Enteignung im Jahre 1919. Auch die Maydell verblieben nach 1919 auf dem Gut Wattel, auf einem Siedlungshof, der in den 1930er Jahren ungefähr 25 Hektar betrug.

Im Archiv des historischen Museums in Reval/Tallinn befindet sich eine Akte über das Gut Wattel/Vatla. Bemerkenswert ist ein Vertrag, geschlossen von den „gemeinsamen" Besitzern von Wattel, Karl v. Wahl und Baron Gotthardt v. Maydell, über die Vermessung des Gutes und über die Einrichtung einer Kachelfabrik. Im estnischen Staatsarchiv in Dorpat/Tartu befindet sich eine Akte, aus der hervorgeht, daß Georg v. Wahl der Livländischen Gemeinnützigen und Ökonomischen Sozietät 1843 eine Abhandlung über das Verfahren zur Bereitung schwarz-glasierter Dachziegeln, geliefert hat. Ein Arrendevertrag bezüglich Wattels wurde mit Magnus Vielhack geschlossen.

Die Akte enthält zahlreiche private, interessante zeitgeschichtliche Korrespondenzen der Familie v. Maydell. Etwa der Mannrichter Gotthard Baron Maydell erhielt 1850 einen ausführlichen Brief eines Neffen, in dem die „Umtriebe" der Slavophilen behandelt werden und das mögliche Entstehen von Bauernunruhen in Verbindung mit der „Idee des Seelenlandes" gebracht wird, d. h. indirekt das Steuereinziehungsrecht im russischen Reich kritisiert wird, dessen Mißbrauch ja auch der russische Dichter Gogol in seinem Roman „Die toten Seelen" beschrieben hat.

Weissenfeld/estn. Kiltsi

Weissenfeld war im 14. Jahrhundert Stammsitz des Geschlechts de Albacuria oder von Wittenhove, das urkundlich zuerst im Jahre 1323 genannt wird.

Zu Anfang des 16. Jahrhunderts war das Gut, noch Wittenhof genannt, im Besitze der Familie Herkel, wurde aber 1523 von Jürgen Herkel an Jürgen von Ungern verkauft, der den Hof schon 1526 dem Gorius Herkel wieder weiterveräußerte.

Doch entstanden aus diesen Käufen Zwistigkeiten zwischen den beiden Familien, die erst im Jahre 1548 ihr Ende fanden, als alles Anrecht am Hofe Simon Vietinghoff überlassen wurde.

Auch dieser verkaufte das Gut schon 1549 an Otto v. Gilsen, nach dessen Familiennamen das Gut seinen estnischen Namen Kiltsi trägt, ein auch für andere estnische Güter nicht untypischer Fall.

Die Schweden zogen das Gut im Jahre 1569 ein, mußten es aber dann wieder Gilsens Erben, Johann Zoege, einräumen. Dessen Urenkelin, Anna Margareta Zoege, brachte im Jahre 1656 den Besitz mit in die Ehe: zunächst ihrem ersten Mann, Otto Baron Ungern-Sternberg, dann in der zweiten Ehe dem Gouverneur von Ösel, Reinhold v. Lieven, und in der dritten Ehe dem Kapitän Reinhold v. Wrangell.

Doch dann fiel das Gut in Erbschaft an die Kinder aus der zweiten Ehe Lieven.

Im Jahre 1688 gehörte das Gut Joachim Friedrich v. Lieven, dessen Witwe Weissenfeld auch noch nach dem Nordischen Krieg (1700–1721), als Estland russisch geworden war, 1726 besaß.

In der Folgezeit wechselte das Gut noch einigemal den Besitzer. So gehörte es 1739 dem Landrat v. Lode, 1765 aber dem Major und Mannrichter Fromhold v. Knorring. Die Knorring verblieben bis in die zweite Hälfte des 19. Jahrhunderts im Besitz. Von ihnen wurde das Gut im Jahre 1871 an Dr. Karl. v. Hunnius verkauft. Woldemar v. Hunnius besaß das Gut bis 1919, bis zur Aufsiedlung und Enteignung aller Güter im neugegründeten estnischen Staat. Doch die Familie verblieb im Besitz eines Siedlungshofes, den auch die einstigen Besitzer beantragen konnten. Dieser Siedlungshof betrug ungefähr 50 Hektar und verblieb der Familie bis 1939, bis zur Umsiedlung der Deutschbalten.

Wenden/estn. Vönnu

Das im Kirchspiel Röthel, im Distrikt Wiek gelegene Gut Wenden, estn. Vönnu, befand sich in der ersten Hälfte des 17. Jahrhunderts in der Hand der Familie von Wrangell.

Es gelangte dann an die bekannte schwedische Familie von Horn, die im Jahre 1669 den Besitz an Magnus de la Gardie veräußerte. Magnus Jacob de la Gardie besaß Wenden nur ein Jahr und veräußerte es dann an Jacob de Geer. Und wieder wechselte das Gut und verweist damit auf die unruhigen Zeiten in der zweiten Hälfte des 17. Jahrhunderts, als Estland zu Schweden gehörte. Im Jahre 1679 erwarb J. v. Loewenstern den Besitz.

Im 18. Jahrhundert, nachdem ein großer Wandel durch den Nordischen Krieg (1700–1721) eingetreten, Estland russisch geworden war, gelangte nun Wenden an das Geschlecht von Fersen, das sowohl in Schweden als auch in Estland weit verbreitet war. Doch auch diese Familie geriet in Schwierigkeiten während der Napoleonischen Zeiten.

Und so gelangte im Jahre 1814 das Gut an die Barone von Ungern-Sternberg. In deren Hand verblieb es weiterhin.

Die weit verbreitete baltische Familie der Freiherrn v. Ungern-Sternberg hat in vielfältigster Weise nicht nur im Baltikum gewirkt, sondern auch im weiten Russischen Reich. Im engeren Heimatlande wirkten Repräsentanten der Familie als Landwirte, in der Selbstverwaltung. In der sogenannten Großen Gesetzgebenden Kommission, die im 18. Jahrhundert zur Zeit Katharinas II. ein Reformwerk für das Russische Reich ausarbeitete, war auch Johann Adolph Freiherr v. Ungern-Sternberg (1726–1793) vertreten, der sich besonders für Agrarreformen eingesetzt hat. Diplomaten, Soldaten und Verwaltungsbeamte aus der Familie haben bis zum ersten Weltkrieg im Russischen Reich gewirkt.

Wesenberg/estn. Rakvere

Im Archiv des historischen Museums in Reval/Tallinn befindet sich eine Akte über das Schloß Wesenberg/Rakvere.

Im Jahre 1618, des Beginns des für Deutschland so verhängnisvollen 30jährigen Krieges, wird vom schwedischen König Gustav Adolf eine Dotationsurkunde über das Gut Wesenberg für den Ritter Brederode ausgesprochen.

Im Jahre 1669 verkaufte dann die Familie Brederode das Gut und den Flecken Wesenberg an den Landrat Hans Heinrich von Tiesenhausen. Ein langwieriger Prozeß zwischen schon vorhandenem Stadtregiment und Gutsbesitzer folgte. Dieser Prozeß bezog sich auf die Befugnisse der Tiesenhausen auf den zum Gut Wesenberg gehörigen Wallberg und die Ruine, den die städtische Bevölkerung zum Abbrennen von Teertonnen an den Johanni-Abenden im Juni jeden Jahres zur Sommersonnenwende zu benutzen pflegte. Die Stadtbevölkerung wollte davon Gebrauch machen, der Gutsbesitzer wollte es verbieten.

Diese Burgruine von Wesenberg/Rakvere in Wierland liegt auf einem hohen Kiesrücken und ist weithin sichtbar. Die Mauern bestehen aus festem Kalkgestein und haben sich daher solange halten können. Das Erbauungsjahr des einstigen Schlosses ist unbekannt – unbekannt ist auch, ob es dänische oder deutsche Bauherren waren, die dieses alte Ordensschloß angelegt haben.

Seit dem Jahre 1252 ist die Burg nachgewiesen. Die Stadt erhielt im Jahre 1302 Stadtrechte von Reval. Ganz Estland mit Wesenberg verkaufte im Jahre 1346 König Waldemar von Dänemark und sein Vasall Markgraf Ludwig von Brandenburg als Herzog von Estland an den deutschen Orden, der Wesenberg bis zum Jahre 1558 als Vogtei besaß.

Wesenberg/
estn. Rakvere

Nach verschiedenen Kriegsstürmen, die um Wesenberg tobten, wurde die Burg zuletzt im Jahre 1605 von den Schweden erobert, scheint bald danach zur Ruine geworden zu sein.

Die Stadt Wesenberg/Rakvere mit ihren heute etwa 20 000 Einwohnern liegt heute am Rande des etwa 85 000 Hektar großen Nationalparks Lahemaa.

Die Ruine ist immer noch beeindruckend, wird zu Festspielen benutzt, auch einen Kaffee gibt es dort.

Wesslershof/estn. Vesneri

Wesslershof, im einstigen Nordlivland gelegen, ist aus den Dörfern Byckever und Kobrats entstanden, die zu Anfang des 16. Jahrhunderts dem Diedrich Wessler und dann seinem Sohn Marcus Wessler gehörten. Er verlor den Besitz durch die Russen. König Sigismund III. von Polen verlieh das Gut 1595 dem Dorpater Pastor Christian Schrapfer, nachdem es dann für kurze Zeit in der Hand des polnischen Statthalters Bartholomäus Wasinsky war.

Dem Sohn von Christian Schrapffer, dem schwedischen Kriegskommissar und Statthalter Adam Schrapffer, wurde vom schwedischen König Gustav Adolf das Gut im Jahre 1626 als Besitz bestätigt. Bis zum Jahre 1673 verblieb der Besitz in der Familie. Im nämlichen Jahre wurde das Gut an den Bürgermeister von Dorpat, Andreas Fritzberg, verkauft. Dieser vererbte das Gut seiner Tochter Augusta Helena, die mit Ernst Vollrad v. Gyllenschmidt verheiratet war.

Im Jahre 1753 verkaufte Ernst v. Gyllenschmidt dem Ordnungsgericht-Adjunkt Georg Gustav Baron Wrangell den Besitz. Dieser hinterließ Wesslershof seiner Tochter Augusta Sidonia, verheiratet mit dem Generalmajor Wilhelm Theodor v. Schultz, aus dessen Konkurs der Oberstleutnant Otto v. Oettingen im Jahre 1808 das Gut erstand.

Seine Erben verkauften es 1842 dem Kirchspielsrichter Heinrich v. Stryk, der es 1862 seinem Sohn, dem Gardeleutnant Robert v. Stryk hinterließ.

Von 1842 bis 1919 verblieb das Gut bei den Stryk. Letzter Eigentümer war Ernst v. Stryk, der 1919 im Zuge der allgemeinen Aufsiedlung aller Güter im neugegründeten Staat Estland enteignet wurde.

Wiems/estn. Viimsi

Nach der Enteignung der Güter im Jahre 1919, nach dem Entstehen des estnischen Staates, wurde Wiems, unmittelbar vor den Toren von Reval/Tallinn gelegen, zu einem Staatsgut, das sich dann in der Hand des bekannten estnischen Generals Johann Laidoner befand. Noch im Jahre 1992 war das Herrenhaus von außen durch Bretterzäune vernagelt, von russischem Militär besetzt. Auf einer der Wände stand der Name Laidoners zu lesen.

Woibifer/estn. Voivere

Im Archiv des historischen Museums in Reval/Tallinn befindet sich eine Akte zur Gutsgeschichte Woibifer, die Jahre 1586–1883 umfassend. Im 16. Jahrhundert befand sich das Gut Woibifer, in Wierland im Kirchspiel Simonis gelegen, in der Hand der Familie von Wrangell, die es im Jahre 1589 an die Uexküll verkaufte. Dann besaßen es die Buxhoeveden, die es im Jahre 1621 an Magdalena von Kursell veräußerten. Zwei Jahre später erwarb das Gut Friedrich Müller, der es bereits im Jahre 1624 an Johann v. Fock weiterverkaufte.

Woibifer blieben Prozesse nicht erspart, weil durch Erbfragen die Verhältnisse kompliziert waren. Im Jahre 1687 erfolgte eine Resolution von der schwedisch-königlichen Reduktionskommission in Estland, daß Woibifer von der Reduktion befreit sei und als Eigentum des Generaladjutanten Gideon v. Fock anerkannt wurde. So verblieb diese Familie weiter im Besitz, auch nachdem Estland 1721 russisch geworden war.

Doch im Jahre 1750 veräußerte Heinrich von Fock das Gut an Michael Ewald von Rosenbach.

Im Archiv des historischen Museums in Reval befindet sich eine Akte „Zessions-Schein über den Verkauf eines ErbKerl mit seiner Familie, von dem Besitzer des Gutes Hackeweide G. D. Schulmann an den Assessor B. W. von Rosenbach auf Woibifer."

Im Jahre 1807 kaufte die Familie v. Baggehuffwudt Woibifer, die zugleich zur Erbengemeinschaft Fock gehört hatten, nachdem sie bereits im Jahre 1790 den Hof gepachtet hatte.

Die Baggehuffwudt verblieben zunächst im Besitz von Woibifer.

Woiseck/estn. Voisiku

Woiseck, im einstigen Nordlivland gelegen, war ursprünglich ein Teil des Oberpahlenschen Schloßgebietes und teilte seine Geschichte bis 1750.

Durch testamentarische Verfügung des aus Schleswig-Holstein stammenden Kammerrates Heinrich v. Fick, der unter Peter dem Großen in Rußland Karriere gemacht hatte, erhielt seine Tochter Sophie Elisabeth, verheiratet mit dem Senatssekretär Joachim v. Schultz, im Jahre 1750 die Güter Woiseck und Sossaar.

Deren Tochter Helene v. Schulz, verheiratet mit dem Landrat und Konsistorial-Präsidenten Berend Johann v. Bock a. d. Hause Kersel, vererbte Woiseck auf ihren Sohn Karl Heinrich. Das Gut verblieb nun bis zum Jahre 1837 im Besitz der Familie v. Bock.

Von Elisabeth v. Bock, verheiratet mit Peter Zoege v. Manteuffel, erbte das Gut deren Tochter Emma, die mit einem Repräsentanten der Familie v. Samson-Himmelstjerna verheiratet war. Die Ehe blieb kinderlos.

Durch einen Erbvergleich, der im Jahre 1870 innerhalb der Familie geschlossen wurde, ging Woiseck an die Kinder der Schwester Klara, die mit dem Stabskapitän Moritz von zur Mühlen verehelicht war. Die Mühlen waren eine Revaler Kaufmannsfamilie, die seit dem Ende des 18. Jahrhunderts – nach Nobilitierung – auf dem Lande Fuß gefaßt hatte. Durch weitere Erbteilung fiel das Gut im Jahre 1877 Leo von zur Mühlen zu, der bis zur Enteignung durch den neugegründeten estnischen Staat im Jahre 1919 der letzte Besitzer von Woiseck war. Auch nach der Enteignung der Güter , der Aufteilung des Besitzes in kleine Neusiedlerstellen, verblieben die Mühlen auf Woiseck. In den 1930er Jahren wird Egolf von zur Mühlen mit einem Siedlungshof von 17,3 Hektar benannt. Bis zur Umsiedlung der Deutschbalten verblieb der Besitz in den Händen der Familie von zur Mühlen.

Wrangellshof/estn. Varangu

In Estland sind vier Güter mit Namen Wrangellshof nachgewiesen, die im estnischen z. T. Varangu, aber auch Prangli hießen.

Wrangelshof/Varangu in Wierland war ursprünglich ein Dorf mit einem Burgberg, der jenseits des Selgschen Baches lag. Der Name bedeutete „an der tiefen Stelle im Flusse" (estn. voreng oder vorang). Auch der Name Wrangell ist demnach von der Wortkunde her estnischen Ursprungs.

Um das Jahr 1250 gehörte der Grundbesitz dem Ritter Eilard, der als Stammvater der Familie v. Wrangell angesehen wird. Es hieß nun Warangalae und bestand aus 32 Haken. Im Jahre 1282 wurde der nächste Vertreter des Geschlechtes genannt, der Ritter Johannes de Wrangele, der schon den Dorfnamen als Familiennamen angenommen hatte – ein immerhin bemerkenswertes, wenig beachtetes Phänomen, daß die vielgescholtenen deutschen Eroberer zum Teil estnische Namen annahmen, zu ihrem Familiennamen machten.

Das Dorf verblieb bis zum Anfange des 16. Jahrhunderts im Besitze der Wrangells, ging dann an den Ordensvogt von Wesenberg über und später an die schwedische Krone. Im Jahre 1613 wurde die Grundherrschaft durch den schwedischen König Gustav Adolf an Moritz Wrangell als Lehen vergeben.

Ob schon im Mittelalter hier ein Hof bestanden hat, ist nicht sicher, die Gründung des Gutshofes fällt jedenfalls erst in das Jahr 1652, als das Dorf Wrangell von den anderen Gütern abgetrennt und dem Kapitän Fabian Wrangell zugeteilt wurde. Im Jahre 1688 wurde das Gut im Rahmen der schwedischen Güterreduktionspolitik, als zahlreicher Besitz vom schwedischen Staat konfisziert wurde, reduziert, vom Staat

einkassiert – in der nachfolgenden russischen Zeit seit Ende des Nordischen Krieges (1700–1721) jedoch der Familie wieder restituiert.
Während des 18. Jahrhunderts kam Wrangellshof an das Geschlecht v. Ungern-Sternberg, von denen es durch Einheirat am Ende des Jahrhunderts an den Kreisrichter v. Strahlborn gelangte. Die Strahlborn verkauften 1855 das Gut an Magnus Georg v. Lueder, bei dessen Familie es bis in das 20. Jahrhundert verblieb.

Letzter Besitzer war seit 1892 Oberst a. D. Alexander v. Lueder, dem das Gut im Jahre 1919 im Zuge der allgemeinen Aufsiedlung aller Güter im neugegründeten estnischen Staat enteignet wurde. Auch nach der Enteignung 1919 als die Güter aufgesiedelt wurden, verblieben die Erben der Familie von Lueder auf Wrangellshof bis zur Umsiedlung der Deutschbalten. Der Siedlungshof umfaßte in den 1930er Jahren ungefähr 120 Hektar.

Der Architekt Walter führte in Wrangellshof um 1790 ein Herrenhaus auf, Bauherren waren vermutlich die Strahlborn.

Wrangellstein/estn. Maidla

Die Güternamen, die in Verbindung mit dem Namen Wrangell gebracht werden, sind mehrere, wie auch mit dem Namen Maydell so daß es hier Verwechslungen gegeben hat.

Wrangellstein/Maidla, im Distrikt Wierland, im Kirchspiel Luggenhusen, hieß bis zum Jahre 1878 auch im deutschen Maydell und ist das Stammgut des gleichnamigen Geschlechts.

Nach dem Liber census Daniae aus dem 13. Jahrhundert gehörte Maydala mit 10 Haken dem dominus Saxo. Im Jahre 1404 belehnte der Ordensmeister von Livland, Konrad v. Vietinghoff, den Hinke Maydell mit einem Haken im Dorfe Maydell, doch war das Geschlecht schon früher in der Umgegend mit bedeutenden Gütern angesessen. Es ist die Ansicht geäußert worden, daß die Maydells vielleicht estnischen Ursprungs sind.

Wolmar Maydell verkaufte Maydell 1499 an Otto Tuve, und dessen Enkel Johann verkaufte das Gut 1529 seinem Schwager Odert Bremen. 1581 war während des Livländischen Krieges der Besitzer Johann Bremen nach Rußland verschleppt worden, und Otto Schulmann, der 1586 Maydell besaß, scheint es durch Einheirat gewonnen zu haben. Wiederum durch Heirat kam das Gut dann an Johann Brackel (vor 1641).

In einer Erbteilung zwischen dem Kapitän Heinrich Otto Brackel und seinem Schwager Karl Wrangell fiel Maydell 1689 an letzteren. Das Gut wurde Ende des 17. Jahrhunderts nicht vom schwedischen Staat eingezogen, wurde nicht reduziert, verblieb auch über den Nordischen Krieg (1700–1721) hinweg, bis in die russische Zeit der Ostseeprovinzen, bei den Wrangell.

In den 1760er Jahren befaßte sich der Eigentümer von Maydell mit Angelegenheiten der Ritter- und Domschule in Reval, für diesen Fragenkomplex gibt es umfangreiches Quellenmaterial im Archiv des historischen Museums in Reval/Tallinn. Aus einem Erbvertrag aus dem Jahre 1797 geht hervor, daß die Söhne von Georg Ludwig von Wrangell, Anton Otto und Georg Hermann v. Wrangell, Erben des Gutes Maydell waren. (In Estland gibt es zwei Güter mit Namen Maidel/Maidla, nach den Forschungen von Henning von Wistinghausen heißt das andere Maydel/Maidli, das hinwiederum in den Akten des Archiv des historischen Museums wiederum Maidla im Estnischen genannt wird. Im 1984 herausgegebenen Güterverzeichnis eesti ala moisate nimestik heißt dieses zu bestimmende Maidla im deutschen Maydellshof – ein Maydell gibt es dort nicht – deutlich werden die Schwierigkeiten der jeweiligen Identifikation an diesem Beispiel.)

Im Jahre 1877 erbte Marie v. Löwis of Menar geb. v. Wrangell das Gut, das inzwischen schon Wrangellstein genannt wurde. Durch Erbschaft kam Wrangellstein 1890 an den Landrat Hermann v. Löwis of Menar zu Sackhof, der es bis zur Enteignung 1919 besaß.

Bereits 1878 hatte Marie v.Löwis of Menar geb. v. Wrangell das Gut Maydell mit Erlaubnis der Estländischen Gouvernementsregierung in Wrangellstein umbenennen lassen.

Im Archiv des historischen Museums in Reval/Tallinn befindet sich eine Gutsakte über Maidla/Wrangellstein.

Auf dem Gut gibt es ein barockes Herrenhaus mit einem hohen Walmdach, das im Jahre 1767 fertiggebaut worden ist. Ein Allianzwappen der Familien v. Wrangell und v. Brevern ist angebracht an der Frontseite.

AUSWAHLBIBLIOGRAPHIE

Naaber, V., Vahtre, S., Helm, M.: Eesti ala moisate nimestik. Teine, täiendatud ja parandatud trükk. Tallinn 1984.

Hein, Ants: Gutsarchitektur in Estland. Ein Überblick nach der Inventarisierung. S. 85–116. In: Nordost-Archiv. Heft 75. Jg. 17. Lüneburg 1984.

Topographische Nachrichten von Liv- und Estland gesammelt und herausgegeben durch August Wilhelm Hupel, Bd. 3. 1782.

Beiträge zur baltischen Geschichte, Band 3, Henning von Wistinghausen, Quellen zur Geschichte der Rittergüter Estlands im 18./19. Jahrhundert, 1772–1889. Hannover 1975.

Land/Rolle des esthländischen Gouvernements angefertigt im Jahre 1818 oder: Verzeichnis der in Esthland gelegenen privaten und publiken Güter und Pastorate nach ihrer vormaligen schwedischen und der jetztigen Hakengröße, wie auch der Seelenzahl nach der 7. Revision vom Jahre 1816 mit ihrer deutschen und esthnischen Nennung wie auch den Namen der jetztigen Besitzer und Prediger, Reval 1818 (im Anhang alphabetisches Register sämtlicher Gutsbesitzer und gegenwärtiger Prediger in Esthland, alphabetisches Register sämtlicher Güter und Pastorate in Esthland).

Land/Rolle des esthnischen Gouvernements und ein Verzeichnis der in Esthland gelegenen privaten und publiken Güter, u.s.w., angefertigt im Jahre 1840, Reval 1841 (im Anhang alphabetisches Register sämtlicher Güter).

Verzeichnis der Rittergüter in Esthland nebst einigen statistischen Angaben von Reinhold Baron Üxküll, Reval 1853.
(Darin ist auch die esthländische Ritterbank und der gegenwärtige Grundbesitz der Familienangehörigen angegeben. Dann ein alphabetisches Register der Gutsbesitzer und ein alphabetisches Register auch der Güter. Im Ganzen gibt Üxküll folgendes an: 554 Güter, 48 Beigüter, 16 Landstellen, 47 Pastorate, im Ganzen 6915 Steuerhaken und männliche Seelen im Jahre 1852 126970, esthnische und deutsche Namen sind angegeben, auch Angaben über die Reduktion und Restitution, die estländische Ritterbank sind aufgeschlüsselt, die Familien die vor 1561 in der Ritterschaft waren, erbgesessen, dann von 1561 bis 1710 und dann danach nach 1710 aufgenommene, Familien der ersten

Periode gibt es 130 mit 211 Gütern und 2753 Steuerhaken, der zweiten Periode 78 mit 103 Gütern und 1314 Steuerhaken, der dritten Periode 98 Grundbesitzer mit 162 Gütern und 1919 Steuerhaken, im Ganzen gibt es 306 adelige Grundbesitzer mit 476 Gütern und 5988 Steuerhaken, mißt man die Größe der Güter nach Steuerhaken und den Gesamtbesitzen so ergibt sich, um nur einige Familien herauszugreifen, und zwar die Familie Essen 101 Steuerhaken besaß, die Rosen 112, die Stackelberg 586, Tiessenhausen 106, Üxküll 311, Ungern-Sternberg 440, Knorring 137, Baranoff 105, Bagehuffwudt 101, Mohrenschildt 148, Stenbock 140, von den neuen Familien Benckendorf 106, Dellingshausen 194, Kotzebue 150, Glasenapp 119, an der Spitze standen die Stackelbergs mit 38 Gütern, Ungern-Sternberg 29 Güter, Üxküll 22 Güter, Rosen 12 Güter, Maydell 18 Güter, Mohrenschildt 18 Güter, Knorring 12 Güter, Stenbock 5 Güter, Brevern 16 Güter, Dellingshausen 14 Güter, Glasenapp 10 Güter, Kotzebue 10 Güter, Taube 7 Güter)

Familienarchiv Ungern-Sternberg (Archiv des historischen Museums in Reval/Tallinn), Landrolle über einzelne Güter in 6 Bänden, erstes Manuskript vom 17. Dezember 1881, von Baron Üxküll-Güldenband.
1. A–D Gütergeschichte nach Kreisen, E. Konzept.
2. Grundbesitz nach Familien geordnet
3. Auszüge aus den Revaler öffentlichen Nachrichten
4. Konzepte der Auszüge aus den Landrollen
5. Kollektion aus Archiven, Substrate, Anzeigen, Wochenblättern, Adressbuch usw.
Das steht im ersten Band. Es sind Aufzeichnungen des 17. und 18. Jahrhunderts, mit Bleistiften auch noch aus dem 19. Jahrhundert Nachtragungen enthaltend, es sind Besitzerfolgen und dann auch noch die Hakenzahl angegeben, dahinter jeweils der „Rossdienst". Dann gibt es auch noch aus dem Archiv Ungern-Sternberg handschriftliche Aufzeichnungen in 3 Bänden, einmal auch über Livland mit Güteraufzeichnungen, darin sind einzelne Güterbeschreibungen, im übrigen auch über Schweden, handschriftlich. Dann gibt es weiter Material vor allen Dingen ein Buch, das noch überarbeitet werden muß, dann gibt es weitere Akten zu einzelnen Gütern.

Pirang, Heinz: Das Baltische Herrenhaus. Teil I. Die älteste Zeit bis um 1750. Riga 1926. Teil II. Die Blütezeit um 1800. Riga 1928. Teil III. Die neuere Zeit seit 1850. Riga 1930.

Thomson, Erik/v. Manteuffel-Szoege, Georg Baron v.: Schlösser und Herrensitze im Baltikum. Frankfurt/Main 1959.

Wistinghausen, Henning v.: Kolk. Ein Beitrag zur Gütergeschichte Estlands. In: Baltische Hefte. 5. Jg. H. 3 (März 1959) S. 184-192.

Soom, Arnold: Der Herrenhof in Estland im 17. Jahrhundert. Lund 1954.

Wedel, Hasso v.: Die estländische Ritterschaft, vornehmlich zwischen 1710 und 1783. Das erste Jahrhundert russischer Herrschaft. Neue Folge. Bd. 18 der osteuropäischen Forschungen. Königsberg-Berlin 1935.

Richters baltische Verkehrs- und Adressbücher. Bd. III. Estland. Riga 1900.

Stryk, L. von: Beiträge zur Geschichte der Rittergüter Livlands.
1. Teil: Der Distrikt mit 4 Karten. Dorpat 1877.
2. Teil: Der lettische Distrikt. Dresden 1885.

Hubertus Neuschäffer: Katharina II. und die baltischen Provinzen. Hannover 1975.

Heinz von zur Mühlen: Reval vom 16. bis zum 18. Jahrhundert. Gestalten und Generationen eines Ratsgeschlechtes. Köln/Wien 1985.

Hans Dieter von Engelhard/Hubertus Neuschäffer: Die Livländische Gemeinnützige und Ökonomische Societät (1792–1939). Wien/Köln/Berlin 1983.

Redlich, May: Lexikon deutschbaltischer Literatur. Eine Bibliographie. Hrsg. von der Georg-Dehio-Gesellschaft. Köln 1989.

Grosberg, Oskar: Meschwalden. Ein alter Gutshof. Leipzig 1942.

Stackelberg, Camilla v.: Verwehte Blätter. Erinnerungen aus dem alten Baltikum. Berlin 1992.

PERSONENREGISTER

A

Ackerbaum 98
Aderkas, v. 210
Aderkas, Fabian v. 209
Aderkas, Jürgen v. 168
Aderkas, Otto Reinhold v. 209
Adler, Johann 28
Albedyll, v. 66
Albedyll, Gustav Johann v. 66
Albedyll, Heinrich v. 215
Albert, Bischof von Livland (Buxhoeveden) 69, 151
Alen, Eggert v. 134
Alexander I., Kaiser von Rußland 42, 64
Alexander II., Kaiser von Rußland 75
Alexeev, Alexander 105
Altenbockum, Jasper v. 191
Anhalt-Zerbst, Elisabeth Fürstin v. 90
Anna, Kaiserin von Rußland 134, 153
Anrep, v. 215
Anrep, Egbert v. 195
Anrep, Hermann v. 73
Anrep, Caspar Heinrich v. 130
Anrep, Goswin v. 215
Anrep, Johann v. 215
Anrep, Konrad v. 195
Anrep, Kurt v. 130
Anrep, Reinhold v. 73
Anrep, Ralf v. 131
Anrep, Rolf v. 130, 131
Antropoff, Emilie Elisabeth v. 172
Ascerton, Johann 37
Asserien 76
Assery, Arent 193
Athenthorp, Heinrich v. 76

B

Baade, Heinrich 59
Baden, Cäcilia Markgräfin v. 160
Baden, Christopher Markgraf v. 160
Baer, Karl Ernst v. 213
Baer von Huthorn, Magnus 213, 214
Baggehuffwudt, v. 87, 124, 219, 240
Baggehuffwudt, Adam Gustav v. 90
Baggehuffwudt, Helene v. 90
Baggehuffwudt, Karl v. 202
Baggehuffwudt, Karl Gustav v. 124
Baggehuffwudt, Theodor v. 124, 172
Baggehuffwudt, Valerian v. 202
Banckau, v. 200
Baner, Graf v. 229
Baner, Gustav v. 226
Baranoff, v. 30, 98, 134, 135, 170, 171, 172, 177, 181

Baranoff, Agnes v. 135
Baranoff, Arthur v. 136
Baranoff, Carl Gustav v. 41
Baranoff, Christoph v. 31, 171
Baranoff, Claes v. 170
Baranoff, Claes Johann v. 170
Baranoff, Detloff Christoph v. 134
Baranoff, Klaus Gustav v. 171
Baranoff, Konstantin v. 136
Baranoff, Menschok 134
Baranoff, Peter v. 181, 196
Baranoff, Pieter v. 172
Barclay de Tolly, Fürsten v. 47
Barclay de Tolly, Maximilian Fürst v. 47
Barclay de Tolly, Michael Fürst v. 47
Bardewis, Johannes 65
Barre, Anton de la 43
Barre, Wilhelm de la 43, 51
Bassewitz, Henning Friedrich Graf v. 178
Bauer 75
Baumgarten, v. 48, 87
Baumgarten, August Friedrich v. 106
Baumgarten, Magnus v. 87
Bayer v. Weissfeld 43
Becke, Gerdt v. 47
Behr, Dietrich v. 222
Behrens von Rautenfeld, Heinrich Friedrich 172
Bellawary, Woldemar v. 196
Bellingshausen, Gerdt 133
Benckendorff, v. 42, 90
Benckendorff, Alexander Graf v. 59, 60, 90
Benckendorff, Hermann v. 90
Benckendorff, Hermann Johann v. 42
Benckendorff, Karl Christoph v. 129
Benckendorff, Paul Friedrich v. 42
Bennet, Jacob 64
Berende, Tile 214
Berends, Johann 52
Berg, v. 93, 183, 198, 203
Berg, Graf v. 9, 12, 207
Berg, Caspar Anton v. 203, 217
Berg, Christian Berend v. 117
Berg, Christoph Magnus v. 183
Berg, Friedrich Graf v. 206, 207, 208
Berg, Jakob Georg v. 59, 208
Berg, Karl-August v. 223
Berg, Magnus Graf v. 206
Berg, Wilhelm Rembert Graf v. 207
Berg, Wilhelmine v. 93
Berge, v. 203
Berge, Kaspar von dem 203
Berge, Marcus von dem 203
Berge, Marx von dem 203
Berge, Otto von dem 203
Berge, Robert von dem 203
Bevermann, Georg 163
Bevermann, Johann 115

Bibikov 186
Bielefeld, Hans v. 97
Bielcke, v. 133, 134
Bielcke, Christine v.
Bielcke, Sigrid Christine v. 143
Bielcke, Sten v. 71, 143, 234
Bielsky, Barone v. 198
Bienemann 85
Bistram, v. 78, 189
Bistram, Bengt Heinrich v. 33, 189
Bistram, Georg v. 193
Bistram, Wilhelmine v. 194
Blanckenhagen, Albrecht v. 173, 213
Blome, Anna v. 121
Blome, Christoph v. 121
Blum 136
Bobrinsky, Alexej Graf v. 153
Bobrinsky, Anna Gräfin v. 153
Bobrinsky, Marie Gräfin v. 153
Bock, v. 108, 186
Bock, Berend v. 108
Bock, Berend Johann v. 240
Bock, Bernhard v. 108
Bock, Elisabeth v. 240
Bock, Georg Johann v. 201
Bock, Johann v. 175
Bock, Karl Heinrich v. 240
Bock, Wilhelm v. 108
Bockenvorde, Heinrich v. 201
Bodercke, Everhard v. 192
Böning 201
Boismann, Cord 174
Borch, Simon v. der 47, 123
Bordeliew, Peter 94
Borgeest, Hugo 53
Borkholm, Frhr. v. 169
Bose, Elisabeth Katharina Gräfin v. 36
Botta 187
Bousted, Theodor 135
Brackel 137
Brackel, Dietrich 182
Brackel, Heinrich Otto 242
Brackel, Johann 66, 242
Brackel, Jürgen 169
Brackel, Wolmar 182
Brahe, Ebba v. 180
Brakel, Jürgen 188
Brandenburg, Ludwig Markgraf v. 237
Brandt, Berent Wolmar 219
Brandt, Caspar Wilhelm 219
Brasch, v. 46
Brasch, Konrad Siegmund v. 98
Braunschweig-Wolfenbütel, Auguste Carliine Prinzessin v. 138, 139
Brederode 237
Bremen, v. 76
Bremen, Catharina v. 111
Bremen, Ewert v. 228
Bremen, Hermann v. 56

Bremen, Magdalena v. 111, 228
Bremen, Odert v. 242
Bremen, Rotker v. 56
Bremen, Tile v. 56
Brevern, v. 105, 107, 119, 163, 204, 243
Brevern, Christoph v. 77
Brevern, Ernst v. 107
Brevern, Karl v. 119
Brevern, Ludwig v. 232
Brevern, Natalie v. 119
Brevern, Peter v. 119
Breyher, Reinhold 128
Briesemann v. Nettig, Eva Luise 106
Brinken, von den 48, 49
Brinken, Gertrud von den 49
Bristol, Grafen v. 49
Brömbsen, O.H. v. 218
Brotze 195
Browne 34
Browne, George Graf v. 61
Brüggenei, Wennemar v. 192
Bruiningk, v. 83
Bruiningk, Axel Heinrich Baron v. 82
Bruiningk, Karl Axel Christer Baron v. 83, 218
Bruiningk, Ludolf August Baron v. 83
Brümmer, v. 90
Brümmer, Otto Friedrich v. 90
Buchholtz, Friedrich Wilhelm Frhr. v. 33
Budberg, Frhr. v. 230, 232
Budberg, Gotthard Johann Frhr. v. 66, 228
Budberg, Gotthard Wilhelm Frhr. v. 66, 228
Budberg, Jakob Johann Frhr. v. 230
Budberg, Roman Frhr. v. 232
Budberg, Otto Frhr. v. 232
Budberg-Bönninghausen, Reinhold Friedrich Frhr. v. 232
Budde 222
Budde, Friedrich v. 116
Budde, Mathias 222
Bühl, v. 79
Büring, Friedrich 200
Büring, Johann 200
Buhrmeister, Christoffer 183
Buhrmeister, Christopher 218
Bulgarin, Helene v. 212
Busch, Caspar 182
Bussen, v. 200
Bussen, Gottlieb v. 200
Bussen, Karl Gustav v. 200
Buxhoeveden, v. 30, 79, 88, 105, 126, 134, 158, 163, 240
Buxhoeveden, Albert Baron v. 69, 105, 126, 151
Buxhoeveden, Balthasar Baron v. 105
Buxhoeveden, Barbara Baronin v. 115
Buxhoeveden, Eugen Baron v. 117
Buxhoeveden, Friedrich Baron v. 116
Buxhoeveden, Friedrich Wilhelm Baron (Graf) v. 105, 139

Buxhoeveden, Heinrich Baron von 115, 117, 126, 177
Buxhoeveden, Johann Baron v. 115, 199
Buxhoeveden, Johannes Baron v. 115
Buxhoeveden, Leon Graf v. 139
Buxhoeveden, Konstantin Baron v. 116
Buxhoeveden, Matthias Christoph Baron v. 105
Buxhoeveden, Oskar Baron v. 134
Buxhoeveden, Otto Friedrich Baron v. 30
Buxhoeveden, Reinhold Baron v. 30, 117

C

Campenhausen, Frhr. v. 130
Campenhausen, Balthasar Frhr. v. 51
Campenhausen, Marie Frfr. v. 47
Cancrin, Georg Graf v. 189, 192
Cancrin, Olga Gräfin v. 192
Cancrin, Nikolai Graf v. 192
Cancrin, Valerian Graf v. 192
Carmignac, Manon de 156
Cedercreutz, v. 52
Chotkowsky, Andreas 91
Christoph, König von Dänemark 56
Christian II. König von Dänemark 120
Christian III., König von Schweden 121
Christine, Königin von Schweden 39, 40, 94, 117, 129, 138, 180, 200, 218
Choudleigh, Elisabeth 49, 50
Classon, Heinrich 197
Cologne, de 155
Cramer, Georg 72
Creutz, Lorenz 204
Creutzer 52
Cronmann, Joachim v. 28
Cundis, Hennekinus de 126
Cundis, Nicolaus de 126

D

Dänemark, König v. 86
Dannenstern, Ernst v. 49
Decken, Dietrich Georg von der 181
Dehn, v. 182
Dehn, Arnold v. 59
Dehn, Heinrich v. 123
Dehn, Karl v. 182
Deken 76, 169
Deken, Andreas 56, 121, 169
Dellingshausen, Barone v. 102
Dellingshausen, Eduard Baron v. 103, 105
Dellingshausen, Johann Baron v. 52
Delwig, v. 161, 170, 221
Delwig, Axel Wilhelm v. 216
Delwig, Evert v. 221
Delwig, Johann v. 161
Delwig, Otto v. 162

Delwig, Otto Heinrich v. 162
Delwig, Reinhold v. 141
Delwig, Winrich v. 56, 123
Derfelden, v. 135, 155
Derfelden, Detlov Johann v. 113
Derfelden, Hinrich v. 62
Derfelden, Johann v. 113
Derfelden, Johann Hinrich v. 62
Derfelden, Otto Wilhelm v. 113
Derfelden, Woldemar Otto v. 170
Dettermann-Cronmann, Hans 28
Dewitz, K. v. 167
Dicks, Julius 201
Dimsdale 108
Ditmar, Alexander v. 64
Ditmar, Anna Martha v. 200
Ditmar, Caroline v. 64
Ditmar, Charlotte v. 106
Ditmar, Friedrich v. 64
Ditmar, Julie v. 64
Ditmar, Woldemar v. 64, 88
Dobbrowitz, Johann 48
Dönhoff, Godeke v. 32
Dönhoff, Goswin v. 32
Dönhoff, Hermann v. 230
Dönhoff, Margarethe v. 86
Dönhoff, Marion Gräfin v. 96
Dohren, Jacob v. 221
Dorpat, Johannes III. Bischof v. 140
Dorpat, Bartholomäus Bischof v. 50
Douglas, Graf v. 34, 134, 214
Douglas, Robert Archibald Graf v. 86
Dreiling, v. 47, 85
Dreiling, Caspar v. 130
Dreiling, Franz v. 85, 130
Drewnick, Andreas v. 45
Drewnick, Frederika v. 45
Drolshagen 76, 210
Drolshagen, Hans 210
Drolshagen, Hedwig 77
Drolshagen, Wilhelm 139
Dücker, v. 63, 78, 82, 128
Dücker, Anna Gertrude v. 56
Dücker, Christoph Friedrich v. 63
Dücker, Gotschalk Heinrich v. 56, 82
Dücker, Karl Friedrich Graf v. 82
Duwald, Jakob Mac 203

E

Eberhard 158
Eccard 124
Eckardt, Julius v. 54, 55, 90
Eckholm, v. 121
Eckströhm, Carl Friedrich 88
Eckströhm, Niels 88
Edler von Rennenkampf v. 48, 71, 85, 168, 212, 228, 229

Edler von Rennenkampf, Alexander 85
Edler von Rennenkampf, Carl Georg 228
Edler von Rennenkampf, Ernst 48
Edler von Rennenkampf, Gustav 85
Edler von Rennenkampf, Jakob Gustav 71
Edler von Rennenkampf, Johann Dietrich 66, 67, 71, 229
Edler von Rennenkampf, Jakobine Charlotte 71
Edler von Rennenkampf, Karl 71, 229
Edler von Rennenkampf, Otto 212
Edler von Rennenkampf, Paul 67
Eeck, Benjamin 210
Eenpalm, Kaarel 41
Eggas, Alexander 124
Ehrlich, Gustav 129
Eilardus 227, 241
Eisen, Johann Georg 108
Elf 182
Elffring, Hans Hansson 219
Elisabeth I., Kaiserin von Rußland 46, 54, 71, 74, 80, 90, 99, 100, 101, 211, 140, 149, 153, 157, 183, 194
Elisario 95
Eltz 214
Engdes, v. 177
Engdes, Dietrich v. 177
Engdes, Helene v. 177
Engdes, Reinhold v. 177
Engel, Carl Ludwig 112
Engelhardt, v. 31, 76, 90, 180, 201
Engelhardt, Alexander Friedrich Baron v. 31
Engelhardt, Anton Gustav Baron v. 200
Engelhardt, Gustav Friedrich Baron v. 90
Engelhardt, Hans Dieter Baron v. 131
Engelhardt, Michael Baron v. 179
Enwald, Thomas 163
Erbach, Frhr. v. 141
Erdtmann 202
Erich XIV., König von Schweden 78, 143, 179
Erichsson, Hans 142
Eosander von Göthe, Johann Friedrich Frhr. v. 80
Essen, v. 48, 146
Essen, Carl v. 128
Essen, Karl Christoph v. 177
Essen, Klaus Gustav v. 114, 177
Estland, Herzog v. 237

F

Faegraeus, Johann 186
Fahrensbach 229
Fahrensbach, Arend 230
Fahrensbach, Didrich 93
Fahrensbach, Dietrich 193
Fahrensbach, Elisabeth 193
Fahrensbach, Jürgen 79
Fahrensbach, Heinrich 197
Fahrensbach, Kunigunde 79

Fahrensbach, Magdalena v. 193, 226
Fahrensbach, Wilhelm v. 79, 229
Fanguet 187
Fegräus, Johann 139
Feldthusen, Hans 161
Ferenbek, Gertrud 233
Fersen, v. 86, 98, 113, 131, 186, 236
Fersen, Alexander Baron v. 114, 130
Fersen, Axel Baron v. 114
Fersen, Euphrosine Charlotte Baronin v. 202
Fersen, Fabian Baron v. 90
Fersen, Gustav Magnus Baron v. 202
Fersen, Hans Baron v. 39, 117
Fersen, Hans Graf v. 132
Fersen, Hans Heinrich Baron v. 132
Fersen, Juliane Helene Baronin v. 188
Fersen, Lorenz Baron v. 188
Fersen, Magnus Georg Baron v. 132
Fersen, Reinhold Fabian Baron v. 131
Fersen, Reinhold Johann Baron v. 231
Fersen, Otto Wilhelm Baron v. 188
Fick, Heinrich v. 27, 141, 153, 240
Finnland, Hrzg. v. 51
Fircks, v. 123
Flemming, v. 197
Flemming, Clas v. 197
Flemming, Claus v. 88
Flemming, Claus Gustav v. 194
Flemming, Heinrich v. 88
Flemming, Hinrich v. 146
Florell, C. 171
Fock, v. 105, 204, 206
Fock, Axel v. 219
Fock, E. v. 204, 205
Fock, Ernst Johann v. 204
Fock, Gideon v. 203, 204, 240
Fock, Gideon Ernst v. 219
Fock, Heinrich v. 240
Fock, Hinrich Johann v. 87
Fock, Johann v. 49, 240
Fock, Martin Ewald v. 90
Foelkersahm, Hamilcar Baron 10, 45
Förster 95
Folkwin 69
Foot 85
Fraetaeland, Hermann 107
Frese, Hans 201
Frey, Jacob Anton 52
Freymann, Ludwig Eberhard v. 106
Freytag v. Loringhoven, Gertrud Helene 43
Freytag v. Loringhoven, Leon Baron 61
Friderici, v. 128
Friedrich 98
Friedrich I., König von Dänemark 121
Friedrich II., König von Dänemark 38
Frischmann 169
Frischmann, Alexander Eduard 169
Friesell, v. 95, 124
Fritzberg, Andreas 239

Fritzberg, Augusta Helena 239
Fürstenberg, Johann v. 188
Fürstenberg, Luloff v. 188

G

Gadebusch, Konrad 42, 108, 125
Gagarin, Nikolai Fürst v. 153
Galen, Heinrich v. 58
Galen, Melchior v. 71
Gardie, Grafen de la 75, 169, 199
Gardie, Axel Julius Graf de la 67
Gardie, Christine Katharina Gräfin de la 121
Gardie, Ebba Gräfin de la 68
Gardie, Jakob Graf de la 67, 75, 88, 121, 129, 130, 180, 226
Gardie, Jakob Pontus de la 84
Gardie, Magnus Graf de la 39, 85, 129, 130, 236
Gardie, Magnus Gabriel Graf de la 45, 130, 168, 226
Gardie, Magnus Jacob de la 236
Gardie, Pontus Graf de la 121
Geer, Jacob de 236
Gernet, Carl v. 52, 53
Gernet, Hedwig v. 210
Gersdorff, v. 63
Gersdorff, Georg Gustav v. 43
Gersdorff, Johann M. v. 43
Gerstenzweig, Anton 37
Gilsen, v. 41, 123, 236
Gilsen, Heinrich v. 147
Gilsen, Otto v. 236
Gilsen, Robert v. 41
Girad, Johann Karl 196
Girard de Soucanton 127, 231
Girgensohn, Reinhold 40
Glasenapp, v. 12, 195, 196, 209
Glasenapp, Carl Reinhold v. 209
Glasenapp, Caroline v. 53
Glasenapp, Gustav v. 53
Glasenapp, Gustav Berend v. 195
Glasenapp, Jacobina Renata v. 195
Glasenapp, Patrick v. 196
Glasenapp, Reinhold v. 209
Glasenapp, Viktor v. 196
Glipping, Erich König von Dänemark 120
Glück 46, 69
Glück, Margarete 69, 152
Goethe, Johann Wolfgang v. 46
Goetze, Peter Otto v. 77
Gogol, N. 235
Golejewsky, Karl Michael v. 106
Goliewsky, Henriette v. 43
Gordian, Hermann 209
Gordon, Graf v. 34
Gortschakow, Helena Fürstin v. 196
Gosler 150
Gotken, Jochim 214

Graff, Johann Michael 153
Grass 212, 213
Grass, Michael Gottlieb 213
Grasski 213
Greffe, Jochim v. 234
Greifenspeer, v. 201
Greweingk, Alexander v. 88
Großmann, Elisabeth v. 79
Gruenewaldt, v. 29, 118
Gruenewaldt, Ernst v. 79
Gruenewaldt, Hans v. 79
Gruenewaldt, Johann Adam v. 118
Gruenewaldt, Johann Georg v. 118
Gruenewaldt, Katharina Elisabeth v. 118
Gruenewaldt, Otto v. 72, 73, 93, 118
Gruenewaldt, Werner v. 118
Gruenewaldt, Wolter Reinhold v. 89
Gruenewaldt, Valerio v. 201
Güldenstubbe, Carl Gustav v. 117
Güldenstubbe, Elisabeth v. 117
Güldenstubbe, Johann Gustav v. 117
Güntersberg, v. 218
Güntersberg, Joachim Nikolaus v. 149
Guillemot de Villebois, François 46, 211
Gustav Adolf, König von Schweden 28, 29, 36, 37, 43, 44, 47, 48, 50, 51, 54, 64, 75, 84, 88, 89, 102, 105, 117, 125, 126, 133, 136, 139, 140, 147, 148, 153, 160, 176, 183, 186, 194, 195, 196, 201, 209, 212, 219, 224, 225, 233, 237, 239
Guzkowski, M. v. 161
Gyllenschmidt, Ernst v. 239
Gyllenschmidt, Ernst Vollrad v. 239

H

Haberland, Christoph 170
Häckel, Charlotte v. 203
Häckel, Paul v. 203
Haelf 118
Hagemeister, v. 170, 175
Hagemeister, Julius v. 170
Hagemeister, Nikolaus Christopher v. 170
Hahn 213
Hahn, v. 128, 129, 134, 213
Hahn, Barone v. 128
Hahn, Sophie v. 129
Hahn, Hans v. 128
Haigold 203
Handwig, v. 229
Hansen, Hermann v. 181
Hansen, Jobst Johann v. 181
Hansen, Johann v. 181
Harpe, v. 35, 154
Harpe, Alexander v. 94
Harpe, R. v. 35
Harvey, Herzog von Kingston 49
Hasenkrug, Dietrich 111
Hasselblatt 12

Hastfer, v. 79, 97, 102, 128
Hastfer, Bartholomäus 102
Hastfer, Carl v. 87
Hastfer, Claus v. 87
Hastfer, Georg Johann v. 223
Hastfer, Hans v. 102
Hastfer, Johann v. 202
Hastfer, Otto Jürgen v. 102
Hedwig Eleonore, Königin 215
Hehn, Wilhelm v. 72
Heimenthal, Luise 80
Hein, Ants 10, 51, 57, 96, 109, 113, 167, 194, 202, 207
Heinrichson, Georg 229
Helffreich, v. 228
Helffreich, Alexander v. 136
Helffreich, Bernhard v. 180
Helffreich, Gotthard August v. 136
Helffreich, Gotthard Johann v. 227
Helffreich, Melchor v. 227
Helffreich, Molly v. 180
Helffreich, Reinhold Gustav v. 228
Helmersen, Karl v. 155
Helwig, v. 158, 175, 229
Helwig, Thure v. 158
Henning, Viktor v. 95
Herder, Johann Gottfried 46
Herkel, Jürgen 235
Herkel, Gorius 235
Hermann, Ernst 64
Heydemann 124, 137
Heydemann, Georg 124
Hinrichson, Lars 149
Hippius, Elisabeth v. 78
Hippius, Otto Pius 207
Hirschberg, v. 111
Hirschberg, Maria Elisabeth v. 111
Hitler 5
Höfske, Konrad 231
Höveln, Gotthard v. 126
Höveln, Nikolaus v. 126
Hofe, Heiner vom 167
Hogenstern, Lorenz 140
Holler, Caspar 88
Hoppe, J. 208
Hordeel, Lars Hinrichson 149
Horn, v. 191, 197, 229, 236
Horn, Elin 197
Horn, Klaas v. 47
Hornowsky 50
Horwitz 64
Hoyningen-Huene, Barone v. 94, 135, 146, 175, 232
Hoyningen-Huene, Alfred Baron v. 143
Hoyningen-Huene, Bernhard Baron v. 79
Hoyningen-Huene, Friedrich Baron v. 135
Hoyningen-Huene, Natalie Baronin v. 77, 78
Hoyningen-Huene, Nikolai Baron v. 143
Hübbe, Friedrich 192

Hueck, Adam Johann 202
Huene, v. 79
Hunnius, Carl Abraham 76, 236
Hunius, Karl v. 236
Hunius, Woldemar v. 236
Hupel, August Wilhelm 34, 53, 55, 61, 63, 69, 72, 93, 125, 141, 154, 199, 211
Husen, Arend v. 212

I

Igelström, Grafen v. 35, 132
Igelström, Otto Heinrich v. 132, 227
Iwan IV., Zar von Rußland 29, 39, 46, 84, 147, 152, 192, 200

J

Jacke, Gerhard v. 51
Jacoby, Magnus Gustav 176
Jagusinsky, Paul Graf v. 149, 183, 186
Johannes I., Bischof von Reval 47
Johannes III., Bischof von Dorpat (von der Ropp) 192
Johannes VI. Bey, Bischof von Dorpat 208
Johann III., König von Schweden 52, 142
Johannsen, Paul 12, 31
Jorke, Gerhard v. 234
Junge, Arnd 179
Junge, Bertram 165
Junge, Wolmar 188

K

Kalen, v. 87
Kalle, Everhard 123
Kalff 177
Kalff, Dietrich v. 177
Karl IX., König von Schweden 113, 134, 142
Karl X., König von Schweden 129
Karl XI., König von Schweden 48, 215
Karl XII., König von Schweden 56, 176
Katharina I., Kaiserin von Rußland 45, 69, 82, 99, 186, 226
Katharina II., Kaiserin von Rußland 33, 41, 49, 50, 52, 61, 64, 65, 74, 75, 90, 93, 96, 99, 100, 105, 108, 110, 112, 113, 121, 122, 125, 132, 136, 138, 139, 140, 153, 157, 176, 181, 182, 183, 189, 191, 211, 227, 237
Kaulbars, v. 163, 170
Kaulbars, Hermann Helmich Baron v. 182
Kawer 46
Kettler, Gotthard v. 194, 220
Keyserling, Graf v. 192, 223
Keyserling, Alexander Graf v. 189, 223
Keyserling, Hermann Graf v. 190

Keyserling, Leo Graf v. 189
Kirchner, Reinhold Gustav v. 114
Kirschten, Artur v. 50
Kivi 12
Klebeck 44
Klingstett 181
Klot, v. 231
Klot, Anton v. 231
Klot, Jost v. 231
Klot, Marie v. 49
Klot, Nikolai v. 49
Klot, Otto Wilhelm v. 108
Klot, Wolmar v. 108
Klot von Jürgensburg 226, 232, 234
Klugen v. 137
Klugen, Hans Heinrich v. 137
Knauf 210
Kniprode, Winrich v. 79
Knorring, v. 52, 96, 124, 152, 169, 186, 236
Knorring, Agneta Dorothea v. 182
Knorring, Fromhold v. 226, 236
Knorring, Gotthard Johann v. 46, 52, 92, 96
Knorring, Hinrich Johann v. 92
Knorring, Johann Andreas v. 92
Knorring, Ludwig v. 226
Knorring, Ludwig Johann v. 52
Knut, Herzog von Schweden 119, 120, 179
Königsmark, Otto Graf v. 75, 169
Kokorinoff, Alexander 222
Kolopka, Karl 97
Koltz 213
Korff, Christoph v. 195
Kosciuszko, Tadeusz 132
Koskull, v. 203
Koskull, Carl v. 203, 217
Koskull, Charlotte Dorothea v. 203
Koskull, Feodor Heinrich v. 216
Koskull, Georg Heinrich v. 146
Koskull, Gerhard v. 46
Koskull, Johann v. 179
Koskull, Karl Georg v. 203
Koskull, Karl Reinhold v. 216
Koskull, Theodor Heinrich v. 146
Kotzebue, v. 77, 112, 158
Kotzebue, August v. 158
Krabbe 186
Krämer, Gottschalk 154
Krämer, Nils Jonson 154
Kranck, Hans 163
Kranhals, A.S.G. 96
Krause, H. v. 179
Krebs 189, 192
Krecetnikov 113
Kremer, Gotschalk 154
Kreutz, Ernst 102
Kronendahl, Frhr. v. 188
Kruedener, v. 64, 221
Kruedener, Barbara Juliane Freifrau von 64
Kruedener, Burchard Alexius v. 64
Kruedener, Caroline Johanna v. 64
Kruedener, Jürgen Frhr. v. 117
Kruedener, Karl Gustav Frhr. v. 218
Kruedener, Karl Gustav Johann Frhr. v. 64
Kruedener, Karl Ludwig Frhr. v. 64
Kruedener, Karl Platon Frhr. v. 218
Kruedener, Martin Friedrich v. 221
Kruedener, Paul Frhr. v. 218
Kruss, Jasper Madtson 54
Kruse 73
Kruse, Alleth 56
Kruse, Eilard 56
Kruse, Elert 147
Krusenstern, Adam Johann v. 42, 43, 74
Krusenstern, Friedrich Wilhelm v. 42
Krusenstern, Julius v. 43
Krusenstern, Leonhard v. 74
Krusenstern, Peter Alexis v. 93
Krusenstern, Philipp v. 73, 93
Krusenstern, Otto v. 93
Kuband, Christian 79
Kuddelen, Klaus 107
Kuddelen, Otto 107
Kügelgen, Gerhard v. 67, 156, 179
Kügelgen, Wilhelm v. 67, 76, 101, 156, 179
Kuhn 133
Kunzelmann, Heinrich Johann 163
Kupfer, Adolf v. 95
Kurberg, Arved 150
Kurberg, Ewald 150
Kurberg, Jakob 124, 150
Kurland, Herzog v. 50
Kursell, v. 154, 155, 163
Kursell, Berend Johann v. 119
Kursell, Claus v. 78, 105
Kursell, Christopher v. 167
Kursell, Christoph Heinrich v. 214
Kursell, Georg v. 105
Kursell, Johann v. 78
Kursell, Magdalena v. 240
Kursell, Oskar v. 203
Kursell, Wolter v. 78
Kutusow 47

L

Laidoner, Johann 239
Lambsdorff, v. 150
Lander, Siegfried 76, 169
Langen, Ewert v. 136
Lascy, Graf v. 34
Lauw, Woldemar Johann v. 153
Lechtes, Johann v. 73, 230
Lechtes, Margaretha v. 230
Lechts 86
Ledebur, Gerhard v. 200
Lenne, Peter Joseph 187
Lenz, Christian David 125

Lenz, Jakob Michael Reinhold 46, 125
Lepps, Reinhold 181
Lermontoff, Michael 181
Lidulff 225
Liebsdorff, Hermann v. 195
Liebsdorff, Joachim v. 195
Lieven, Agneta Helene v. 40
Lieven, Charlotte v. 41
Lieven, Charlotte Margarete Fürstin v. 41
Lieven, Joachim Friedrich v. 40, 236
Lieven, Reinhold v. 236
Lieven, Otto Heinrich v. 41
Lilienfeld, v. 33, 34, 124, 167, 229
Lilienfeld, Alexander v. 35
Lilienfeld, Aurora Marie v. 125
Lilienfeld, Carl Otto v. 176
Lilienfeld, Frommhold Friedrich 155
Lilienfeld, Hans v. 222
Lilienfeld, Heinrich Otto v. 155, 167
Lilienfeld, Jacob v. 168
Lilienfeld, Jakob Heinrich v. 125, 153
Lilienfeld, Karl Otto v. 53
Lilienfeld, Otto v. 33
Lilienfeld, Paul v. 222
Lilienfeld, Rudolf v. 33
Linde, Jasper 44
Lintrup 205
Liphart, v. 10, 12, 37, 218
Liphart, Benjamin v. 218
Liphart, Carl v. 186, 187
Liphart, Carl Eduard v. 92
Liphart, Hans Heinrich v. 46
Liphart, Reinhold v. 37, 187
Liphart, Reinhold Wilhelm v. 92, 187
Lippe, Engelbrecht von der 160, 202
Livland, König v. 84, 132, 152, 167, 169, 173, 222
Lode, v. 74, 76, 88, 137, 177, 221, 223, 230, 236
Lode, Andreas Werner v. 223
Lode, Gert v. 77
Lode, Hans v. 227, 230
Lode, Hermann v. 76, 177, 230
Lode, Jürgen v. 221
Lode, Otto v. 88, 221
Lode, Reinhold v. 149, 221
Lode, Rötger v. 77
Löschern von Herzfeld, Lorenz 182
Löwen, Barone v. 138, 173
Löwen, Friedrich v. 123, 138
Löwen, Gustav Reinhold v. 138
Löwendahl, Frhr. v. 204
Löwenstein, Hermann Ludwig v. 90
Loewenstern, v. 36, 146
Loewenstern, Carl Diedrich v. 148
Loewenstern, J. v. 236
Loewenstern, Ludwig v. 232
Loewenstern, Karl v. 36
Loewenstern, Karl Dietrich v. 36
Loewenstern, Karl Otto v. 36
Loewenstern, Paul Ludwig v. 70

Loewenstern, Valentin v. 36
Löwenwolde, v. 149
Löwenwolde, Adam Friedrich Freiherr v. 183
Löwenwolde, Carl Gustav Graf v. 149
Löwenwolde, Johann Gustav Freiherr v. 183
Löwis of Menar, Marie v. 243
Löwis of Menar, Hermann 243
Löwis of Menar, Woldemar Anton v. 46
Lohde 90
Lohn v. 126
Lohn, Heinrich v. 125, 126
Lübeck, Hans v. 183
Lübeck, Heinrich v. 76
Lude, Jürgen von der 139
Luden, von der 186
Lueder, v. 93, 119, 242
Lueder, Alexander v. 242
Lueder, Magnus Georg v. 242
Lüdinghausen, v. 116
Lüdinghausen, Johann v. 115, 116
Luhren, Medea v. 163
Luhren, Thomas v. 163

M

Mac Duwald, Jakob 203
Mägi 12
Mackduwaldt 203
Magnus, Herzog von Schleswig-Holstein 38, 39
Makarow, Alexej W. 52
Manderstierna, Johann v. 143
Manderstierna, Jürgen v. 134
Manderstierna, Thure Jaan v. 234
Manderstierna, Sten Johann v. 134
Mann, Golo 190
Mann, Thomas 190
Mansdotter, Karin 143
Manteuffel, v. 38, 42, 77, 101.143, 158, 201
Manteuffel, Camill Alexander Graf v. 195
Manteuffel, Ernst Graf v. 29, 201
Manteuffel, Gotthard Andreas Graf v. 194
Manteuffel, Louise Gräfin v. 143
Manteuffel, Ludwig Wilhelm Graf v. 194
Manteuffel, Peter Baron v. 77, 144
Massalski, Fürst v. 101
Matsulevits, Tiit 12
Maydell, Barone v. 12, 63, 89, 234, 235, 242, 243
Maydell, Anna Baronin v. 86
Maydell, Anna Sophie Baronin v. 234
Maydell, Artur Baron v. 209
Maydell, Bernhard Baron v. 180
Maydell, Bogdan Baron v. 63
Maydell, Charles Baron v. 235
Maydell, Emil Baron v. 78, 231
Maydell, Frieda Baronin v. 209
Maydell, Friedrich Baron v. 180
Maydell, Georg Johann Frhr. v. 56
Maydell, Gotthardt Baron v. 176, 235

Maydell, Gottlieb Baron v. 174
Maydell, Gustav Baron v. 176
Maydell, Hans Baron v. 86, 230
Maydell, Hinke v. 242
Maydell, Jörg Johann Baron v.
Maydell, Johann Baron v. 169, 230
Maydell, Karl Anton Baron v. 63
Maydell, Karl Otto Baron v. 95
Maydell, Konstantin Friedrich Baron v. 209
Maydell, Otto Johann Baron v. 56
Maydell, Pierre Baron v. 95
Maydell, Roman Baron v. 155
Maydell, Richard Baron v. 209
Maydell, Wolmar v. 242
Mecks, v. 147
Mecks, Claus 202
Mecks, Johann v. 147
Mecks, Reinhold v. 147
Medem, Grafen v. 50, 60
Medem, Ewold v. 142
Medem, Marie Luisa v. 48
Melchert 147
Melinkrode, Engelbrecht 233
Melinkrode, Gerd v. 233
Mellin, v. 124, 221, 222
Mellin, August Graf v. 93
Mellin, Berend Johann Graf v. 221
Mellin, Carl Georg Graf v. 221
Mellin, Christoffer v. 183
Mellin, Karl Gustav Graf v. 107
Mellin, Ludwig August Graf v. 221
Mengden, v. 149, 200
Mengden, Engelbrecht v. 200
Mengden, Reinhold Reichsgraf v. 78
Metztacken, v. 228
Metztacken, Barbara v. 182
Metztacken, Claus v. 107, 123
Metztacken, Dietrich v. 165
Metztacken, Frommhold v. 182
Metztacken, Hans v. 107
Metztacken, Margareta Dorothea v. 165
Meurer 52
Meuseler, Coord 213
Meyborch, Anna 228
Meyendorff, v. 154, 163, 174
Meyendorff, Alexander Frhr. v. 154
Meyendorff, Fabian Baron v. 175
Meyendorff, Friedrich Frhr. v. 154
Meyendorff, Gottlieb Frhr. v. 154
Meyendorff, Konrad Frhr. v. 154
Meyendorff, Otto Johann Frhr. v. 174
Meyendorff, Reinhold Johann Frhr. v. 154, 191
Meyer, Gustav v. 64
Meyer, Johanna Juliane v. 64
Michelson, L. R. 174
Michelsonen, Johann v. 209
Michetti, Nicolo 99
Middendorff, v. 83
Middendorff, Alexander v. 9, 83

Middendorff, Ernst v. 83
Middendorff, Theodor v. 83
Minding, v. 186
Minding, Erich v. 186
Mirzwinsky, Theophil 102
Möller, Berend 94
Möller, Peter v. 43
Mörike 210
Mörike, Hedwig v. 210
Mohrenschildt, v. 35, 86, 214
Mohrenschildt, Berend Johann v. 126
Mohrenschildt, Ernst Heinrich v. 181
Mohrenschildt, Ferdinand v. 74
Mohrenschildt, Johann Georg v. 175
Mohrenschildt, Otto Hermann v. 34
Morris 208
Mühlen, von zur 128, 174, 213
Mühlen, Cornelius von zur 174
Mühlen, Egolf von zur 241
Mühlen, Friedrich Johann von zur 214
Mühlen, Heinrich von zur 124, 174
Mühlen, Heinz von zur 174
Mühlen, Klara von zur 241
Mühlen, Leo von zur 241
Mühlen, M. von zur 172
Mühlen, Moritz von zur 241
Müller, Friedrich 240
Müller, Friedrich Gothard v. 49
Müller, Gotthard Christoph v. 209
Müller, Johann 126, 127
Müller, Jürgen 49
Müller, Konstantin v. 209
Münchhausen, Christoph v. 121, 176
Münchhausen, Johann v., Bischof 38
Münnich, Christian Wilhelm v. 140, 141, 149
Münnich, Christoph Graf v. 100
Münnich, Ernst Graf v. 140, 149
Münnich, Johann Gottlieb Graf v. 141, 149
Mundes, Hermann 89
Museke, Jürgen 201
Mylius 148

N

Napoleon 47
Natzmer, Hans v. 121
Nascherdt 174
Nassacken, v. 143
Nasacken, Gustav v. 232
Nasacken, Marie v. 232
Nasacken, Nadeshda 181
Nasackin, Gustav 72
Nasackin, Roman v. 229
Nerling 219
Neukirch, Johann v. 111
Neukirch, Magdalena v. 111
Neuenkirchen, Anna v. 58
Neuenkirchen, Johann v. 58

Nienborg, Hans v. 219
Nieroth, v. 34, 52, 62, 139, 186, 214
Nieroth, Gustav Adolf v. 170
Nieroth, Magnus Wilhelm v. 34, 181
Nieroth, Wilhelm v. 181
Nikolaus I., Kaiser von Rußland 60, 187
Nolcken, Baron v. 29, 141, 148, 212, 222
Nolcken, Arvid Baron v. 141
Nolcken, Axel Gustav Friedrich Baron v. 141
Nolcken, Erich Baron v. 211
Nolcken, Ernst Baron v. 141
Nolcken, Georg Baron v. 141
Nolcken, Heinrich Baron v. 29, 141, 212
Nolcken, Johann Christopher Baron v. 232
Nolcken, Marie Baronin v. 149
Nolcken, Sophie Baronin v. 212
Nolcken, Sophie Baronesse v. 233
Norman, E. G. 40
Nottbeck, Claus von 124
Nottbeck, Claus Johann v. 150
Nummers, Lorenz v. 149
Nykerck, Hans v. 58
Nykerck, Hinrich v. 58
Nynegall, Anna 115
Nynegall, Johann 115

O

Oesel, Bischof v. 38, 75, 79, 117, 121, 157, 168, 212
Oesel, Fürst v. 62
Oettingen, v. 140
Oettingen, Adolph Wilhelm v. 209
Oettingen, Alexander v. 92, 140
Oettingen, Arved v. 140
Oettingen, Eduard v. 92
Oettingen, Erich v. 45, 92
Oettingen, Franz Georg v. 70
Oettingen, Max v. 88
Oettingen, Nikolai v. 140
Oettingen, Otto v. 239
Oldekop 128, 213
Oldenburg, Herzog v. 85, 189
Olearius, Adam 74, 127
Orlov, Grigorij Fürst v. 105, 110, 138, 139, 153
Ortala, Andreas Graf zu 40
Osten-Sacken, Johann Gustav Graf von der 116, 196
Osten-Sacken, Jürgen von der 116
Overberg 73, 230
Oxenstierna, v. 147, 198
Oxenstierna, Axel Graf von 89, 147
Oxenstierna, Bengt 183
Oxenstierna, Gabrie Bengtson 46

P

Päts, Konstantin 101, 164
Pahlen, Barone von der 8, 95, 102, 166, 167

Pahlen, Friedrich Alexander Baron von der 166, 176
Pahlen, Gustav Baron von der 167
Pahlen, Gustav Christian Baron von der 165
Pahlen, Gustav Friedrich von der 176
Pahlen, Hans von der 166, 176
Pahlen, Johann Andreas Baron von der 92
Pahlen, Magnus Baron von der 176, 228
Pahlen, Peter Ludwig Graf von der 166, 176
Pahlen, Richard Magnus von der 228
Palladio 9
Parenbecke, Hans 50
Passek, v. 41
Passow, Henning v. 121
Patkul, v. 53
Patkul, Jakob Johann v. 53
Paul I., Kaiser von Rußland 33, 70, 110, 129, 139
Paykull, Bengt Johann v. 107
Paykull, Hans v. 182
Paykull, Heinrich v. 182
Paykull, Hinrich v. 107
Paykull, Otto v. 182
Peetz, Jakob Friedrich v. 175
Peter, Herzog von Schleswig-Holstein 42, 56
Peter der Große, Kaiser von Rußland 6, 27, 54, 69, 73, 80, 99, 100, 149, 153, 160, 183, 186, 234, 240
Peter III., Kaiser von Rußland 138, 140, 149, 157, 211
Peterson 199
Petsch, Gustav 196
Pilar von Pilchau, Barone v. 182, 211
Pilar von Pilchau, Adolf Frhr. v. 45
Pilar von Pilchau, Adolf Woldemar Frhr. v. 45, 106
Pilar von Pilchau, Adolf Konstantin Jakob Frhr. v. 45
Pilar von Pilchau, Jakob Johann Frhr. v. 45
Pilar von Pilchau, Nikolai Frhr. v. 230
Pilar von Pilchau, Reinhold Friedrich 211
Pilar von Pilchau, Theodor 230
Pilar-Kotzebue Gräfin v. 145
Pirang, Heinz 8, 12, 13, 29, 41, 43, 56, 68, 80, 81, 83, 86, 87, 94, 96, 97, 98, 104, 112, 114, 122, 125, 127, 130, 135, 150, 158, 167, 175, 184, 194, 195, 202, 205, 210, 214, 221, 231, 232, 234
Pistohlkors, v. 98, 199, 229
Pistohlkors, Alexander v. 200
Pistohlkors, Erich v. 199
Pistohlkors, Erich Fabian v. 199
Pistohlkors, Johann Erich v. 199
Pistohlkors, Magnus Gabriel v. 199
Pistohlkors, Moritz Wilhelm v. 92
Pistohlkors, Otto Friedrich v. 199
Pistohlkors, Richard v. 200
Plagmann, Peter 97
Plessen, v. 52
Plettenberg, Wolter v. 27, 179, 199, 220
Pohlmann, Otto v. 59
Pohlmann, Reinhold Wilhelm v. 138

257

Poll, v. 61, 98, 117, 130, 167
Poll, Bartholomäus v. 167
Poll, Berend Dietrich v. 117
Poll, C. v. 61
Poll, Hans v. 117
Poll, Johann v. 167
Poll, Karl Adolf v. 61
Poll, Odert v. 116
Purdis, Engel 88

Q

Qualen, Josias v. 63

R

Ramel, Heinrich 88
Ralamb, Claes Frhr. v. 89
Ralamb, Hans Frhr. v. 89
Ralamb, Ingeborg v. 89
Ramm, v. 160, 232
Ramm, Clas v. 161
Ramm, Elisabeth v. 161
Ramm, Ernst v. 232
Ramm, Jakob v. 232
Ramm, Thomas v. 135, 160
Rastrelli, Bartolomeo F. 157
Rathenow, Heinrich 208
Rathlef, Gustav v. 219
Rathlef, Martha v. 114
Rauch, Georg v. 62, 73, 157, 164, 187
Raudith, Alexandra 53
Raudith, Eduard 53
Rebuck, v. 98
Recke, Elisabeth Frfr. v. der 50
Rehbinder, v. 49, 86, 90, 202, 218
Rehbinder, Alexander Graf v. 125
Rehbinder, Ferdinand Graf v. 125
Rehbinder, Gustav Graf v. 232
Rehbinder, Karl Magnus v. 124
Rehbinder, Nikolai Graf v. 202
Rehbinder, Otto Magnus v. 114
Rehbinder, Reinhold v. 218
Recke, Elisabeth Frfr. von der
Rehekampff, Karl v. 61, 62
Rehsche, Georg 105
Reichard, Amalie 88
Reichard, Jakob Johann 88
Reicke, Ilse 138
Reimers 93
Reimers, Heinrich 93
Reinbek, Gräfin v. 90
Reinberg, August 148
Reinhold, Otto 170
Rend, Leo de 221
Reutern, Hermann v. 215
Remlingrode, Gotschalk v. 121

Rennenkampf, Georg 85
Reval, Heinrich Bischof v. 47, 123
Richter, v. 168
Richter, Gustav Eberhard v. 184
Richter, Hans v. 134
Richter, Otto Magnus v. 184
Rigemann, Palm 88
Riegemann, Dietrich 36
Riegemann, Gerhard v. 201
Riesenkamp, Hans 128
Rigenstede, Tidert 214
Ringstede 214
Risebiter, Hans 203
Risebiter, Helmeit 203
Risebiter, Otto 203
Ritter, Ludwig 162
Robertson, Jakob 37
Rodde, Hans 174
Rodes, Johann de 94, 111
Roemer, v. 163
Roemer, Andreas August v. 215
Roenne, Jacob v. 169
Roenne, Karl Gustav v. 125
Rogosinsky, Stanislaus 195
Ronne, Jakob v. 76
Ropp, Johannes von der 140
Rosen, v. 42, 44, 49, 87, 97, 98, 127, 135, 186, 234
Rosen, Bengt Gustav Baron v. 97
Rosen, Bogislaus Baron v. 97
Rosen, Carl Gustav Baron v. 30
Rosen, Dietrich v. 32
Rosen, Gustav Frhr. v. 42
Rosen, Hans Baron v. 86, 92
Rosen, Hans Dietrich Baron v. 33
Rosen, Johann Baron v. 193
Rosen, Margareta Elisabeth Baronesse v. 97
Rosen, Otto Baron v. 162
Rosen, Peter Baron v. 98
Rosenbach, v. 101, 124
Rosenbach, B. W. v. 240
Rosenbach, Berndt Woldemar v. 101
Rosenbach, Bernhard v. 101
Rosenbach, Ewald Johann v. 101
Rosenbach, Fromhold v. 101
Rosenbach, Hermann v. 101
Rosenbach, Michael Ewald v. 240
Rosenhagen, v. 228
Rosenkampff, Gustav Adolf v. 140
Rosenkampff, Reinhold Johann v. 140
Rosenstand-Wöldecke, P. 208
Rosenthal, v. 86, 101, 112, 156
Rosenthal, Johann Adam v. 63
Rosenthal, Johann Adolf v. 197
Rosenthal, Karl Heinrich v. 197
Rosenthal, Reinhold v. 86
Rossi, Carlo 202
Rossillon, v. 53, 198
Rothase, Hermann 149
Rothase, Peter 149

Rotthausen, Heinrich 89
Rubusch, Georg Heinrich v. 105
Rubusch, Hans v. 105
Rücker, Edgar v. 227
Rücker, Otto Georg v. 227
Rüdiger, Sophie Gräfin v. 43
Rüttener, Alexander v. 128
Rutger 169

S

Saar 12
Sachsen-Weimar, Herzog v. 70
Sagha, Helmond v. 136
Salis, Reinhold 208
Salvius, Johann Adler 28
Salza, Jacob v. 48
Samson-Himmelstierna, v. 140, 240
Samson-Himmelstierna, Marie Margarethe v. 141
Samson-Himmelstierna, Reinhold Friedrich Eugen v. 141
Sass, v. 117, 211, 222
Sass, Albert v. 211
Sass, Georg Friedrich v. 222
Sass, Karl Georg v. 211
Scott, Jacob 64, 201, 224
Scott, Robert 64
Seck, Gustav v. 163
Seckwolde, Hartwich 123
Seidlitz 227
Seidlitz, Carl v. 227
Sengbusch, Conrad v. 222
Sengbusch, Johannes v. 222
Seume, Gottfried 227
Shukowsky 227
Sievers, Bernhard Graf v. 233
Sievers, Jacob Johann Graf v. 65, 75, 113, 136
Sievers, Karl Graf v. 74, 140
Sievers, Paul Graf v. 233
Sievers, Peter Graf v. 233
Sigismund, August, König von Polen 51, 163, 215
Sigismund, III., König von Polen 193, 233, 239
Silfwerharnisk, v. 78
Silfwerharnisk, Gustav v. 78
Silfverhielm, Gustav Johann v. 186
Sivers, v. 37, 80, 81, 184
Sivers, Alexander v. 184
Sivers, Alfred v. 55
Sivers, August v. 37, 55
Sivers, August Friedrich v. 54, 55
Sivers, August Gregor v. 106
Sivers, Eduard v. 55
Sivers, Friedrich August v. 55
Sivers, Friedrich v. 55
Sivers, Friedrich Wilhelm v. 125
Sivers, Fromhold v. 80
Sivers, Hermann Friedrich v. 80
Sivers, Max v. 184

Sivers, Peter v. 54, 80
Sivers, Peter Anton v. 184
Sivers, Peter Felix v. 55
Sivers, Peter Friedrich v. 80
Sivers, Peter Reinhold v. 80
Sivers, Richard v. 106
Skavronska, Katharina 69
Smitten, v. 47, 215
Smitten, Auguste Sophie v. 215
Smitten, Helene Auguste v. 47
Södermanland, Karl Herzog v. 111, 195
Spanheim, Siegfried Lander v. 76
Sparguta, Jürgen 128
Suvorov 113, 132
Swort, Thidric 182

Sch

Scharenberg, Berend 134
Scharenberg, Bernhard v. 147, 202
Schaumann, Johann 201
Scheer, Hans 117
Schenking, Georg 36, 63
Schenking, Dietrich 63
Schenking, Heinrich 63
Scheremetev 6, 140, 234
Schilling, v. 158, 163, 164, 177, 213, 214
Schilling, Carl Baron v. 213
Schilling, Hans Baron v. 214
Schilling, Karl Baron v. 164
Schilling, Karl Gebhard Baron v. 213
Schilling von Canstadt, Anna Freiin v. 129
Schireff, P. 207
Schirren, Carl 45
Schleswig-Holstein, Herzog v. 56, 82
Schleswig-Holstein, Georg Ludwig Herzog v. 93
Schleswig-Holstein, Magnus Herzog v. 78, 84, 133, 152, 160, 167, 169, 173, 222
Schleswig-Holstein, Herzog Peter v. 99
Schlippenbach, v. 37, 189
Schlippenbach, Johann v. 189
Schlözer, August Ludwig v. 203
Schlüter, Heinrich 148
Schmeling, Karl August 181
Schmidt, Edgar v. 112
Schnackenburg, v. 127
Schnackenburg, Bernhard v. 210
Schoultz, Gustav v. 184
Schoultz, Martin Gustav v. 192
Schoultz-Ascheraden, Frhr. v. 65, 177
Schraffer 34
Schrapffer 213
Schrapffer, Adam v. 94, 140, 214, 219, 239
Schrapffer, Christian 239
Schreitenfeld, v. 173
Schroeders, v. 70
Schubbe, Karl Johann 163
Schubert, v. 105, 227, 228

Schubert, Sergius v. 227
Schütte, Gerd 128
Schulmann, v. 139, 174, 226
Schulmann, Detlof August v. 226
Schulmann, G. D. 240
Schulmann, Heinrich v. 202, 220
Schulmann, Karl Gustav v. 139
Schulmann, Otto v. 182, 220, 242
Schulmann, Waldemar v. 226
Schultz 98
Schultz, Carl v. 114
Schultz, Helene v. 240
Schultz, Joachim v. 240
Schultz, Johann 97
Schultz, Maximilian v. 114
Schultz, Philipp v. 114
Schultz, Wilhelm Theodor v. 239
Schultze-Naumburg 132
Schumacher, Johann Daniel v. 227
Schuwenflug, Caspar 79
Schwartz, Christian 163
Schwartz, Georg 163
Schwartz, Wilhelm 88
Schwarz, Ernst 88
Schwebs, Friedrich v. 140
Schweden, Johann Prinz v. 51
Schwenghelm, v. 63, 127, 198, 218
Schwenghelm, Georg Wilhelm v. 90, 232
Schwenghelm, Jakob Heinrich v. 198, 218

St

Staack, Otto v. 45
Staal, v. 87, 175, 204, 230
Staal, Charlotte v. 93
Staal, Georg v. 189
Staal, Friedrich v. 189
Staal, Friedrich Johann v. 93
Staal, Peter Otto v. 230
Stackelberg, v. 7, 9, 12, 49, 61, 62, 68, 87, 97, 102, 107, 118, 128, 130, 146, 158, 162, 163, 177, 178, 179, 181, 186, 194, 196, 212, 220
Stackelberg, Adam Friedrich v. 118
Stackelberg, Alexander Graf v. 89
Stackelberg, Anna v. 57
Stackelberg, Berend v. 107
Stackelberg, Bernhard Kaspar Baron v. 27
Stackelberg, Camilla v. 7
Stackelberg, Carl Adam Baron v. 197
Stackelberg, Carl Otto v. 194
Stackelberg, Caspar v. 173
Stackelberg, Christine Wilhelmine Margarethe v. 173
Stackelberg, Christoph v. 67
Stackelberg, Daniel Baron v. 212
Stackelberg, Dorothea Frfr. v. 68
Stackelberg, Ernst Baron v. 57, 89
Stackelberg, Ernst Graf v. 162

Stackelberg, Fabian Adam v. 61
Stackelberg, Georg v. 97, 128
Stackelberg, Georg Johann Baron v. 56
Stackelberg, Georg Wolter Baron v. 87
Stackelberg, Gustav Ernst Graf v. 89
Stackelberg, Hans Baron v. 194
Stackelberg, Helene v. 183
Stackelberg, Hermann Johann v. 126
Stackelberg, Johann v. 192
Stackelberg, Jürgen Johann Baron v. 97
Stackelberg, Karl Adam v. 173, 220
Stackelberg, Karl Friedrich v. 134
Stackelberg, Karl Georg v. 178, 194
Stackelberg, Karl Wilhelm v. 173, 220
Stackelberg, Katharina v. 33, 110, 178
Stackelberg, Konstantin Baron v. 62
Stackelberg, Leo Baron v. 163
Stackelberg, Margarethe v. 180
Stackelberg, Matthias v. 173, 220
Stackelberg, Matthias Christoph v. 173
Stackelberg, Natalie Freiin v. 178
Stackelberg, Nils v. 182
Stackelberg, Otto v. 231
Stackelberg, Otto Graf v. 89
Stackelberg, Otto Heinrich Baron v. 28, 157
Stackelberg, Otto Magnus Frhr. v. 57, 89, 162, 178
Stackelberg, Otto Magnus Graf v. 89, 157, 162, 178
Stackelberg, Otto Reinhold v. 51, 162
Stackelberg, Otto Wilhelm v. 173
Stackelberg, Pauline Baronesse v. 231
Stackelberg, Peter Baron v. 180, 192
Stackelberg, Reinhold Andreas Graf v. 51
Stackelberg, Reinhold Johann Graf v. 28, 51
Stackelberg, Reinhold Matthias Baron v. 197
Stackelberg, Sophie Gräfin v. 29
Stackelberg, Traugott Frhr. v. 156
Stackelberg, Walmer v. 173
Stackelberg, Wilhelm v. 156
Stackelberg, Wolter Baron v. 86
Stackelberg, Viktor Baron v. 98
Stackenschneider, Aleksei 60
Staden, Berndt v. 7
Stählin, Jakob 99
Stael von Holstein 74, 216
Stael von Holstein, Alexander 74
Stael von Holstein, Anna Baronin 36
Stael von Holstein, Fabian Ernst 125
Stael von Holstein, Johann 215
Stael von Holstein, Lucie Baronin v. 141
Stael von Holstein, Reinhold Baron 36
Stärk, Joachim 173
Stahl, Georg v. 128
Stahl, Gideon v. 87
Stahl, Hans v. 215
Stahl, Sophia 183
Stalin 5
Stathae, Friedrich v. 131

Stauden, Gustav Wilhelm v. 106
Stauden, Johann v. 106
Stauden, Reinhold Johann v. 106
Stauden, Peter Friedrich Ferdinand v. 106
Stavenhagen 60
Steinheil, Barone v. 181
Steinheil, Philipine Baronin v. 181
Stenbock, Grafen v. 9, 68, 121, 157, 180
Stenbock, Anna Gräfin v. 122
Stenbock, Arvid Graf v. 122
Stenbock, Gerhard Graf v. 122
Stenbock, Gustav Otto Graf v. 121
Stenbock, Jacob Pontus Graf v. 68
Stenbock, Karl Magnus Graf v. 74, 121
Stenbock, Magnus Graf v. 122
Stenbock, Peter Graf v. 122
Stephan Bathory, König von Polen 36, 46, 47, 81, 140, 147, 194
Stern, Friedrich Sigismund 39
Stirnhielm, v. 234
Stirnhielm, Georg v. 234
Stirnhielm, Karl v. 234
Strahlborn, v. 242
Strandmann, v. 72
Strandmann, C.v. 72
Strandmann, Gustav v. 134
Strassburg, Franz v. 40
Streithorst, Claus von der 220
Strellan 131
Strick, Michael 61
Strömfeld, v. 139, 149, 186
Strömfeld, Gustav Adam v. 140
Strömfeld, Jacob Johann v. 186
Strömfeld, Otto Reinhold v. 140
Strösling 202
Strukoff, Ljubim 105
Strukoff, Marie Elisabeth v. 105
Stryk, v. 44, 61, 70, 85, 221
Stryk, Alexander v. 44, 70
Stryk, Bernhard Heinrich v. 70, 221
Stryk, Ernst v. 239
Stryk, Gustav v. 12, 44, 104
Stryk, Harald v. 85
Stryk, Harry v. 44
Stryk, Heinrich v. 44, 135, 221, 239
Stryk, Robert v. 239
Stüler, Friedrich August 60
Stupischin 227
Sturz, Wilhelm 148

T

Tamm 12
Taube, v. 63, 66, 86, 88, 94, 198, 222, 225, 230
Taube, Anna Elisabeth v. 193
Taube, Barbara v. 107, 182
Taube, Berend v. 56, 87, 88, 123
Taube, Berend Otto Frhr. v. 77

Taube, Claus v. 50
Taube, Dietrich v. 90
Taube, Dirik v. 86
Taube, Elisabeth v. 230
Taube, Fromhold v. 123
Taube, Gustav v. 132
Taube, Hedwig Helene v. 56
Taube, Heinrich v. 50, 123
Taube, Helene Frfr. v. 66
Taube, Jakob Frhr. v. 48
Taube, Johann v. 56, 222
Taube, Jost v. 163
Taube, Jürgen Frhr. v. 88, 192
Taube, Loff v. 88
Taube, Magnus Siffert Baron v. 87
Taube, Margarethe v. 123
Taube, Otto Frhr. v. 66, 86, 88, 107, 132, 242
Taube, Otto Reinhold v. 93, 149
Taube, Otto Wilhelm v. 193
Taube, Peter Frhr. v. 89
Tausass, Anna Maria 106
Tausass, Georg Friedrich 106
Tausass, Heinrich Johann v. 106
Tausass, Reinhold 106
Teibner 88
Teibner, George Ludwig 88
Tennet, Johann 233, 234
Testa, Sylva 141
Thielmann 158
Thomson, Erik 124, 138, 167, 187
Thomson, Martha 124
Thurn und Valsassina, Franz Bernhard Graf v. 44, 224
Thurn und Valsassina, Heinrich Mathias Graf v. 44, 45, 224
Tiesenhausen, Barone v. 47, 48, 58, 59, 74, 76, 81, 109, 112, 186, 201, 213
Tiesenhausen, Adam Johann Frhr. v. 125
Tiesenhausen, Anna v. 220, 233
Tiesenhausen, Bartholomäus v. 81
Tiesenhausen, Berend Heinrich Graf v. 33, 102
Tiesenhausen, Carl Adolf Frhr. v. 233
Tiesenhausen, Caspar Frhr. v. 113, 123, 220
Tiesenhausen, Charlotte v. 219
Tiesenhausen, Elert Frhr. v. 93, 123
Tiesenhausen, Engelbrecht v. 233
Tiesenhausen, Fabian Frhr. v. 56, 93, 109, 123
Tiesenhausen, Fabian Georg v. 110
Tiesenhausen, Fromhold Frhr. v. 123, 230
Tiesenhausen, Gustav Johann Frhr. v. 76
Tiesenhausen, Hans Heinrich Graf v. 33, 76, 109, 110, 129, 169, 213, 237
Tiesenhausen, Jakob Johann Frhr. v. 223
Tiesenhausen, Jakobine Charlotte Frfr. v. 66
Tiesenhausen, Johann Frhr. v. 81, 209
Tiesenhausen, Kaspar Frhr. v. 231
Tiesenhausen, Margarethe Charlotte Frfr. v. 219
Tiesenhausen, Paul Graf v. 33
Tiesenhausen, Reinhold Frhr. v. 56, 123

Tiesenhausen, Roman Baron v. 64
Tiesenhausen, Wolter Frhr. v. 219
Tödwen, v. 86, 126, 169, 194, 202
Tödwen, Anna v. 119
Tödwen, Berthold v. 221
Tödwen, Claus v. 202
Tödwen, Ewert v. 221
Tödwen, Johann v. 169
Tödwen, Jürgen v. 169
Tödwen, Heinrich v. 108
Tödwen, Helmold v. 119
Tödwen, Maria v. 108
Tödwen, Wilhelm v. 108
Tolk, Peter 11
Tolks, Lippold 225
Tolks, Robert 225
Tolks, Otto 225
Toll, Barone v. 35, 52, 87, 173, 198
Toll, Grafen v. 41
Toll, Friedrich Ludwig Baron v. 198
Toll, Gustav Wilhelm v. 173
Tolstoj, Leo Graf v. 150
Torstensson, Lennart 40, 117
Tott, Grafen 71, 143, 212
Tott, Ake 36, 133, 143
Tott, Clas Akeson 71, 142, 143, 212
Tott, Henryk 143
Tott, Sigrid 143
Touglas 45
Trälle, Claus 131
Transehe, Astaf v. 85
Transehe, Georg v. 85
Trebra-Lindenau, v. 179
Treyden, v. 32, 137
Treyden, Bertold v. 32
Treyden, Bertram v. 86
Treyden, Claus v. 32
Treyden, Christoph v. 193
Treyden, Diedrich v. 102
Treyden, Hans v. 86
Treyden, Johann v. 32
Treyden, Wolmar v. 32, 86
Tschaikowsky, Peter 76
Tuilen, Heinrich v. 182
Tunderfeldt, v. 94
Tunzelmann 52
Turgenev 144

U

Uexküll, Frhr. v. 12, 36, 65, 76, 77, 79, 145, 146, 155, 158, 174, 228, 240
Uexküll, Berend v. 143
Uexküll, Berend Johann Frhr. v. 65, 230
Uexküll, Bernhard Frhr. v. 66
Uexküll, Boris Frhr. v. 65
Uexküll, Claus Fhr. v. 62
Uexküll, Conrad Frhr. v. 65, 158

Uexküll, Friedrich August Frhr. v. 143
Uexküll, Hans Frhr. v. 193
Uexküll, Hans Georg Frhr. v. 146
Uexküll, Henneke v. 145
Uexküll, J.D. Frhr. v. 65
Uexküll, Johann Frhr. v. 32, 65, 86, 193
Uexküll, Jürgen Frhr. v. 94, 228
Uexküll, Nicolaus Frhr. v. 65, 145
Uexküll, Otto Frhr. v. 36, 42, 62, 86, 230
Uexküll, Otto Johann Frhr. v. 86
Uexküll, Woldemar Frhr. v. 150, 151, 232
Uexküll-Güldenbandt, v. 43, 86, 143
Uexküll-Güldenbandt, Peter Frhr. v. 211
Uhlstädt, Philipp 199
Ullner, Hartmann 162
Ulrich, v. 74, 111
Ulrich, Ewert v. 111
Ulrich, Gustav Reinhold v. 75, 136
Ulrich, Johann v. 111, 136, 192
Ulrich, Katharina v. 77
Unferfehrt, Martin 139
Ungern-Sternberg, Frhr. v. 12, 37, 50, 51, 52, 68, 92, 112, 169, 201, 237, 242
Ungern-Sternberg, Grafen v. 68
Ungern-Sternberg, Claus v. 50, 233
Ungern-Sternberg, Ernst Baron v. 138
Ungern-Sternberg, Fabian Reinhold Frhr. v. 223
Ungern-Sternberg, Georg Frhr. v. 36
Ungern-Sternberg, Gustav Jakob Frhr. v. 169
Ungern-Sternberg, Johann Adolph Frhr. v. 237
Ungern-Sternberg, Johann Karl E. Frhr. v. 169
Ungern-Sternberg, Jürgen Frhr. v. 235
Ungern-Sternberg, Klaus Graf v. 51
Ungern-Sternberg, Konrad Frhr. v. 92
Ungern-Sternberg, Nina Frfr. v. 38
Ungern-Sternberg, Otto Frhr. v. 236
Ungern-Sternberg, Reinhold Baron v. 68, 168
Ungern-Sternberg, Reinhold Gustav Frhr. v. 37
Ungern-Sternberg, Richard Frhr. v. 201
Ungern-Sternberg, Rudolf Frhr. v. 226
Ungern-Sternberg, Theodor Frhr. v. 112, 231
Ungern-Sternberg, Wilhelmine Frfr. v. 208
Unverfehrt, Martin 139
Uschakov, Katharina 70

V

Vallin de la Mothe, J.B.M. 158, 222
Vegesack, v. 215
Vegesack, Thomas v. 219
Velten, Johann v. 226
Versen, v. 132
Vettern, Niklas v. 77
Vielhack, Magnus 235
Vietinghoff, v. 27, 69, 155, 168, 177, 211, 214
Vietinghoff, Arndt v. 93
Vietinghoff, Beata v. 27
Vietinghoff, Christopher v. 210

Vietinghoff, Erich Johann v. 27
Vietinghoff, Friedrich v. 168
Vietinghoff, Heinrich Christoph v. 210
Vietinghoff, Hermann Friedrich v. 69
Vietinghoff, Johann v. 210, 222
Vietinghoff, Jürgen v. 169, 188
Vietinghoff, Konrad v. 242
Vietinghoff, Lorenz Gustav v. 222
Vietinghoff, Otto v. 86
Vietinghoff, Otto Friedrich v. 210, 222
Vietinghoff, Otto Hermann v. 64, 69
Vietinghoff, Reinhold v. 117
Vietinghoff, Simon v. 235
Vietinghoff, Wilhelm v. 69, 152
Villebois, v. 211
Villebois, Alexander v. 211
Villebois, Daniel de 46
Villebois, Stephan v. 211
Vinke, Heidenreich 73
Virkes 227
Vischer, Johann 200
Völckersahm, Hinrich v. 163
Vogdt, v. 78
Vogel 205
Volkwin 190
Volquin 152
Vrimersheim, Wilhelm v. 56, 86

W

Wachtmann 137
Wachtmeister, Grafen v. 172
Wachtmeister, Karl Friedrich Graf v. 172
Wagner, Daniel 77
Wahl, v. 28, 70
Wahl, Angelique v. 142
Wahl, Eduard v. 28, 72
Wahl, Georg v. 235
Wahl, Karl v. 235
Wahl, Karl Georg v. 234
Wahl, Leo v. 142
Wahl, Nicolai v. 28
Wahl, Reinhold v. 142
Wahl, Wilhelm Gustav v. 106
Wakka, Hennekinus 228
Waldemar, König von Dänemark 120, 237
Waldemar II., König von Dänemark 190
Walter 52, 242
Walter, Eduard v. 218
Walter, J.H.B. 51
Walter, Eduard v. 218
Wangersen, Georg v. 72, 169
Wangersheim, v. 49, 72
Wangersheim, Conrad v. 72
Wangersheim, Reinhold Georg v. 72
Warnecken, Joachim 215
Wartmann, v. 78, 111
Wartmann, Berend Johann v. 111

Wasinsky 50, 140,
Wasinsky, Bartholomäus 239
Watrinsky 139, 186
Wedberg 174
Wedberg, Klaus 210
Wedberg, Peter 117
Weddewes, Brun 228
Weddewes, Cort 228
Wedwitz, Tönnis 46
Weimar, Anton Tönnis 212
Weiss, v. 225
Weiss, Alexander v. 225
Wekebrod 192
Wekebrod, Lene 193
Wekebrot, Gödert 227
Wekebrot, Johann 227
Wenndrich, v. 150
Wessler, Diedrich 239
Wessler, Marcus 239
Westphal, Philipp 78
Wettberg, v. 167
Wetter-Rosenthal, v. 63, 175, 197
Wetter-Rosenthal, Cäcilie v. 175
Wetterstrand, v. 77
Weyde 143
Weymarn, v. 139
Weymarn, Friedrich Matthias v. 117
Weymarn, Hermann Gustav v. 117
Wiesener, Christoph 59
Wilcken, v. 50
Wilcken, Alexander v. 227
Wilcken, Alfred v. 50
Wilcken, Gustav Ludwig v. 106
Wilcken, Harald v. 106
Wilcken, Kaspar v. 106
Wilcken, Kaspar Harald v. 106
Wilcken, N. v. 50
Wilhelm II., Kaiser von Deutschland 62
Winkler 155
Winkler, Alexander v. 155
Wischnakowsky, Johann Friedrich 49
Wistinghausen, Henning v. 31, 122, 162, 226, 243
Wistinghausen, Karl v. 134
Witingk 98
Witte, Sergej Graf v. 119
Wittenhove, v. 235
Wolkow, Dimitrij 194
Wolf, v. 52
Wolff, Adam v. 141
Wolff, Friedrich v. 141
Wolff, Jakob Johann v. 141
Wolff, Karl v. 141
Wolff, Otto Sigismund v. 169
Wolff, Sigismund Adam v. 141
Wolffeldt, Diedrich v. 220, 221
Wolffeldt, Karl Ernst v. 221
Wolfframsdorff, Georg v. 226
Wolkonskaja, Marie Fürstin 60, 74
Wolkonskij, Grigorij Fürst 60

Wolsky, v. 63
Wolsky, Fedor v. 63
Wrangell, v. 28, 50, 59, 66, 86, 91, 162, 163, 198, 223, 225, 227, 231, 236, 240, 241, 242, 243
Wrangell, Adam Gustav v. 95
Wrangell, Anna v. 87
Wrangell, Anton Otto v. 243
Wrangell, Berend Jakob v. 123
Wrangell, Carl Johann v. 50, 233
Wrangell, Charlotte Helene v. 233
Wrangell, Christina v. 153
Wrangell, Christine v. 82
Wrangell, Dorothea v. 180
Wrangell, Ernst Joseph v. 183
Wrangell, Evert v. 87
Wrangell, Fabian v. 91, 241
Wrangell, Ferdinand Baron v. 198
Wrangell, Fromhold Jürgen v. 93
Wrangell, Georg v. 146, 239
Wrangell, Georg Gustav v. 202, 233, 239
Wrangell, Georg Hermann v. 50, 243
Wrangell, Georg Johann v. 163
Wrangell, Georg Ludwig v. 102, 243
Wrangell, Gustav Reinhold v. 123
Wrangell, Hans v. 50, 79, 107, 198, 221, 231
Wrangell, Helena Baronesse v. 223
Wrangell, Hermann v. 50, 82, 93, 153, 162, 230, 231, 233
Wrangell, Hinrich Hermann v. 123
Wrangell, Jakob Johann v. 123, 183
Wrangell, Johann v. 28, 32, 91
Wrangell, Johannes v. 241
Wrangell, Jürgen v. 58
Wrangell, Jürgen Gustav v. 77
Wrangell, Jürgen Johann v. 188
Wrangell, Karl v. 223, 242
Wrangell, Karl Gustav v. 59
Wrangell, Karl Jakob Wilhelm v. 95
Wrangell, Margaretha Elisabeth v. 59
Wrangell, Moritz v. 119, 215, 241
Wrangell, Nikolai v. 112
Wrangell, Otto v. 107, 221
Wrangell, Otto Reinhold v. 221
Wrangell, Reinhold v. 236
Wrangell, Röttger Johann v. 111, 154
Wrangell, Tönnies v. 28, 78
Wrangell, Wilhelm Baron v. 164, 198
Wrangell, Wilhelm Gustav v. 134
Wrangell, Woldemar v. 153
Württemberg, Auguste Prinzessin v. 138
Wulf, Bernhard v. 146, 217
Wulf, Eduard v. 146, 217
Wulf, Max v. 217
Wulffsdorff, v. 175

Y

Yhrmann, Otto Reinhold v. 150

Z

Zalusky Grafen v. 227
Zeddelmann, Georg v. 43
Zeddelmann, Heinrich Wilhelm v. 43
Ziliacus 232
Zimmermann, J.G. 96
Zoege, v. 37, 42, 58, 124, 179, 218, 233
Zoege, Andreas v. 66
Zoege, Anna Margarethe v. 236
Zoege, Johann v. 37, 177, 192, 236
Zoege, Hermann v. 124, 169
Zoege, Otto v. 124
Zoege von Manteuffel, Heinrich Otto 128
Zoege von Manteuffel, Karl Magnus 77
Zoege von Manteuffel, Otto 77
Zoege von Manteuffel, Otto Reinhold 78
Zoege von Manteuffel, Peter 78, 144, 240
Zoege von Manteuffel, Ursula v. 179
Zoege von Manteuffel, Wilhelm Johann 76
Zwifeln, Wilhelm v. 199